南开大学滨海学院系列教材

合 同 法

孙妍妍 主编

南开大学出版社
天 津

图书在版编目(CIP)数据

合同法 / 孙妍妍主编. —天津:南开大学出版社,
2016.1
南开大学滨海学院系列教材
ISBN 978-7-310-05052-9

Ⅰ.①合… Ⅱ.①孙… Ⅲ.①合同法－中国－高等学校－教材 Ⅳ.①D923.6

中国版本图书馆 CIP 数据核字(2016)第 003221 号

版权所有　侵权必究

南开大学出版社出版发行
出版人:孙克强
地址:天津市南开区卫津路 94 号　　邮政编码:300071
营销部电话:(022)23508339　23500755
营销部传真:(022)23508542　邮购部电话:(022)23502200

＊

唐山新苑印务有限公司印刷
全国各地新华书店经销

＊

2016 年 1 月第 1 版　　2016 年 1 月第 1 次印刷
260×185 毫米　16 开本　14.25 印张　2 插页　339 千字
定价:30.00 元

如遇图书印装质量问题,请与本社营销部联系调换,电话:(022)23507125

序　言

学习法律的精髓首先是供人们运用。如果不能将法律知识用在解决实际问题上，那么学习法律就没有了意义。本书是关于合同法总则和分则基础知识的教科书。本书的目的，是在具体事例中精准地将事件焦点与法律知识要点相结合。基于此，本书的编写特点是：

第一，言简意赅地阐明基础知识，不深入进行理论上的探讨。第二，对于实际中的具体问题，尽量通过列举事例来说明，使抽象的知识变成学习者生活中熟悉的事例。第三，将现实生活中经常遇到的、暂时未列入《合同法》中的合同类型编入教材，包括物业服务合同和旅游服务合同。

本书是南开大学滨海学院等多名老师共同编写的结果，具体的分工是：孙妍妍，第一章债权概述、第三章合同法概述的第六节、第五章合同的内容与形式、第二十八章物业合同、第二十九章旅游合同；杜宪，第二章合同概述、第四章合同的订立、第七章合同的履行、第十五章赠与合同、第十六章借款合同、第十九章承揽合同、第二十二章技术合同；刘倩美（天津外国语大学），第三章合同法概述的一至五节、第十章合同的终止、第二十五章委托合同、第二十六章行纪合同、第二十七章居间合同；金松，第六章合同的效力、第八章合同的担保、第十三章买卖合同、第二十章建设工程合同、第二十一章运输合同、第二十三章保管合同；刘国平，第九章合同的变更与转让、第十一章违约责任、第十二章合同的解释、第十七章租赁合同、第十八章融资租赁合同；文林清，第十四章供用电水气热力合同、第二十四章仓储合同。

除了编写以外，本书的面世也离不开南开大学出版社王乃合先生与周敏女士、夏冰媛女士的辛苦编辑，他们克服了许许多多的障碍。借此表达深深的谢意！

孙妍妍
2015 年 12 月 11 日

目　录

序　言 ··· 1
第一章　债权概述 ··· 1
第二章　合同概述 ··· 5
　第一节　合同的概念 ·· 5
　第二节　合同的法律特征 ·· 7
　第三节　合同的种类 ·· 7
第三章　合同法概述 ··· 13
　第一节　合同法的概念 ·· 13
　第二节　现代合同法的特点 ·· 14
　第三节　合同法的作用 ·· 18
　第四节　合同法的基本原则 ·· 19
　第五节　合同法的立法体例 ·· 23
第四章　合同的订立 ··· 25
　第一节　合同订立概述 ·· 25
　第二节　要约 ·· 26
　第三节　承诺 ·· 29
　第四节　竞争缔约与强制缔约 ··· 33
　第五节　合同成立的认定 ··· 34
　第六节　先合同义务与缔约过失责任 ·· 35
　第七节　英美法系中合同的对价 ·· 37
第五章　合同的内容和形式 ·· 39
　第一节　合同的内容 ··· 39
　第二节　合同的形式 ··· 42
　第三节　订立合同时应注意的法律实务问题 ··· 43
第六章　合同的效力 ··· 45
　第一节　合同效力的概述 ··· 45
　第二节　合同的生效 ··· 46
　第三节　合同的无效 ··· 47
　第四节　附条件合同与附期限合同 ··· 48
　第五节　效力待定的合同 ··· 49
　第六节　可变更、可撤销合同 ··· 50

第七节　合同无效和被撤销后的法律后果……………………………53
第七章　合同的履行……………………………………………………56
　　第一节　合同履行的概述…………………………………………56
　　第二节　合同履行的原则…………………………………………56
　　第三节　合同的保全………………………………………………64
第八章　合同的担保……………………………………………………66
　　第一节　合同担保的概述…………………………………………66
　　第二节　保证………………………………………………………67
　　第三节　定金………………………………………………………70
　　第四节　抵押权、质押权和留置权………………………………72
第九章　合同的变更与转让……………………………………………76
　　第一节　合同的变更………………………………………………76
　　第二节　合同的转让………………………………………………78
第十章　合同的终止……………………………………………………84
　　第一节　合同的终止概述…………………………………………84
　　第二节　合同终止的原因…………………………………………85
第十一章　违约责任……………………………………………………94
　　第一节　违约行为…………………………………………………94
　　第二节　违约责任概述……………………………………………95
　　第三节　违约责任的承担方式及其适用条件……………………97
　　第四节　违约责任的免责事由……………………………………102
　　第五节　违约责任与侵权责任的竞合……………………………104
第十二章　合同的解释…………………………………………………106
　　第一节　合同解释概述……………………………………………106
　　第二节　合同解释的原则…………………………………………107
　　第三节　特殊条款的解释…………………………………………109
第十三章　买卖合同……………………………………………………111
　　第一节　买卖合同概述……………………………………………111
　　第二节　买卖合同的条款…………………………………………112
　　第三节　买卖合同的效力…………………………………………113
　　第四节　无权处分的买卖合同的效力……………………………116
　　第五节　商品房买卖合同中的法律问题…………………………117
第十四章　供用电、水、气、热力合同………………………………122
　　第一节　供用电、水、气、热力合同概述………………………122
　　第二节　供用电合同………………………………………………123
第十五章　赠与合同……………………………………………………125
　　第一节　赠与合同概述……………………………………………125
　　第二节　赠与合同的效力…………………………………………126

第三节　赠与合同的撤销……………………………………………………127
第十六章　借款合同………………………………………………………………130
　　第一节　借款合同概述……………………………………………………130
　　第二节　借款合同的效力…………………………………………………132
　　第三节　借款合同法律实务………………………………………………133
第十七章　租赁合同………………………………………………………………135
　　第一节　租赁合同概述……………………………………………………135
　　第二节　租赁合同的效力…………………………………………………136
　　第三节　租赁合同的期限…………………………………………………139
　　第四节　租赁合同中的风险负担…………………………………………140
　　第五节　租赁合同的解除…………………………………………………140
第十八章　融资租赁合同…………………………………………………………142
　　第一节　融资租赁合同概述………………………………………………142
　　第二节　融资租赁合同的效力……………………………………………144
　　第三节　租赁期限届满后租赁物的归属…………………………………145
第十九章　承揽合同………………………………………………………………147
　　第一节　承揽合同概述……………………………………………………147
　　第二节　承揽合同的效力…………………………………………………148
　　第三节　承揽合同中的风险负担…………………………………………151
　　第四节　承揽合同法律实务问题…………………………………………152
第二十章　建设工程合同…………………………………………………………153
　　第一节　建设工程合同概述………………………………………………153
　　第二节　建设工程合同的订立……………………………………………154
　　第三节　建设工程合同的种类……………………………………………155
　　第四节　建设工程合同的效力……………………………………………156
　　第五节　建设工程合同中的法定担保……………………………………157
第二十一章　运输合同……………………………………………………………160
　　第一节　运输合同概述……………………………………………………160
　　第二节　客运合同…………………………………………………………161
　　第三节　货运合同…………………………………………………………164
　　第四节　多式联运合同……………………………………………………167
第二十二章　技术合同……………………………………………………………169
　　第一节　技术合同概述……………………………………………………169
　　第二节　技术合同订立技巧………………………………………………170
　　第三节　技术开发合同……………………………………………………171
　　第四节　技术转让合同……………………………………………………173
　　第五节　技术咨询合同和技术服务合同…………………………………175

第二十三章 保管合同 ··· 177
第一节 保管合同概述 ··· 177
第二节 保管合同的效力 ··· 178
第二十四章 仓储合同 ··· 181
第二十五章 委托合同 ··· 184
第一节 委托合同概述 ··· 184
第二节 委托合同的效力 ··· 186
第三节 间接代理制度 ··· 188
第四节 委托合同的终止 ··· 189
第二十六章 行纪合同 ··· 191
第一节 行纪合同概述 ··· 191
第二节 行纪合同的效力 ··· 193
第二十七章 居间合同 ··· 197
第一节 居间合同概述 ··· 197
第二节 居间合同的效力 ··· 198
第二十八章 物业服务合同 ·· 201
第二十九章 旅游服务合同 ·· 206
法律名称对照表 ·· 213
课后思考题部分答案 ··· 214

第一章　债权概述

【导学问题】

1. 什么是债?
2. 张三借给李四 500 元钱,李四到期不还,是否可称之为债?
3. 王五被运输公司的车撞上,花费医疗费 5000 元,运输公司一直不给,这是否可称之为债?

许多学校的法学教学计划,受到学分等原因的限制,没有开设债权法课程。而民法总论课程里,又没有单独讲债这一问题。本书认为,在学习合同法之前,有必要了解债。

一、债的概念

债,有时表述为债权,有时表述为债权债务,是指一方当事人有请求另一方当事人给付的权利,另一方当事人有依法或依约定为给付的义务。

给付,也叫清偿、履行,就是要求对方为一定行为,或者不为一定行为。

就导学问题中 2、3 两例分析可见,李四欠张三钱,张三依法有请求其偿还的权利,所以双方之间存在债。王五被运输公司的车撞了,有权要求其给付医疗费,所以双方之间也存在债。

《民法通则》第 84 条规定,债是按照合同的约定或依照法律的规定,在当事人之间产生的特定的权利义务关系,享有权利的人是债权人,负有义务的人是债务人。

本书对《民法通则》的表述不能苟同,认为其中"特定的"一词应修饰当事人更为合适。也就是说,债是发生在特定当事人之间的。

早在罗马法的物法中就有关于债的详细规定,包括债的分类、债的履行、债的担保、债的转移、债的消灭等。但在我国的立法上,关于债的规定极少。原因是,有的学者在当初立法时提出,债是资本主义国家的说法,我国作为社会主义国家应避免用债。

当然上述观念在今天的法学界已大有改观,人们对债可以畅所欲言。

二、债的特点

债的特点,也可以叫债权的特点。讲它的特点,主要是与物权相对而言。

第一,债权反映的是动态的财产关系。

例如,合同之债反映的是交易流转关系。而物权,如所有权,更多地反映静态的财产关系。

第二，债权的标的是给付行为。物权的标的通常是有体物。

第三，债权是特定当事人之间的权利义务关系。

第四，债权人主要享有的权利是请求权，而物权主要是支配权。

三、债的发生原因

再就导学问题中的2、3两例加以分析，不难发现，两例中债的发生原因不一样。债的发生原因可以分为两类：一是基于法律行为发生的债，即意定之债；另一是基于法律规定发生的债，即法定之债。

意定之债发生的最主要原因是合同。对此，在《德国民法典》中可以找到依据，第305条规定，因法律行为而发生债之关系及其内容之变更，除法律另有规定外，以合同为必要。

法定之债的发生原因主要有三种：侵权、无因管理和不当得利。导学问题中的第3例即为侵权引发的债。无因管理之债，例如，甲要跳悬崖自杀，乙为了拦住甲，不小心把自己的脖子上的相机甩下了山。甲被救下来后赔偿乙的相机，甲乙之间为无因管理之债。再例如，丙捡到10万元钱，未还给丁，丙丁之间存在不当得利之债。

债除了有以上四种发生原因之外，有观点认为，缔约过程中的过失也会引发债的关系。例如，甲因不知情将已经灭失的古董卖给乙，甲对乙因其过失失信而造成的损失承担赔偿责任，也属法定之债。

四、债的相对性

债的相对性，是针对物权的绝对性而言。下面通过两个案例来比较。

例一，甲每日向乙批发鲜鱼，乙转手将鲜鱼卖给丙餐馆。一天，甲因病没出海，也没鱼可批发给乙。乙因此也没鱼卖给丙。结果当天，丙餐馆来了一个旅行团，点名吃鱼。因为没鱼，旅行团走了，给丙造成损失。

问：1. 丙能否要求乙赔偿损失？2. 丙并能否要求甲赔偿损失？

解说：甲乙之间、乙丙之间分别存在买卖合同。对于甲乙之间的买卖合同而言，丙是第三人，而不是债权人，因此，丙对甲没有任何请求权。但丙是乙丙之间买卖合同的当事人，可以向乙主张损失。乙向丙依法赔偿后，可以依据甲乙之间的买卖合同，请求甲对自己的损失进行赔偿。

例二，甲将其房子卖给乙，乙交付了全部的购房款并搬进该房屋居住，但尚未办理过户手续。甲的邻居丙听说此事后，愿花比乙更多的钱买房，于是甲收了丙的钱，并将房子过户给丙。

问：1. 甲乙之间的房屋买卖合同是否有效？2. 丙是否有权要求乙向其交付房屋？

解说：甲乙之间的房屋买卖合同有效。该合同之债区别于物权而单独成立生效。但丙仍有权要求乙交付房屋，因此，该房屋所有权已经转移给丙。所有权作为物权，具有绝对的排他性，丙有权要求无权占有房屋的乙返还房屋。当然，乙返还房屋后，有权依买卖合同请求甲赔偿损失。

通过这两个例子可见，债在债权人与债务人之间发生，其效力一般不受第三人的影响。而物权人可以请求所有义务人返还物。

五、债的分类

债的分类,除了上述的法定之债与意定之债以外,还有以下分类。

(一)特定之债与种类之债

特定之债,是指给付特定物的债。例如,甲卖给乙一个康熙年间的瓷瓶,独一无二。

种类之债,是指给付种类物的债。例如,我们买衣服,这件掉了扣子,还可以让营业员给换一件同款式同号码的。

区分特定之债与种类之债的意义在于,特定物一旦毁损灭失,则债权人不能请求实际履行;而种类物毁损灭失的,还可以继续履行。

(二)单一之债与多数之债

单一之债,是指债权人、债务人均为一人的债。

多数之债,是指债权人或债务人有一方是两人以上的债。

区分单一之债与多数之债的意义在于,单一之债的权利义务比较简单,多数之债的权利义务比较复杂,可能会产生按份之债与连带之债。

(三)按份之债与连带之债

按份之债,是指债的一方主体为多数人,按自己的份额享受权利,承担义务和责任的债。

按份之债可以分为按份债权和按份债务。按份债权,是数个债权人按自己的份额享受权利,对份额外的权利无权主张。按份债务,是数个债务人按自己的份额承担义务,债权人无权要求某一债务人承担全部债务。

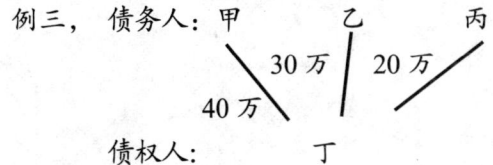

甲乙丙共欠丁90万元钱,但约定甲乙丙之间是按份之债。则丁只能要求三人按照约定的份额偿还。

连带之债,是指债的一方主体是多数人,多数人之间有连带关系。

连带之债也可以分为连带债权和连带债务。连带债权,是指每一个债权人都有要求债务人履行全部义务的权利。

例四,在例三中,债权人与债务人不变,数额也不变,但约定甲乙丙是连带债务。则丁可以向甲乙丙中任何一个人请求最高达到90万元的债务。例如,可以要求丙偿还90万元。

关于连带之债,要注意的是:第一,连带必须是法律明确规定,或当事人明确约定的,否则不产生连带之债。第二,连带债权人在享受权利后,连带债务人在履行义务后,可能产生按份之债。

例五,接例四,假如丙根据丁的请求向其履行90万元债务后,丙可以向甲主张40万元,也可以向乙主张30万元。因为甲乙丙之间是有明确份额划分的。

区分按份之债和连带之债的意义在于,连带之债相比于按份之债,可能享有更大的权利,也可能承担更大的风险。

例六,接例五,假如丙承担完90万元的债务后,却从甲乙处要不来钱,那多付的钱就由丙自己承担。

因此，在法律实务中，当事人应留意自己作为债权人或债务人时，应按份之债好，还是连带之债更好。如果连带之债好，则必须明确约定，否则即是按份之债。

【课后思考题】

1. 小白菜为了给母亲治病，向黄世仁借钱。双方约定，小白菜若到期不还钱，就终身为仆。请问小白菜与黄世仁之间有债权债务关系吗？

2. 如果你是一个债权人，债务人有两人。那么对你而言，该债权债务关系是按份更好，还是连带更好？你该怎么做？

第二章 合同概述

【导学案例】

某大学生从学校回家,正好赶上下大雪,很久也没等到公交车。后遇到一私家车正好顺路,车主也愿意顺路捎大学生,且不受分文。但车主有言在先,下雪路滑,万一出了什么问题,概不负责。大学生也同意。谁知,不想什么就偏遇上什么。私家车在正常行驶途中被一货车撞上,大学生小腿骨折。后大学生认为,其与私家车主之间有运输合同关系,该车主理应进行赔偿。请问:大学生的想法对吗?

第一节 合同的概念

一、国内外有关表述

有关合同概念的表述比较多,劳动法、行政法、民法中都有有关合同的表述,如《民法通则》第85条:合同是当事人之间设立、变更、终止民事关系的协议。依法成立的合同,受法律保护。又如,《合同法》第2条:合同是平等主体的自然人、法人、其他组织之间设立、变更、终止民事权利义务关系的协议。

国外也有许多种表述方式。例如,查士丁尼的《法学总论》对合同的定义是,合同是双方意愿一致而产生相互间法律关系的一种约定。

《法国民法典》第1101条规定:合同为一种合意,依此合意,一人或数人对于其他一人或数人负担给付某物、作为或不作为的债务。这是大陆法系关于合同的经典定义。

《德国民法典》第305条规定:以法律行为发生债的关系或改变债的关系的内容者除法律另有规定者,必须有当事人双方之间的合同。

美国《法律重述:合同》中提到:合同是一个允诺或一系列允诺,违反该允诺将由法律给予救济;履行该允诺是法律所确认的义务。

不同的表述,其侧重点也不完全相同。法国和德国侧重于合同的债权债务关系,美国强调合同是一种允诺,而我国强调合同是一种协议。

二、有关合同概念的不同观点

（一）合同行为

有观点认为合同的本质是一种民事法律行为。合同是按意思表示的内容并赋予其法律效果的法律行为。

它是所有当事人意思表示一致的法律行为。它还是以设立、变更、终止民事权利义务关系为目的的法律行为。[①]

（二）合同关系

也有观点认为，合同是发生在当事人之间的一种法律关系。合同关系和一般民事法律关系一样，也是由主体、内容、客体三个要素组成。

合同关系的主体，又称为合同的当事人，包括债权人和债务人。债权人有权请求债务人依据法律和合同的规定履行义务；而债务人则应依据法律和合同负有实施一定行为的义务。

需要注意的是，虽然合同关系的主体是特定的，但并非固定不变的。

合同关系的内容，是指债权人的权利和债务人的义务。合同作为一种民事法律关系，乃是债权债务的统一体。

合同关系一个重要特点在于合同关系的相对性，即大陆法中所称债的相对性。合同的相对性，是指合同关系原则上只能发生在特定的合同当事人之间，其他任何第三人不享受合同的权利，也不承担合同的义务和责任。

当然，随着现代产品责任制度的发展，也有突破合同相对性的例外。比如，许多国家立法扩大了产品制造商、销售商对与其无合同关系的消费者的担保义务和责任。但如无法律的特别规定，合同责任一般不及于第三人。

合同关系的客体，即合同的标的。视不同合同关系，其标的也不同。例如，货运合同的标的是运输行为和所运送的货物。

（三）合同过程

还有观点认为，既然常说"签订合同"，那么合同就是一个过程，包括协商、签订等。

（四）本书的观点

本书同意第二种观点，认为合同是一种特定当事人之间的权利义务关系。

三、合同与相关概念的辨析

（一）合同与契约

现代社会中，我们通常不区分两者的不同。契约多是传统的说法，现在台湾地区也采用此说法。

但如果解释两者的细微区别的话，就是契约中当事人的意思表示是交叉的，例如，甲要卖鸡蛋，乙要买鸡蛋；而合同中当事人的意思表示是平行的，例如，甲乙丙协商组成一个合伙，一起卖鸡蛋。

[①] 崔建远主编. 合同法（第四版）[M]. 北京：法律出版社，2007年，第2页。

（二）广义上的合同与狭义上的合同

广义上的合同除了指民法上的合同以外，还包括行政法、劳动法等中的所有合同。而狭义上的合同仅指民法上的合同，包括债权合同、物权合同。本书所讲的主要是债权合同。

（三）经济合同、涉外经济合同

在原来的《经济合同法》与《涉外经济合同法》中使用这两个概念，但随着法律被废止，这两种说法也不再提了。

（四）意向书

意向书是对当事人各方讨论合同的意见用书面形式记录下来的文字材料。本质上，是一种"记录"。没有任何法律效力，但有时可以被作为合同纠纷中的证据，证明双方当事人的真实意思表示。

第二节 合同的法律特征

合同的法律特征是其区别于其他民事法律关系的重点依据，主要有以下几点。

第一，合同是一种民事法律关系。该民事法律关系以设立、变更、终止财产性的民事权利义务为目的，被法律所认可。

第二，合同是以合意为基础的民事法律关系。

双方或多方的意思表示一致达成的协议才是合同。这是合同区别于单方法律行为的重要标志，也是合同的基础。

第三，合同的当事人之间通常互为权利义务。

一方当事人有权利义务，另一方当事人也有。而物权法律关系、知识产权关系等，往往一方只有权利，而另一方只有义务。

例如，甲有一块手表，甲对它有所有权，其他人都只有不得妨害甲行使所有权的义务，而无权利。

第四，合同成立生效后对当事人都有法律约束力。

合同的法律约束力主要体现在以下三个方面：一是不得擅自变更或解除合同；二是合同中的权利只能当事人享有，义务也只能当事人承担；三是合同对第三人无法律约束力。

第三节 合同的种类

基于一定的标准，合同可以划分为不同的类型。给合同分类便于人们认清各类合同的特征，对成立要件、生效要件、法律效力等有更系统和清晰的理解。

一、典型合同与非典型合同

根据法律是否明文规定了合同的名称，可以将合同分为典型合同与非典型合同。

典型合同，又称有名合同，是指由法律赋予其特定名称及具体规范的合同。如我国《合同法》所规定的15类合同，包括买卖合同、租赁合同、运输合同等。再如《担保法》中的保证合同、抵押合同和质押合同，《保险法》中的保险合同，《城市房地产法》规定的土地使用权出让和转让合同等。

非典型合同，又称无名合同，是指法律上尚未特别规定，也未赋予确定名称的合同。例如，孙悟空教猪八戒七十二变，猪八戒将高老庄免费租给孙悟空住，双方签订的合同为无名合同。

典型合同与非典型合同的区分意义主要在于两者适用的法律规则不同。

第一，典型合同应当直接适用合同法对于该类合同的相应规定。

第二，非典型合同，则应当考虑适用合同法的一般原则。如果涉及典型合同的某些规则，也可以比照类似的典型合同的规范，参照合同的经济目的及当事人的意思等对非典型合同进行处理。

例如，旅游服务合同中包含了运输合同、房屋租赁合同等多项典型合同的内容，因此，可以类推适用这些典型合同的规则。

二、双务合同和单务合同

根据合同当事人是否互相负有给付义务，可将合同分为双务合同和单务合同。

双务合同，是指当事人双方互负对待给付义务的合同，即双方当事人互享债权，互负债务，一方的权利正好是对方的义务。例如，买卖合同中卖方有获得价款的权利，而买方正好有支付价款的义务，买方有取得货物的权利，而卖方正好有交付货物并转移货物所有权的义务。

单务合同，是指合同双方当事人中仅有一方负担义务而另一方只享有权利的合同。例如在赠与合同中赠与人有交付赠与物的义务，而受赠人只享有接受赠与物的权利，不负担任何义务。

在实践中，大多数的合同都是双务合同，单务合同比较少见。

区分双务合同与单务合同的意义在于，双务合同中可以适用合同履行中的抗辩权，单务合同则没有。此外，双务合同中，双方当事人都可能承担违约责任，而单务合同中，一般只有一方违约、承担违约责任。

三、有偿合同与无偿合同

根据合同当事人之间的权利义务是否存在对价关系，可以将合同分为有偿合同与无偿合同。

有偿合同，是指当事人一方给予对方某种利益，对方要得到该利益必须为此支付相应代价的合同。例如，买卖合同、租赁合同、仓储合同等。

无偿合同，是指一方给付对方某种利益，对方取得该利益时并不支付相应代价的合同。例如赠与合同、无偿保管合同等。

需要注意的是，双务合同不一定就是有偿合同，无偿合同不一定就是单务合同。例如，借用合同虽然是无偿合同，但出借人有交付借用物的义务，借用人负有正当使用和按期返还的义务，是双务合同。

区别有偿合同与无偿合同意义在于：

第一，两者对义务的要求程度不同。无偿合同中的利益出让人原则上只承担较低的注意义务，如赠与人只有因故意或重大过失造成受赠人损害的才承担赔偿责任。而有偿合同中的当事人所承担的义务较重。

第二，两者对主体的要求不同。订立有偿合同的当事人原则上应具备完全行为能力，限制行为能力人非经其法定代表人的同意，不能设立较为重大的有偿合同；但对于一些法律上纯获利益的无偿合同，如接受赠与等，限制行为能力人和无行为能力人即使未取得法定代表人的同意也可以成为其债权人。

四、诺成合同与实践合同

以合同成立是否须交付标的物或完成其他给付为标准，合同可分为诺成合同与实践合同。

诺成合同，又称不要物合同，是指当事人双方意思表示一致就可以成立的合同。大多数的合同都属于诺成合同，如买卖合同、租赁合同、借款合同等。

实践合同，又称要物合同，是指除当事人双方意思表示一致以外，还须交付标的物才能成立的合同。例如保管合同，寄存人将寄存的物品交给保管人，合同才能成立。实践中，大多数的合同都属于诺成合同，少部分为实践合同。

区分诺成合同与实践合同的意义在于确定合同成立及生效的时间。例如，甲乙约定甲交给乙1万元定金，但实际甲只交了8000元，则视为甲乙之间的定金只有8000元，剩余的2000元是未成立的。

五、要式合同与不要式合同

据法律对合同的形式是否有特定要求，可将合同分为要式合同与不要式合同。

要式合同，是指根据法律规定必须采取特定形式的合同。对于一些重要的交易，法律常要求当事人必须采取特定的方式订立合同。例如，中外合资经营企业合同必须由审批机关批准，合同方能成立。

不要式合同，是指当事人订立的合同依法并不需要采取特定的形式，当事人可以采取口头方式，也可以采取书面形式。

根据合同自由原则，当事人有权选择合同形式，但对于法律有特别的形式要件规定的，当事人必须遵循法律规定。所以，不要式合同大量存在与时间生活中，要式合同是特殊的。

区分要式合同与不要式合同的意义在于，若法律规定某种合同必须经过批准或登记才能生效，则合同未经批准或登记便不生效；若法律规定某种合同必须采用书面形式合同才成立，则当事人未采用书面形式时合同便不成立。

六、一时的合同与继续性合同

以时间因素，即时间是否具有连续性在合同了履行中所处的地位为标准，合同可分为一时的合同和继续性合同。

一时的合同，是指可以通过一次给付使合同目的得以实现的合同。所谓一次给付，既指纯粹一次履行完毕，也可以包括分期履行。只要总给付系自始确定，时间因素对于给付的内容和范围并无影响。

继续性合同，是指合同内容非一次给付可完结，须经持续的给付才能实现合同目的的合同。例如，租赁合同，这次的租金是 1000 元一个月，下次就变为 2000 元每个月了。

区分一时的合同与继续性合同的意义主要在于，合同解除是否溯及既往不同。一时性合同解除后具有恢复原状的可能性，可以发生溯及既往的效力。例如，买卖合同解除后，买方返还货物，卖方返还价款。而继续性合同被解除时，或无恢复原状的可能性，或不宜恢复原状，故继续性合同被解除后仅向将来发生效力，解除前的合同关系不受影响。例如，房屋租赁合同解除后，承租人之前付过的租金不再退还。

七、主合同与从合同

根据合同相互间的主从关系，可以将合同分为主合同与从合同。

主合同，是指不以其他合同的存在为前提而能够独立存在的合同。例如，借款合同。

从合同，是指不能独立存在而以主合同的存在为前提的合同。例如，为借款合同提供抵押的抵押合同。

区分主合同和从合同的意义主要在于，主合同消灭，则从合同消灭；从合同消灭，不影响主合同。

另外，从合同在诉讼中有时能起到证明主合同存在的作用。

八、预约与本约

预约，是指约定将来订立一定合同的合同。

预约以订立本约为合同义务。当事人之所以不直接订立本约，原因往往在于订立本约的条件未臻成熟，先订立预约，使一方或双方受到束缚，以确保本约的订立。

例如：甲、乙、丙拟合伙经营餐饮业，因还需再邀请他人加入，故暂时不宜订立合伙协议，为确保甲、乙、丙三人将来一定参与合伙经营，于是三人先签订订立合伙协议的预约。

预约是一个不折不扣的合同，它不同于"初步协议""意向书"，也不同于附生效条件的合同。

本约，又称本合同，是指为通过履行预约而订立的合同。

区分预约与本约的意义在于，明确二者具有不同的订约目的和法律效力。预约合同的目的和效力是将来按照合同约定的条件订立本合同，不发生实体权利义务；而本约的目的和效力则是确定当事人之间的实体权利义务。

九、束己合同与涉他合同

以是否贯彻合同相对性原则为标准，合同可分为束己合同与涉他合同。

束己合同，是指严格遵循合同相对性原则，合同当事人为自己设定并承受权利义务，第三人不能向合同当事人主张权利，当事人也不得向第三人主张权利的合同。

涉他合同，是指部分突破合同相对性，合同当事人在合同中为第三人设定了合同权利或义务的合同。

在涉他合同中需要注意以下几点：

第一，涉他合同是为别人设定权利义务。

第二,涉他合同包括为第三人利益的合同和由第三人履行的合同。

第三,涉他合同虽然突破了合同主体的相对性,但并未突破违约责任的相对性。

例如,张三为儿子张小三签订人寿保险合同,张三与保险公司是合同当事人,张小三是合同第三人,即保险合同的受益人。如果保险公司违约的话,应当对张三承担支付违约金等违约责任,而不是对张小三。

十、实定合同与射幸合同

以合同的效果在缔约时是否确定为标准,合同可分为实定合同和射幸合同。

实定合同,又称确定合同,是指给付的内容和范围在合同成立时已经确定的合同。一般合同均为确定合同。

射幸合同,又称机会合同,是指给付的内容和范围在合同成立时尚不确定,其确定取决于合同成立后是否发生偶然事件的合同。例如,买保险、买彩票都是射幸合同。

区分确定合同与射幸合同的主要意义在于,确定合同一般要求等价有偿,而射幸合同则不要求等价有偿。

需要注意的是,在射幸合同中,偶然事件的发生不是合同生效的要件,而是合同履行的要件。

十一、格式合同

随着社会经济的高速发展,为了加快签约效率、降低签约成本,格式条款被大量运用在合同中。对于大多数条款为格式条款的合同,我们习惯称之为格式合同。

(一)格式合同的概念和特征

格式合同,也称定型化合同、定式合同、标准合同、附和合同、附从合同、附意合同等,合同内容以及合同形式大多或全部由一方当事人事先予以确定,另一方当事人对该合同只能表示全部同意与否,而没有协商余地的合同。

格式合同大量存在与当今社会,例如储户与银行之间的存款合同、旅客与铁道公司的火车运输合同等。

格式合同具有以下一般性特征:

第一,格式合同是多次使用、条款几乎不变的合同。

第二,格式合同的一方当事人特定,而另一方当事人是众多目的相同的相对人。

第三,格式合同条款的单方意志决定性。格式合同条款通常是由相对比较强势的一方当事人事先确定,合同内容主要为制订者的意思表示和意志表达。

(二)格式合同的利与弊

格式合同的优点在于,能迅速快捷地建立合同关系,避免过高的签约成本。这也是它广受欢迎的最主要原因。但其缺点是,可能对弱势相对人的合法权益造成损害,也是对合同自由原则的一种限制。

总的来说,格式合同还是利大于弊。在后面我们还会仔细讲解格式合同的具体问题。

【课后思考题】

1. 意向书有法律效力吗?
2. 诺成合同与实践合同有什么区别?

第三章 合同法概述

【导学案例】

甲因办婚宴要购买大量白菜,乙和丙都在卖白菜。虽然乙的白菜卖的比丙便宜,但因为乙长得难看,甲决定买丙的贵一点、且不大新鲜的白菜。乙不平衡,故而产生纠纷。请问:甲是不是不应该因乙难看而买丙的白菜?

第一节 合同法的概念

一、合同法的含义

合同法是有关合同的法律规范的总称,是调整平等民事主体之间的交易关系的法律。

合同法主要规范合同的订立、合同的效力、合同的履行、变更与转让、终止、保全、救济等问题。

在英美法系,合同法是与财产法、侵权行为法、信托法等并列的独立法律部门。但在大陆法系,合同法的上位概念是债法,债法的上位概念是民法,所以,合同法是民法的组成部分。在我国,合同法也归属于民法,不是一个独立的法律部门,只是我国民法的组成部分。

二、合同法的调整对象

我国《合同法》第2条规定:"本法所称合同是平等主体的自然人、法人、其他组织之间设立、变更、终止民事权利义务关系的协议。婚姻、收养、监护等有关身份关系的协议,适用其他法律的规定。"由此可见,我国合同法的调整对象主要体现为以下几点:

第一,合同法调整的是平等主体之间订立的民事权利义务关系的协议。

以下均为平等主体之间的民事协议:(1)合同法确认的15类有名合同;(2)特别法或特别规定所确立的合同,如物权法、知识产权法、人格权法等法律所确认的抵押合同、专利权转让合同、肖像权许可使用合同等;(3)虽未由民法所确认但仍然由平等的民事主体所订立的民事合同,如借用合同、消费合同等。[①]

---

① 邓辉,许步国. 合同法学[M]. 北京:中国民主法制出版社,2006年,第2页。

总而言之，合同法调整的是平等的民事主体之间的利益关系，是私人的利益关系，并不涉及国家利益与社会利益等公的利益。从这一层面来讲，合同法是私法，而非公法。

第二，合同法不调整婚姻、收养、监护等有关身份关系的协议。

合同法所规范的是平等主体之间设立、变更、终止财产权利义务的协议，并不规范当事人之间的身份关系。从这个意义上来讲，合同法属于财产法。

第三，合同法调整的是当事人之间设立、变更、终止民事权利义务关系的协议。

在现代社会，上述民事权利义务关系主要体现为物品或权利的转让、完成工作或者提供劳务等的交易关系。因此，合同法是交易法，其规范的是财产的流转关系中的交易关系。

三、合同法与相关法律的关系

（一）合同法与物权法

合同法与物权法都是民法中的财产法，都是调整平等主体之间的财产关系的法律。

两者的区别如下表：

	合同法	物权法
调整的财产关系类型	动态的财产关系，即财产流转中的交易关系	静态财产关系，即财产归属关系
法律关系的创设	法定，或当事人依法设定	物权法定
保护的权利	债权人的相对请求权	权利人的排他性支配权

（二）合同法与债权法

债权法是合同法的上位概念，合同法是债权法的重要组成部分。

依据债产生的原因的不同为标准，债可以分为侵权行为所生之债、不当得利所生之债、无因管理所生之债以及合同之债。

与其他几种债相比，合同之债在社会生活中的数量最大，是一种常态。在法律规范上，规范合同之债的法律条文也在债权法中占据最多。合同法能体现出债权法的基本原理和基本制度。

第二节 现代合同法的特点

一、古代合同法的历史沿革与特点

在氏族社会晚期，随着劳动成果的富余和私有财产的出现，不同的私有主体之间的交换成为必然，交换的广泛化又带来了交换规则的形成。

这些规则起初由誓言、习惯等保障实行。当誓言等不足以保障交换规则的实行时，便需要由社会共同体认可或制定的法律规范取而代之，交换规则取得了法律的规定形式。

人类社会最早的合同法是由习惯发展而来的，称为习惯法。①从总体上说，习惯法具有不稳定、不统一和不公开的特点，在适用的过程中还需解决各种习惯相互矛盾、抵触的问题，增加了习惯法适用上的困难。这决定了成文法逐渐取代习惯法的命运。②

《汉谟拉比法典》是世界上迄今为止所发现的最早且保存最完整的古代成文法典，通篇共有282个条文，其中直接规定合同的规范就有八十余条，规定了买卖、赠与、代理合同制、租赁、借贷、保管、合伙等内容。

古罗马的《十二铜表法》中关于合同的规定，主要出现在第三表和第六表中，条文少于上述法典，但在立法技术方面有所进步。日耳曼法虽然晚于罗马法，其中合同规范也远不及罗马法那样巧妙精深、逻辑严密，但在立法思想、立法技术以及具体制度上也有一定的发展。

中国古代有典籍记载的正式法律制度可追溯至唐代的《唐律》。通过对《唐律》的有限考察，可以看到：其一，中国当时对于买卖等问题的规范，在正式制度上主要借助于刑事法的手段，民事效果在正式制度中体现得并不充分。其二，从《唐律》所规定的契约类型来看，涉及保管、借贷、博戏、买卖等。从法律规范的技术上看，似未抽象出一般契约的概念而设定契约的一般规则，而是针对具体的契约形态、就事论事地规范具体问题的解决之道。③

总的说来，奴隶社会和封建社会形成的合同法，即古代合同法的特点有：它是简陋的，欠缺许多具体且重要的制度；合同主体仅限于少数人，奴隶不得订立合同，甚至妻子儿女在罗马法上也无人格；重形式而轻内容，只要形式符合法律要求，即使内容违反道德，合同是在欺诈或胁迫的情况下签订的，也仍然有效。例如，《威尼斯商人》中，从人身上割肉来偿还钱款的合同也是有效的。所有这些，均不适应市场经济的要求，终将被近代合同法所取代。④

二、近代合同法的历史沿革与特点

近代合同法，是指资本主义自由竞争时期的合同法，以《法国民法典》中的合同制度为典型代表，其所确立的原则和规定的内容充分反映了近代合同法的基本概貌。

《法国民法典》，又称《拿破仑法典》，是1804年由拿破仑皇帝亲自主持制定的，共设三编2283条，其中涉及契约内容规定多达1572条，占总数的68%。其规定的有关合同内容主要有：契约或合意之债的一般规定、夫妻财产契约及夫妻间的相互权利、买卖、互易、租赁、合伙、借贷、寄托及讼争物的寄托、赌博性的契约、委任、保证、和解、质押等。《法国民法典》对全面确立合同制度做出了重要贡献，对后来世界各国民法、合同法立法产生了深远影响。

比利时、瑞士、意大利、西班牙、葡萄牙等西欧国家的民事立法无不以法国民法典编纂作为基础，甚至对近东、非洲、印度支那和大洋洲的各国也产生着影响。⑤1900年《德国民法典》诞生，虽与《法国民法典》风格迥异，把债法独立为一编，但也是对《法国民法典》的继承和发展。

近代合同法与古代合同法相比，有了极大的发展和进步，主要特点表现在合同自由、抽

---

① 崔建远. 合同法（第3版）[M]. 北京：法律出版社，2003年，第3页.
② 王家福. 民法债权[M]. 北京：法律出版社，1991年，第2页.
③ 韩世远. 合同法学[M]. 北京：高等教育出版社，2010年，第8页.
④ 崔建远. 合同法（第3版）[M]. 北京：法律出版社，2003年，第4页.
⑤ 陈训敬. 合同法[M]. 厦门：厦门大学出版社，2007年，第13页.

象的平等的人格、个人责任等原则上。在自由资本主义时期，经济自由主义的经济理论居于主导地位，允许人们依照自己的意愿交换相互的财产或服务，反映在《法国民法典》中就是合同自由原则。

在自由经济体制中，每个人都是趋利避害、精于计算、追求利益最大化的经济人（economic man），在法律制度中，经济人的概念就形成了抽象的平等的人格概念，也即权利能力概念。为保障经济人最大的行为自由，法律确立了个人责任原则和过错责任原则，即经济人仅对基于自己意思的自由行为负责，仅对其故意或过失负责，对他人的行为以及自己不存在故意或过失的行为不负责任。[①]

三、现代合同法的发展与特点

进入 20 世纪后，西方主要资本主义国家进入其经济垄断时期。作为近代合同法基础的自由主义思想不断遭受批判，西方自由主义的法律传统不断受到挑战。近代合同法经过修正，演变为了现代合同法，但其本质并无根本的变化。现代合同法经过对近代合同法的发展，主要体现为以下几个特点：

第一，抽象的法律人格具体化。

在近代合同法中，抽象的法律人格概念被作为权利主体确立了下来，而在现代合同法中，对权利主体的具体特性和能力等都给予了充分考虑，并予以具体化，进行概念区分。

例如雇佣合同中，形成了以劳动者人格为焦点的劳动法和社会法，确立了团体协约和工会制度，导入保障有关争议和劳动条件的强行标准[②]，这都是充分考虑到了雇员的特殊性，从而把人格具体化了。另外，如在消费者合同中，对"经营者"与"消费者"的概念也做了区分，更利于对"消费者"的倾斜保护。

第二，合同自由原则受到限制。

在资本主义垄断阶段，商业、交通运输业、金融业等高度发达，为节约交易成本和追求经济效率，许多经济领域出现了格式合同或者格式条款。

但由于合同双方当事人在经济实力、信息掌握程度等方面存在显著的差异，近代法上的合同自由演变为了一方当事人滥用优势地位牟利。

为保障经济弱者能够参与到经济活动中，并且保护其合法权益不受侵害，现代各国都采取各种措施，限制合同自由以求实现合同正义。

但需要说明的是，我国目前仍需要提倡合同自由。

第三，责任的社会化。

在产品缺陷导致消费者损害或医疗事故导致病人损害等情况下，越来越多的国家采取无过错责任，并通过保险机制将损害分散到整个社会承担，这就是责任的社会化。

但需要注意的是，我国的保险机制还不够完善和普及，一旦违约，一方当事人无力承担违约责任，就会给守约方带来巨大的损失。在这里，首先应提倡企业或个人增强保险意识。

第四，合同法的统一化。

随着国际贸易的发展和经济全球化的推进，贸易规则为了适应发展的需要而逐渐走向统

---

① 韩世远. 合同法学[M]. 北京：高等教育出版社，2010 年，第 9—10 页。
② 崔建远. 合同法（第 3 版）[M]. 北京：法律出版社，2003 年，第 5 页。

一化。例如《国际货物销售合同公约》(CISG)、《国际商事合同通则》(PICC)等的制定。

第五，一般条款的作用增强。

以诚实信用为代表的一般条款，在现代合同法上发挥的作用越来越大，这是因为法律不可能随时修订，但是这些原则却具有很大的灵活性，能迅速适应社会经济发展的现实。

第六，劳动法、产品责任法、消费者权益保护法等日增特殊性，形成了自己相对独立与完善的体系，最终从民法中分离出去了。[①]

四、我国合同法的发展与特点

我国的合同法经历了一个非常曲折的发展过程。其间有过四次大的发展。

1. 第一次发展时期是 1950—1956 年

在这个阶段，党的方针政策是发展商品生产和商品交换。1950 年 9 月 27 日，原政务院财政经济委员会颁布了我国第一个合同规章《机关、国营企业、合作社签订合同契约暂行办法》。

随后，中央各部委相继制定了一大批合同规章，对买卖合同、供应合同、基本建设包工合同、加工承揽合同、运输合同、财产租赁合同、保险合同、保管合同、委托合同、供货合同等做了规定。

这对巩固社会主义国有经济，迅速恢复在旧中国遭受严重破坏的国民经济，实现对生产资料私有制的社会主义改造，胜利完成第一个五年计划，发挥了巨大的作用。

但是，在整风"反右"以后，在 1958—1960 年，我国经济领域大刮"共产风"，搞"一平二调"，办"公共食堂"，实行"人民公社化"，不讲经济核算，不计生产成本，否定商品生产和商品交换，取消了合同制度。

2. 第二次发展时期是 1961—1966 年

在党的八届九中全会提出调整国民经济的八字方针以后，即"调整、巩固、充实、提高"，我国重新推行合同制度。

1963 年 8 月 30 日，原国家经济贸易委员会颁布了《关于工矿产品订货合同基本条款的暂行规定》。1965 年 8 月 5 日，原国家经济贸易委员会转发了《关于物资调剂管理实行办法》。1965 年 5 月 6 日和 12 月 6 日，国务院批准了《木材统一送货办法》《煤炭送货办法》等重要合同法规。

这些法规对合同的签订、履行、违约责任都做了具体规定。但是，从 1966 年 5 月至 1976 年 10 月的"文化大革命"期间，合同制度再次被废弃。

党的十一届三中全会以后，中央纠正了经济工作指导思想上的"左"倾错误，坚决摒弃了自给自足的自然经济观点，大力发展商品生产和商品交换，进行经济体制改革，为我国合同法的发展开辟了十分广阔的前景。

3. 第三次发展时期为 1981—1993 年

在这期间，我国相继颁布了《经济合同法》《涉外经济合同法》《民法通则》《技术合同法》等，呈现出以《民法通则》为基本法，三个合同法形成"三足鼎立"的格局。

第四次发展时期是从 1993 年 10 月起，根据第八届全国人民代表大会常务委员会的立法

[①] 崔建远. 合同法（第 3 版）[M]. 北京：法律出版社，2003 年，第 7 页。

规划,全国人大常委会法制工作委员会着手进行《合同法》的起草工作。经过几年的努力,于1999年3月15日,第九届全国人大第二次会议通过并公布了《中华人民共和国合同法》。[①] 自此,上述三个合同法都不再使用。

总结我国合同法的发展,主要呈现出以下几个特点:

其一,凡是在我国承认并发展商品经济的时期,合同立法就发达;反之,合同立法就停滞,甚至被取消。合同法是商品经济、市场经济的法律形式,并且是基本法律。

其二,我国合同立法从头痛医头,脚痛医脚,区分主体和内容而分别立法,走向不分主体和内容地就合同关系统一立法,正确反映了社会主义市场经济的本质要求,合同立法日益科学化。

其三,《合同法》妥当处理了合同自由与合同正义之间的辩证关系,兼顾公平与效率、交易安全与交易便捷几项价值,目标崇高。

其四,立法技术进步明显。[②]

第三节 合同法的作用

一、合同法与诚实信用

合同法是市场经济的基本法律之一。市场经济从商品经济发展而来,其经济活动的基本内容就是市场主体间的交易活动。交易活动实现了交易双方在时间上和空间上的分离,而这对市场主体的自我约束机制提出了更高的要求。

随着市场经济的进一步发展,经济活动已逐渐扩展到距离相隔甚远、习惯差异巨大的陌生人之间,例如,电子商务。而伴随着人口的流动性加剧,人与人之间的关系已不再如早期农耕社会那般有着紧密联系,单纯依靠"熟人社会"来实现合同的履约保障,既不可能,也不现实。

因此,讲诚实、守信用成了保障交易活动顺利开展的基本要求。合同法作为保障市场交易的法律规范,更是体现出了对诚实信用原则的尊重,明文规定,当事人行使权利、履行义务应当遵循诚实信用原则。

二、合同法与经济效益

合同的产生,源于交易的需要,合同行为从本质上来说就是财富、资源的一种流转行为。因此,合同是有效利用资源,实现资源优化配置的手段,合同及规范合同行为的法律本身具有保障、追求、促进经济效益的作用。

合同法的诸多规则,坚持了效率原则:第一,合同的订立程序、履行规则清晰、确切,使当事人之间的交易更有可预期性,更为便捷;第二,合同保全、合同担保、违约责任等制度,使得交易行为更有保障;第三,合同的变更和解除制度,允许当事人随着情况的改变而调整合同关系,从而将损失降到最低。甚至从效率违约(efficient breach of contract)理论的

[①] 黄名述,李振华. 合同法[M]. 北京:中国政法大学出版社,2010年,第14—15页。
[②] 崔建远. 合同法(第3版)[M]. 北京:法律出版社,2003年,第7页。

主张来看，当违约比履行合同更有效益时，应当以损害赔偿取代实际履行，这可以说是效益原则的极端体现。

三、合同法与社会发展

合同是对身份的超越，把人们的权利、义务、地位由先天命定为自主创设；合同法弘扬人的主体性，使当事人自己决定交易事项；合同法以意思自治为原则，最大限度地激发当事人的主动性、积极性和创造性；合同法以诚实信用为原则，它提升当事人的道德水准和精神境界；合同法是一套交易规则，为市场经济提供了基本遵循，促进市场经济的发展；合同法以平等自由为价值，为民主政治树立了范式。正因如此，合同法是促进社会发展之法。①

第四节 合同法的基本原则

一、合同法的原则概述

合同法的原则，是适用于合同法的特定领域或者全部领域的准则。

适用于合同法的特定领域的，称为"合同法的具体原则"，例如适用于合同履行的完全履行原则，适用于违约赔偿责任的完全赔偿原则等。

适用于合同法的全部领域的，称为"合同法的基本原则"，如合同自由原则。

合同法的基本原则是贯穿于整个合同法的根本准则，是合同领域立法、司法、守法以及理论研究的依据和出发点。本书此处主要分析合同法的基本原则。

另外，合同法作为民法的组成部分，民法的基本原则当然也是合同法的基本原则。但在此就不赘述了。

二、合同自由原则

（一）合同自由原则的含义与产生

合同自由原则源于《合同法》第 4 条的规定："当事人依法享有自愿订立合同的权利，任何单位和个人不得非法干预。"尽管没有直接使用"自由"一词，而使用的"自愿"一词，两者的实质是一样的。

有学说认为，合同自由原则早在1804年的《法国民法典》即已有所规定和体现。我国曾长期实行计划经济，奉行计划原则而否定合同自由。直到实行社会主义市场经济，才具有确立合同自由原则的经济基础。可以说，"合同自愿"也就是符合中国实际的有中国特色的"合同自由"。

合同自由原则，是指合同当事人根据自己的意志，通过协商缔结合同关系、确定合同的内容和形式、决定合同的履行与变更、约定违约责任等方面为意思表示的自由。

---

① 崔建远. 合同法（第 3 版）[M]. 北京：法律出版社，2003 年，第 14 页。

（二）合同自由原则的内容

合同自由原则主要包含以下内容：

第一，订约的自由，即当事人可以根据自己的需要自由决定是否与他人缔结合同。

第二，选择相对人的自由，即当事人可以自由决定与何人订立合同。

第三，决定合同内容和方式的自由，即双方当事人可以自由决定合同的条款，选择合同的形式。

第四，变更或解除合同的自由，即当事人可协商变更或解除合同，或行使解除权将合同解除。

（三）合同自由原则在司法实践中的表现

合同自由原则在我国合同法的立法和司法中已经有所体现。

在立法上，《合同法》的制定，明显比过去的三部合同法在任意性规范和强制性规范的比例上有所改变：任意性规范明显增多，强制性规范明显缩减。

在司法实践中，法院也尽可能地尊重双方当事人的真实意思，例如：合同既可以认定为有效，也可认定为无效的，尊重当事人的意愿认定为有效；对有效合同的内容发生疑问的，当事人有特别约定的优先适用，没有约定的，如需对合同漏洞做出填补，也先由当事人达成补充协议，只有在不能达成补充协议的场合，才适用法律的补充性规定。[①]

（四）对合同自由原则的限制

应当注意的是，合同自由并不是绝对的、无限制的自由。

合同自由原则同样要求当事人的意思不与强行性规范、社会公共利益和社会公德相抵触。

随着社会经济的发展，国家干预经济生活的加强，对合同自由加以限制已成为趋势。对合同自由的限制，真正目的是限制强者的自由，以保护弱者和社会公共利益。

对合同自由原则进行限制的典型表现就是强制缔约义务。强制缔约义务的主要来源有两种：一种是法律的明文规定，例如公用事业的缔约义务和医疗合同的缔结等；一种为法律无明文规定，但是经营者为事实上处于独占地位而供应重要民生必需品者，仍负有以合理条件与用户订立合同的义务。

三、诚实信用原则和合同风险意识

（一）诚实信用原则的含义

诚实信用原则源于《合同法》第 6 条："当事人行使权利、履行义务应当遵循诚实信用原则。"

诚实信用原则是民商法领域的重要原则，要求法律主体在民商事活动中讲究信用，恪守诺言，诚实不欺，以善意的方式行使自己的权利、履行自己的义务，在不损害他人利益和社会利益的前提下追求自己的利益。

所有已签订的合同，并不意味着都能被圆满地履行。这有客观的原因也有主观的原因。随着市场经济的深入发展，在一些领域的经济活动失范，部分市场主体为了追求自己利益的最大化，可能恶意地背弃前约。因此，合同有风险，签约需谨慎，进入到合同关系的市场主

[①] 韩世远. 合同法学[M]. 北京：高等教育出版社，2010 年，第 16 页。

体都应该树立自己的合同风险意识,在合同圆满的履行完毕之前都不能掉以轻心,并做好相关担保、保全以及留存证据资料等准备。

(二)诚实信用原则的作用

正是因为存在合同的履约风险,诚实信用才显得格外重要。诚实信用本是市场主体参与经济活动的基本道德,《合同法》将诚实信用原则进行明文规定,是典型的道德准则的法律化,突出了诚实信用在合同法领域的重要性。

此外,诚实信用原则由补充当事人意思表示的任意性规范,转变为了当事人不能以约定排除其适用,甚至不待当事人援引法院可直接依职权适用的强行性规定[①],在司法实践领域也发挥着越来越重要的作用。

例如,甲为企业经理,在出差的过程中遗失皮包,因包中有文件等重要物品,遂在多家电视、报纸等传媒上刊登了寻物启事,声明谁拾到皮包并归还,失主立即给付归还者1.5万元奖金。几日后,乙拾到该皮包,联系到甲后,归还时要求甲兑现支付1.5万元的承诺,甲以包中物品不值1.5万元为由拒绝给付,只能给2000元。在这个案例中,寻物启事是甲的真实意思表示,属于悬赏广告,甲应该履行广告中的承诺,依据的便是诚实信用原则。

(三)诚实信用原则的内容

诚实信用原则在合同法中的体现如下:

第一,合同当事人在合同的缔结、存续、终了等各个阶段均以诚信行事。

在合同缔结阶段,进入磋商阶段的当事人负有先合同义务,须向对方提供缔结合同必要的信息,为对方保密,限制要约的撤销等。在合同履行阶段,当事人双方应严格遵守合同约定,履行相关义务。在合同终了后,根据交易习惯继续履行通知、协助、保密等义务。

曾有人为了买房而向银行申请贷款,银行的工作人员在审批是否能发放贷款的时候,发现这套房子确实性价比非常高,回家后顺口就和妻子说了。第二天,其妻子就去将房子买下。虽然贷款审批尚未完成,申请贷款人与银行的贷款合同还未签订,但银行工作人员未履行先合同义务中的保密义务,即违反了诚实信用原则,应当对申请人未买到便宜房子的损失承担赔偿责任。

第二,当事人对合同条款的理解存在争议时,可根据诚实信用原则确定条款的真实意思。

曾经,无论是个人还是司法机关对于"老赖"现象都束手无策。

所谓"老赖"行为,是指那些具有履行能力而不履行合同义务或者生效的裁判文书确定的义务的行为,是典型的违背诚实信用原则的行为,损害了相关当事人的合法权益。

针对此类"老赖"现象,最高人民法院先后于2010年和2013年发布了《关于限制被执行人高消费的若干规定》和《关于公布失信被执行人名单信息的若干规定》。前者明确列举了8类被禁止的具体高消费行为,可向法院申请限制高消费令予以禁止;后者规定,申请执行人可申请将存在6种失信行为的被执行人纳入"老赖黑名单",也即"失信被执行人名单",依法对其进行信用惩戒。

"老赖"现象提醒人们,要时刻保持合同风险意识,当意识到债务人可能赖账不还,或者没有偿还能力时,就要调查债务人的动产、不动产,然后向法院申请诉前财产保全,由法

---

① 梁慧星. 民法总论[M]. 北京:法律出版社,2007年,第260—262页。

院查封、扣押债务人的动产、不动产。一旦债务人没钱偿还时,就可以通过拍卖债务人的资产抵债,以此保障自己的合法权益。

四、法律地位平等原则

法律地位平等原则源于《合同法》第 3 条的明确规定:"合同当事人的法律地位平等,一方不得将自己的意志强加给另一方。"

法律地位平等,只是形式上的平等,并不是实质上的平等。

五、公平原则

公平原则源于《合同法》的第 5 条的明确规定:"当事人应当遵循公平原则确定各方的权利和义务。"此处的公平是指,当事人在协商确定合同权利义务时,应当公平合理,具有对应性或对价性。

公平原则,在合同法领域,实则合同正义原则。其主要内容包括:

第一,合同双方的权利义务对等。

一般来说,此处的权利义务等值性参照的是当事人的主观意愿,即采用主观等值原则,法院应充分尊重当事人的真实意思,不得以非当事人的价值观念,判断、变更合同的内容。也就是俗话说的,"周瑜打黄盖,一个愿打,一个愿挨"。

当然,在胁迫、欺诈、乘人之危等情况下违背真实意思订立的合同,以及重大误解、订立合同时显失公平的,当事人可请求法院或仲裁机构依客观等值原则,予以变更或撤销。

第二,合同负担与风险的合理分配。

合同负担与风险的分配涉及当事人各方的利益,实际上也是一种利益分配。主要包括风险负担、附随义务的配置、违约赔偿责任的归责原则、免责条款的法律规制等。

例如,在买卖合同中,除当事人另有约定外,风险负担依交付而转移如果买房人买完房后,房价下降,其也无权要求卖房人解除房屋买卖合同。

而现实生活中,许多人遇到这种状况后却认为卖房人,尤其是房产开发商给自己退房是理所应当的事情。如果不退,还纠结多人集会、拉横幅等。虽然,大多数老百姓买房不容易,甚至是用了几代人的积蓄才够,但合同法中风险负担的公平原则不容被随意破坏。

六、公序良俗原则

公序良俗,从字面意义上看,即公共秩序和善良风俗。

公序良俗并非我国民法体系的自有概念,我国《合同法》中也未明确使用"公序良俗"四个字,但可以从《合同法》第 7 条的文字表述中得出。

该条款规定:"当事人订立、履行合同,应当遵守法律、行政法规,尊重社会公德,不得扰乱社会经济秩序,损害社会公共利益。"按照我国民法学说的解释,本条款规定的实质即"社会公共利益",而"社会公共利益"的地位和作用就相当于外国民法中的"公共秩序和善良风俗"。[①]

---

① 梁慧星. 市场经济与公序良俗原则(《民商法论丛》第一卷)[M]. 北京:法律出版社,1994 年,第 43 页。

公序良俗原则的设立目的在于，当遇有损害国家利益、社会公益和社会道德秩序的行为，而又缺乏相应的禁止性法律规定时，法院可直接适用公序良俗原则判决该行为无效。[①]

违反公序良俗的常见行为有：危害国家利益的行为，如违反国家宏观调控或金融调控政策的合同；违反公平竞争的行为，如实行经济垄断或牟取暴利的合同；违反消费者权益保护的行为，如约定售出一律不得退换的合同；违反劳动者权益保护的行为，如约定工伤概不负责的合同；违反社会公德的行为，如生产、销售淫秽物品的合同。[②]

又如，甲乙签订合同，约定甲将自己在河流上游的一块土地及厂房租给乙，乙建一个化工厂。该合同对甲乙都有利可图，但由于乙的化工厂在河流上流排污，损害河流下游公众安全，根据公序良俗原则，可认定为无效合同。

七、合同神圣及合同严守原则

合同神圣及合同严守原则由《合同法》第 8 条的规定予以确认："依法成立的合同，对当事人具有法律约束力。当事人应当按照约定履行自己的义务，不得擅自变更或者解除合同。依法成立的合同，受法律保护"。

"合同神圣"的观念源于古代法，彼时合同被认为是神授意的结果，必须履行。在近代法上，合同虽不被视为神意，但因是当事人自由自主订立的，法律赋予了当事人的自由意志以法律效力，合同被认为是当事人之间的法律，因此当事人必须遵守。坚持"合同神圣"的理念，在近现代社会，就是承认国家的法律权威。

"合同严守"，是指当事双方在充分协商的基础上，以真实意思表示达成的合同，应该被合同双方严格遵守。除非有法定的撤销或解除的事由，或者由合同双方当事人约定变更或解除，原则上不允许擅自变更或解除。

例如，《合同法》第 94 条规定了一般法定解除权的发生要件，只有在符合这些条件的情况下，当事人才可解除合同。

"合同严守"是"合同神圣"的当然结论和必要手段，也体现了维护经济效益和稳定经济秩序的需要。

第五节 合同法的立法体例

一、外国合同法的立法体例

在大陆法系国家，实行民商合一的国家一般都把合同规定在民法典里，例如《法国民法典》《德国民法典》和《日本民法典》。在这些国家的民法典中，合同法都占据了较大的比例，少则占 1/4，多的近 1/2。瑞士比较特殊，把合同规定放在了独立的债法中，如瑞士的《1911 债务法》。

在英美法系国家，合同制度一般有判例法，但为了适应新的情况，英国制定了有关特殊

---
① 梁慧星. 民法总论[M]. 北京：法律出版社，2007 年，第 49 页。
② 邓辉，许步国. 合同法学[M]. 北京：中国民主法制出版社，2006 年，第 8 页。

合同的成文法，例如1880年《雇主责任法》；而美国，鉴于立法权掌握在各州手中，联邦无统一法律，但一些民间组织却制定了示范法，例如《统一商法典》。

二、我国合同法立法体例

我国的合同法不是独立的法律部门，属于民法的一个组成部分。1999年10月1日以前，我国合同法的体系以1986年《民法通则》中的合同制度为龙头，1981年《经济合同法》、1985年《涉外经济合同法》、1987年《技术合同法》三足鼎立，加上《著作权法》等单行法中的合同规范，辅之以有关合同的条例、办法、实施细则以及司法解释。直到1999年10月1日《经济合同法》《涉外经济合同法》《技术合同法》废止，现行《合同法》施行后，合同法才得以统一。

【课后思考题】

1. 简述合同法的概念及其调整对象。
2. 试述合同法的基本原则。
3. 某山区农民赵某家中有一花瓶，系赵某的祖父留下。李某通过他人得知赵某家有一清朝花瓶，遂上门索购。赵某不知该花瓶的真实价值，李某用1.5万元买下。随后，李某将该花瓶送至某拍卖行进行拍卖，卖得价款11万元。赵某在一个月后得知此事，认为李某欺骗了自己，通过许多渠道找到李某，要求李某退回花瓶。李某以买卖花瓶是双方自愿的，不存在欺骗，拒绝赵某的请求。经人指点，赵某到李某所在地人民法院提起诉讼，请求撤销合同，并请求李某返还该花瓶。

问题：

（1）本案适用合同法的哪些基本原则？
（2）赵某的请求有无法律依据？
（3）法院应如何处理？

4. 2004年8月26日，广州的张某通过中介，以8.8万元买下白云区广花四路的一处房屋。张某依约付款后，便安家落户。不久后，张某在与邻居聊天时惊闻，该房曾发生煤气爆炸，屋内两人被砸死。随后，张某以房屋存在瑕疵，卖家有违诚信、破坏公序良俗为由，向法院提起诉讼，请求撤销购房合同。

问题：

（1）本案中卖方是否违反了合同法的基本原则？
（2）卖方是否应主动告知"凶宅"信息？
（3）法院应如何处理？

第四章 合同的订立

【导学案例】

S 公司发布电视广告称，自己有 100 台某型号小轿车，特价每台 10 万元，有意者三天内前来购买。A 公司见到广告后，第二天就带着 30 万元钱去了 S 公司。但 S 公司抱歉地称，车已经全部卖完。A 公司说自己为此花费交通费、住宿费等 2000 元，让 S 公司承担。请问：A 公司的要求有道理吗？

第一节 合同订立概述

一、合同订立的概念

合同的订立，指的是两方以上当事人通过协商而于互相之间建立合同关系的行为。合同的订立是合同双方动态行为和静态协议的统一，它既包括缔约各方在达成协议之前接触和洽谈的整个动态的过程，如要约邀请、要约、反要约等；也包括双方达成合意、确定合同的主要条款或者合同的条款之后所形成的协议，如承诺、合同成立和合同条款等。

《合同法》第 13 条规定，当事人订立合同，采取要约、承诺方式。可见合同的订立包括要约和承诺两个阶段。**要约**，是指一方当事人以缔结合同为目的，向对方当事人提出合同条件，希望对方当事人接受的意思表示。发出要约的一方称要约人，接受要约的一方称受要约人。**承诺**，是指受要约人同意接受要约的全部条件而缔结合同的意思表示。《合同法》第 21 条对此做出规定。

二、合同成立的概念与作用

合同成立和合同订立有区别。合同成立是合同订立的静态协议部分。

也就是说，合同的成立仅是合同订立的组成部分，是合同订立过程的成功结果。如果合同不成立，则意味着合同订立失败。合同订立是合同成立的前提，没有动态的订立过程，就不会有静态的成立结果。

合同的成立是当事人之间产生权利义务的基础，具有重要的作用。

（一）合同的成立是认定合同效力的前提条件

只有成立的合同才会发生合同是否有效的问题。如果合同没有成立，当然也就谈不上合同的效力。

(二) 合同的成立是区分合同责任和缔约过失责任的根本标志

合同订立过程中，因一方当事人的过失致使合同不成立即订约失败，造成他方损失的，过失方应当承担缔约过失责任。合同成立后，因当事人之间存在合同关系，一方违反合同的，才会发生合同的违约责任。

第二节 要约

一、要约的概念

要约（offer），是希望和他人订立合同的意思表示。要约又称发价、发盘、出盘、报价等。提出签订合同的一方为要约人，对方为受要约人。

二、要约的构成要件

要约是由具有订约能力的特定人做出的意思表示。我国《合同法》第14条规定该意思表示应当符合下列规定：（1）内容具体确定；（2）表明经受要约人承诺，要约人即受该意思表示约束。

(一) 必须向要约人希望与之缔约合同的人发出

也就是说，受要约人应该是特定的人。要约人希望与谁订立合同就向谁发出要约。但特殊情况下，受要约人也可能是不特定人，例如，悬赏广告。

(二) 内容必须具体确定

所谓具体，是指要约内容必须具有足以使合同成立的主要条款。

合同的主要条款，一般是指《合同法》第12条规定的八个方面：当事人、标的、数量、质量、价款、履行时间地点和方式、违约责任、解决争议的方法。应当根据合同的性质和内容来加以判断。合同的性质不同，它所要求的主要条款是不同的。

根据《联合国国际货物买卖合同公约》（United Nations Convention on Contracts for the International Sales of Goods，简称CISG）的规定，要约的内容至少应包括三个方面：标的、数量、价格。

所谓确定，是指要约内容必须明确，不能含糊不清。

(三) 经受要约人承诺，要约人即受该意思表示约束

表明要约人提出的要约绝不是随口说说。

以上是我国关于要约构成要件的规定。国际上也有一些不尽相同的规定。

《国际商事合同通则》（Principles of International Commercial Contracts，简称PICC）第22条（要约的定义）规定，一项订立合同的建议，如果十分确定，并且表明要约人在得到承诺时承受约束的意旨，即构成要约。

《国际货物买卖合同公约》第十四条第一款规定，向一个或一个以上特定的人提出的订立合同的建议，如果十分确定并且表明发价人在得到接受时承受约束的意旨，即构成发价。

一个建议如果写明货物并且明示或暗示地规定数量和价格或规定如何确定数量和价格,即为十分确定。

三、要约与要约邀请的区别及认定

要约邀请,又称要约引诱,根据《合同法》第 15 条的规定,要约邀请是指希望他人向自己发出要约的意思表示。例如,寄送的价目表、拍卖公告、招标公告、招股说明书、商业广告等均为要约邀请。

要约和要约邀请的区别在于:

	要约	要约邀请
目的	对方承诺	对方发生要约
法律约束力	对要约人有法律约束力	对发出要约邀请的人无约束力
对象	一般为特定的人	不特定的人

从理论上看,要约与要约邀请的区别很明显,但在司法实践中却经常难以分辨。下面就合同法中列举的主要几项要约邀请做一些简单的解释:

1. 商品价目表、陈列

商品价目表、商品陈列仅指明什么商品或什么价格,并没有指明数量,对方不能以"是""对"或者"同意"等肯定词语答复成立合同,自然不符合作为要约的构成要件,只能视作要约邀请。

对于商品价目表或商品陈列,不同国家的定性也不尽相同。例如,英国认为不是要约而是要约邀请,瑞士则视为要约,而德国并未明确规定,一般视为邀请。

笔者认为,将商品价目表、商品陈列视为要约,对消费者来说更加有利;相反,其作为要约邀请,则更有利于保护商家的利益。

2. 商业广告

商业广告,是指商品经营者或者服务提供者承担费用、通过一定的媒介和形式直接或间接地介绍自己所推销的商品或者所提供的服务的广告。商业广告的目的在于宣传商品或服务的优越性,引诱顾客购买商品或者接受服务。

对于商业广告,一般都认为是要约邀请。

但法律并不排除内容具体明确的商业广告为要约。如广告中称:"我公司现有某型号的汽车 1000 辆,每辆价格 25 万元,先来先买,欲购从速。"

除此以外,悬赏广告作为一种特殊的广告,一般因为内容具体明确而被视为要约。

3. 招股说明书

招股说明书,是股份有限公司在公司设立时由公司发起人向社会公开募集股份时或者公司经批准向社会公开发行新股时,向社会公众公开的说明书。

招股说明书是公司向社会发出的要约邀请,邀请公众向公司发出购买公司股份的要约。但与一般要约邀请不同的是,招股说明书是具有法律意义的文件。

认股人认购股份,为要约,公司卖出股份,为承诺,买卖股份的合同成立。

四、要约的生效

要约的生效时间既关系到要约从什么时间对要约人产生约束力，也涉及承诺期限的问题。

我国《合同法》第16条规定，"要约到达受要约人时生效"，可见我国法律采纳了到达主义。

对于到达的理解，应注意两点：第一，到达不一定是实际送达到受要约人及其代理人手中，只要要约到达受要约人所能够控制的地方即为到达，如受要约人的信箱、收发室等。

第二，采用数据电文形式订立合同，收件人指定特定系统接受数据电文的，该数据电文进入该特定系统的时间，视为到达时间；未指定特定系统的，该数据电文进入收件人的任何系统的首次时间，视为到达时间（参见《合同法》第16条）。

德国对要约的生效采用的是表示主义，《德国民法典》第130条中规定："在向另一方做出意思表示时，如果另一方不在场，那么意思表示以其到达另一方时发生效力。"

表示主义对受要约人来说更有利，但笔者认为这对要约人的要求颇高，有点"自言自语"也要受法律约束的意思。

五、要约的撤回

要约的撤回，是指要约人在发出要约以后，未达到受要约人之前，宣告取消要约。

我国《合同法》第17条规定，要约可以撤回。撤回要约的通知应当在要约到达受要约人之前或者与要约同时到达受要约人。可见，任何一项要约只要撤回的通知先于或同时与要约到达受要约人，便能产生撤回的效力，视为要约人未发出要约。

如唐僧于某日给悟空去函要求购买某种纸张，但唐僧于次日与太上老君达成了购买该种纸张的协议，就立即给悟空发去传真要求撤回要约，悟空先接到了该传真，则传真为有效的要约撤回。

允许要约人撤回要约，是尊重要约人的意志和利益的体现。由于撤回是在要约到达受要约人之前做出的，因此在撤回时要约并没有生效，撤回要约也不会影响到受要约人的利益。

不同国家对要约的撤回也有不同规定。一般英美法系国家认为要约发出对要约人无法律约束力，因此可以随时撤回，相应地，要约又叫做"发虚盘"；而德国因为要约的生效采取"表示主义"，一经发出即生效，因此无法撤回，而其要约也称"发实盘"。

六、要约的撤销

要约的撤销，是指要约人在要约到达受要约人并生效以后，将该项要约取消，从而使约的效力归于消灭。

撤销与撤回都旨在使要约作废，或取消要约，并且都只能在承诺做出之前实施，但两者存在一定的区别。要约撤销应注意：

第一，撤销要约的通知应当在要约到达后，受要约人发出承诺前到达受要约人。

第二，特殊情况下，要约不得撤销。

为了保护受要约人的利益，《合同法》第19条规定了三种不得撤销要约的情形：（一）要约中规定了承诺期限；（二）要约中以其他形式表明要约是不可撤销的；（三）尽管没有明示要约不可撤销，但受要约人有理由信赖要约是不可撤销的，并且已经为履行合同做了准备工作。

最后，受要约人在收到要约以后，基于对要约的信赖，已为准备承诺支付了一定的费用，在要约撤销以后有权要求要约人给予适当补偿。

七、要约的失效

要约的失效，又称为要约的消灭或者要约的终止，指要约丧失法律效力，要约人与受要约人均不再受其约束。要约人不再承担接受承诺的义务，受要约人也不再享有通过承诺使合同得以成立的权利。

导致要约失效，要约人不再受原要约的拘束的情形有四种：

第一，拒绝要约的通知到达要约人。

受要约人以口头或书面的方式明确通知要约人不接受该要约。在拒绝要约的通知到达要约人时，原要约失去法律效力。

第二，受要约人对要约的内容进行实质性变更。有关合同标的、数量、质量、价款或报酬、履行期限、履行地点和方式、违约责任和解决争议方法等的变更，是对要约内容的实质性变更。

受要约人做出实质性变更，等同于提出了新要约。同时原要约失去效力。

第三，要约中规定有承诺期限的，承诺期限届满，受要约人未做出承诺。对口头要约，在极短的时间内不立即做出接受的意思表示，则表明要约的失效。

第四，要约被撤销。

注意，要约被撤回不是要约失效的原因。因为撤回是在要约生效前做出的。也就是说，要约压根未生效，自然不涉及失效的问题。

第三节　承诺

一、承诺的概念

承诺，又称接盘，根据《合同法》第 21 条的规定，是指受要约人同意要约的意思表示。承诺应当以通知的方式做出，但根据交易习惯或者要约表明可以通过行为做出承诺的除外。

二、承诺的构成要件

任何有效的承诺，都必须具备以下条件：

（一）承诺必须由受要约人做出

要约和承诺是一种相对人的行为，承诺必须由受要约人或其授权的代理人做出。除此以外的其他任何第三人即使知道要约的内容并对此做出同意的意思表示，也不能认为是承诺。

受要约人或其代理人做出的承诺都具有同等效力。

（二）承诺必须是在有效时间内做出

根据《合同法》第28条规定，凡在要约的存续期间届满后承诺的，是迟到的承诺，不发生承诺的效力，应视为新要约。因此，要约人指定了承诺期限的，承诺应当在该指定期限内做出；未指定承诺期限的，承诺应当在合理期限内做出。

所谓合理期限的判断，《合同法》有相关的规定，其中第23条规定如果要约未规定存续期间，在对话人之间，承诺应立即做出；在非对话人之间，承诺应在合理的期间做出。

需要注意的是，受要约人在要约的存续期间内做出承诺，依通常情形在相当期间内可到达要约人，但因电报故障、信函误投等传达故障致使承诺迟到的，要约人应及时地向承诺人发出承诺迟到的通知。否则视为承诺未迟到。

如太上老君向玉皇大帝提出要约并要求三天内承诺，玉皇大帝随即派孙悟空去送达自己的承诺，正常情况下当天即可送达。但孙悟空在送达途中遇到黄母娘娘的蟠桃大会，因吃桃喝酒误了时辰。等酒醒后已经第五天，太上老君光顾着教训孙悟空，未通知玉皇大帝承诺迟到，则承诺有效。

关于承诺迟到的通知，需要注意两点：第一，该通知，属于一种事实通知，以要约人将迟到的事实通知承诺人即发生效力，不到达的风险由承诺人负担；第二，承诺迟到的通知义务，不是法律上真正的义务，违反它不产生损害赔偿责任。

（三）承诺必须与要约的内容完全一致

即承诺必须是无条件地接受要约的所有条件。据此，凡是第三者对要约人所作的"承诺"、迟到的承诺、内容与要约不相一致的承诺，都不是有效的承诺，而是一项新的要约或反要约。

关于承诺生效的此要件，大陆法系各国普遍要求较严。而英美国的法律对此采取了比较灵活的态度。例如，美国《统一商法典》规定，商人之间的要约，除要约中已明确规定承诺时不得附加任何条件或所附加的条款对要约做了重大修改外，被要约人在承诺中附加某些条款，承诺仍可有效。

我国法律则认为，承诺在实质性内容上必须与要约完全一致，但非实质性内容则可以不完全相同。所谓实质性内容即《合同法》第12条规定的内容。

（四）承诺的传递方式必须符合要约人的要求

承诺应当以要约人指定的方式做出。如果未指定的话，根据《合同法》第22条，则应当以其他合理的方式做出，包括书面或口头的通知，及其默示的行为。

这里的默示行为是根据交易习惯或者要约内容判断，比较合理的行为，例如按要求打预付款、向空驶揽客的出租车招手、在自动售货机上投币购物等，又如当当网、卓越网等网站开展的网上订购业务，网站接受订单后，送货上门的行为即属于默示承诺。

三、承诺的生效

（一）承诺生效的时间

承诺生效的时间又与合同订立的地点密切相联，与法院管辖的确定以及法律的选择适用密切相关。确定承诺生效的时间非常重要。

大陆法系国家在承诺何时生效的问题上采用到达主义，或称为送达主义，即承诺的意思表示到达要约人时生效，合同成立。如《德国民法典》第130条中规定："在向另一方做出意思表示时，如果另一方不在场，那么意思表示以其到达另一方时发生效力。"我国台湾地区"民法典"第95条中也规定："非对话而为意思表示，其意思表示，以通知达到相对方时，发生效力。"根据到达主义，要约人收到承诺通知时，承诺才生效，合同才成立。如果由于邮局、电报局及其他原因导致承诺通知丢失或延误，一律由发出承诺的人承担后果。

英美法系国家民法采取发信原则，即在以书信、电报做出承诺时，承诺的通知一经交付邮局投邮立即生效，合同即告成立。这就是学者所讲的发信主义（postal rule），或称为投邮主义（mail-box rule）。根据发信主义，一旦承诺人将承诺信件丢进邮筒或者把承诺的电报交给电报局，则承诺生效、合同成立，不论要约人是否收到。承诺的通知因邮局、电报局或者其他原因迟延、丢失，后果由要约人承担。

《国际货物买卖合同公约》第18条中规定："接受发价于表示同意的通知送达发价人时生效。"《国际商事合同通则》第2.6条中也规定："对一项要约的承诺于同意的表示送达要约人时生效。"可见公约和通则排除了英美法的以信件与电报发送承诺通知上的发信主义，而采用送达主义。

《国际商事合同通则》第1.9条的解释说，认可送达主义优先于发信主义的理由在于：由受要约人承担传递的风险比由要约人承担更合理，因为是受要约人选择的通讯方式，他知道该方式是否容易出现特别的风险或延误，他应能采取最有效的措施以确保承诺送达目的地。我们的合同法也采纳了送达主义的做法，规定"承诺通知到达要约人时生效"。

承诺不需要通知的，根据交易习惯或者要约的要求做出承诺的行为时，承诺生效。《国际货物销售合同公约》第18条第3款与《国际商事合同通则》第2.6条第3款做了基本一致的规定。《国际商事合同通则》规定，如果根据要约本身，或依照当事人之间建立习惯做法或依照惯例，受要约人可以通过做出某行为来表示同意，而无须向要约人发出通知，则承诺于做出该行为时生效。

并举例说明这个规定，为建立一个数据库，甲要求乙拟出一份专门的计划。在未给甲发出承诺通知的情况下，乙开始草拟计划，并在完成后要求甲根据要约中所开列的条件付款。此时，乙无权要求付款，因为乙从未通知甲，他对要约的所谓承诺没有生效。但如果甲在其要约中通知乙随后的两周甲不在。如果乙有意承诺该要约，为节省时间，他应立即着手草拟计划。一旦乙开始起草，合同即告成立，即便乙未能将承诺立即通知甲或是延迟通知甲。

对此问题，我国采取了大陆法系的到达主义，根据《合同法》第26条第1款规定，承诺通知到达要约人时生效；承诺不需要通知的，根据交易习惯或者要约的要求做出承诺的行为时生效。

采用数据电文形式订立合同的，承诺到达的时间适用合同法第16条第2款的规定，即采用数据电文订立合同，收件人指定特定系统接收数据电文的，该数据电文进入该特定系统的时间，视为到达时间；未指定特定系统的，该数据电文进入收件人的任何系统的首次时间，视为到达时间。需要说明的是，不采用特定系统发送的传真、电传、电报应当与信件同样看待。

（二）承诺生效的法律效力

承诺一旦生效，合同即告成立，要约人不得加以拒绝。

四、承诺的撤回

承诺的撤回,是指承诺发出之后,生效之前,承诺人阻止承诺发生法律效力的行为。

《合同法》第27条规定,"承诺可以撤回。撤回承诺的通知应当在承诺通知到达要约人之前或者与承诺通知同时到达要约人。"

因为我国法律规定承诺达到时才生效,所以在到达之前,承诺可以被撤回。而那些采取承诺发出即生效的国家,承诺无法被撤回。

最后需要注意的是,因为承诺一旦生效,合同即成立,所以承诺不可以被撤销。这一点与要约不同。

五、反要约

受要约人向要约人发出的与要约的实质性内容完全一致的意思表示,称之为承诺。而在其他条件均满足,但实质性内容不完全一致的情况下,该意思表示则被称为**反要约**,或新要约。

在反要约中,受要约人对原要约提出了异议,或者从本质上改变了原要约。反要约必须经原要约人承诺后才能成立合同。

六、交叉要约

交叉要约,是指当事人一方向对方为要约,正值对方也为同一内容的要约,且双方当事人均不知道有要约的现象。

例如,刘某为个体商户,经营日常百货。2013年11月,刘某决定改行,想要处理库存存货。王某得知后,前去看货,但当时未与刘某达成协议,而是告诉刘某说其在与妻子商量后再与刘某联系。王某与妻子商议后,在2013年11月15日向刘某发函称:如果所有货物按批发价出售,我们就买,并要求刘某在5日内回话。恰在此时,刘某也在11月15日向王某去信称:"所有货物按批发价处理,你是否购买,请于15日内答复。"11月18日刘某收到了王某的信后,认为已与王某成交,遂拒绝了其他客户。而王某在11月18日收到刘某的信后,听说百货生意现在比较难做,心生悔意,不再想购买刘某的货物,于是王某在11月22日向刘某发出一封电报,表示不买这批货物了。刘某获电,十分气愤,诉诸法院,要求维护双方已达成的交易。

根据《合同法》第13条的规定,合同的成立应当经过要约人的要约与承诺人的承诺。虽然在本案中,刘某与王某就同一宗百货按批发价购销的生意同时相互致函,且函的内容一致,但这只是双方当事人之间同时相互发出内容相同的要约(交叉要约),不能以此认为合同当然成立,合同的成立仍然应当经过受要约人的承诺。在这种交叉要约的情形下,发出要约的双方都享有撤回要约、撤销要约或者拒绝承诺的权利。在本案中,王某在收到刘某要约的有效期内明确表示拒绝承诺,同时自己的要约由于承诺期限届满,刘某未做出承诺而失效,因此双方的要约都已失效,不再具有法律约束力,双方的合同没有成立。因此,刘某诉讼的理由不能成立,王某依法不应承担违约责任。

第四节 竞争缔约与强制缔约

订立合同的要约承诺程序在理论以及实务上有多种表现形式,如竞争缔约、强制缔约、附和缔约等。

一、竞争缔约

竞争缔约,以拍卖和招标投标为代表,其特点就是在合同的订立过程中引入竞争机制,以使合同的订立更为公平。

（一）拍卖

拍卖,是指以公开竞价的方式,把标的物卖给出价最高的人的一种订立合同的形式。拍卖有两种,一是自愿拍卖,例如收藏家在拍卖行将自己的藏品进行拍卖；二是强制拍卖,例如海关对其没收的财产进行的拍卖。

拍卖是一种特殊买卖方式。一般认为,在拍卖活动中,拍卖人发出拍卖公告、对拍卖品进行宣传介绍的行为是要约邀请；拍卖师的起价行为是建议,还不是要约；而所有竞买人的出价均为要约；拍卖人击锤（或者以其他方式）拍定为承诺。

（二）招标

招标,是指招标人向不特定的人发出招标通知或者招标公告,以吸引投标人投标的意思表示。投标,是指投标人按照招标人的要求,在规定的期限内向招标人发出的包括合同全部条款的意思表示。

招投标是一种特殊的签订合同的方式,广泛应用于数额较大的货物买卖、建设工程、土地使用权出让与转让、租赁、技术转让等领域。目的是为了以最接近公平、合理的价格达成交易、签订合同,防止官商勾结产生腐败。

一些国家规定,凡涉及国家与私人企业之间的大宗交易,如国家订货、市政建设等都必须采用招标投标方式。

例如,《中华人民共和国招标投标法》第3条规定,在中华人民共和国境内进行大型基础设施、公用事业等关系社会公共利益、公众安全的项目；全部或者部分使用国有资金投资或者国家融资的项目；使用国际组织或者外国政府贷款、援助资金的项目,包括项目的勘察、设计、施工、监理以及与工程建设有关的重要设备、材料等的采购,必须进行招标。

招标投标程序及其法律性质分别为：

第一,依法发布招标公告。对于招标公告或者招标通知,一般认为其属于要约邀请。

第二,投标。投标行为是要约。

第三,开标,即招标人按照招标文件确定的时间和地点,邀请所有投标人到场,当众开启投标人提交的投标文件,宣布投标人的名称、投标报价及投标文件中的其他重要内容。

开标的目的是保障所有投标人的知情权。

第四,评标,即招标人依法组建评标委员会,对投标文件进行审查、评审和比较,确定中标候选人。

评标是审查确定中标人的必经程序。评标是否合法、规范、公平、公正,对于招标结果具有决定性作用。

第五,中标,也称为定标,即招标人从评标委员会推荐的中标候选人中确定中标人,并向中标人发出中标通知书,并同时将中标结果通知所有未中标的投标人。

招标人向中标人发出中标通知书的行为是承诺。

二、强制缔约

强制缔约,是指个人或者企业负有应对方的要求与其订立合同的义务,即对对方的要求非有正当理由不得拒绝。

强制缔约的原因有二:其一为所涉事业具有独占性,若允许其自由缔约则必将危害一般公众的日常民生需要。例如,供电公司有与公民强制缔约的义务。其二,有的人是基于特定身份或职业而发生强制缔约义务。例如,医护人员承担着救死扶伤的社会职责,其所承担的强制缔约义务是医学伦理法律化的结果,或者说将伦理规范法律化以加强其强制性质。

根据我国台湾地区的相关规定,电业、邮政业、自来水业、医师、药剂师、助产士等负有强制缔约义务。

日本《电气事业法》第18条、《医师法》第19条、《煤气事业法》第16条,德国《邮政法》第8条、《铁路运输条例》第3条、《能源法》第6条等也均是关于强制缔约制度的规定。在法国,根据判例,司法助理人员以及公共服务机构等享有垄断权利的个人或法人必须和任何一个向其提出请求的人订立合同。

此外,许多国家的法律还规定了公证人不得拒绝相对人公证要求的义务,如我国台湾地区"公证法"第13条规定,"公证人非有正当理由,不得拒绝请求人之请求",许多学者据此主张公证人也负有强制缔约义务。本书认为,公证法所规定的公证人的公证或者认证行为属于公法行为,并非私法上的法律行为,该条规定并非对私法自治的限制,因此也不属于强制缔约的规定[①]。

需要强调的是,现代社会中的强制缔约情形越来越多。除了公众所熟悉的电、水、气、热力、医疗、保险等行业以外,还有理发、餐饮、住宿等人们日常生活所必须的行业。[②]

第五节 合同成立的认定

一般来说,当承诺生效,双方当事人意思表示一致时,合同即成立。

但在现实生活中,合同在订立过程中可能出现很多特殊情形。为此,总结《合同法》中认定合同成立的条件,有五个方面:

第一,承诺到达要约人时,合同成立。(《合同法》第26条)

第二,采用书面形式签订合同的,双方当事人签字或盖章时合同成立。(《合同法》第32条)

[①] 易军,宁红丽. 强制缔约制度研究——兼论近代民法的嬗变与革新[J]. 清华法学,2011年第1期,第62页。
[②] 崔建远. 合同法(第四版)[M]. 北京:法律出版社,2007年,第58页。

第三，采取信件、网络方式签订合同的，要求签订确认书的，签订确认书时合同成立。（《合同法》第 33 条）

第四，法律法规规定，或当事人要求签订书面合同的，没有采用书面形式，但一方已经履行了主要义务，另一方也接受的，合同成立。（《合同法》第 36 条）

第五，书面合同应签字盖章但没签字盖章的，一方已经履行了主要义务，另一方也接受的，合同成立。（《合同法》第 37 条）

第六节 先合同义务与缔约过失责任

一、缔约过失责任概要

罗马法时期，人们就已经发现了缔约上的过失行为，并对其进行规制，以保护无辜的受害人。但是，罗马法只是对缔约过失行为做了零星规定，并没有关于缔约过失责任的系统规定。

随着社会的发展，缔约过失行为逐渐增多，学者对缔约过失问题的研究也逐渐增多。1861年德国法学家耶林在其所主编的《耶林法学年报》第 4 卷发表的《缔约上过失，契约无效与不成立时之损害赔偿》一文，分析："当事人因自己过失致使契约不成立者，对信其契约为有效成立的相对人，应赔偿基于此项信赖而生的损害"。"由于缔约上过失责任所涉及者，并非违反契约有效成立后之给付义务问题，其所违反者，系以缔约当事人为缔结契约而接触磋商之际，因相互信赖所形成之特别结合关系为基础之诚实、照顾、告知、解明、保护等附随义务或其他行为义务"。

我国关于缔约过失责任的立法起步较晚，1999 年《合同法》的颁布，标志着我国缔约过失责任制度的确立。

二、先合同义务

在学习缔约过失责任之前，必须先了解合同义务延伸的问题。一般来说，只有合同成立生效后，才谈得上合同义务；而合同未成立、生效，或已经终止后，则没有合同义务。

但《合同法》为了公平处理义务问题，平衡双方当事人的利益，便扩张了当事人的义务范畴，明确规定了先合同义务、附随义务、后合同义务，这些都是合同义务的延伸。

其中，**先合同义务**，是指在订立合同过程中，合同成立之前所发生的，应由合同双方当事人各自承担的法律义务。它主要包括合同当事人之间的互相保护、通知、保密、协作及诈欺禁止等义务。

先合同义务是建立在民法诚实信用、公平原则基础上的一项法定义务，是诚实信用、公平原则的具体化。违反先合同义务应承担缔约过失责任。

三、缔约过失责任的概念和特点

缔约过失责任，是指缔约人故意或者过失违反先合同义务，给对方造成损失时应承担的民事责任。其具有以下特点：

首先，缔约过失责任是法定的责任。

承担缔约过失责任时，合同尚未成立，不存在约定的义务和责任。

其次，缔约上的过失责任，较之违约责任，其责任较小。

四、承担缔约过失责任的情形

依照我国《合同法》第42、43条规定，承担缔约过失责任主要有以下四种情形：

第一，假借订立合同，恶意进行磋商。

假借，就是根本没有与对方订立合同的意思，与对方进行谈判只是个借口，目的是损害订约对方当事人的利益。

恶意必须包括两个方面内容，一是行为人主观上并没有谈判意图，二是行为人主观上具有给对方造成损害的目的和动机。恶意是此种缔约过失行为构成的最核心的要件。

例如，甲公司每年的正常产量为5万台空调，乙公司为了拖垮甲，便假装要买6万台空调，1年后根据甲的表现签合同交货款。甲公司为了提高产量，便大量招聘工人、购买设备等，到时乙公司却迟迟不签合同。由于空调具有季节性，因此甲公司很可能这一年卖不出去就被彻底拖垮了。

第二，故意隐瞒与订立合同有关的重要事实或者提供虚假情况。

这里的欺诈，可适用《民通意见》第68条的规定，是指一方当事人故意告知对方虚假情况，或者故意隐瞒事实情况，诱使对方当事人做出错误意思表示。

第三，泄露或不正当地使用商业秘密。

《合同法》第43条规定，当事人在订立合同过程中知悉的商业秘密，无论合同是否成立，不得泄露或者不正当地使用。泄露或者不正当地使用该商业秘密给对方造成损失的，应当承担损害赔偿责任。

第四，其他违背诚实信用原则的行为。

在缔约过程中，这些行为常表现为，一方当事人未尽到通知、协助、告知、照顾等义务而造成对方当事人人身或财产的损失的情形。

五、缔约过失责任的构成要件

缔约过失责任是对缔约过程中当事人所受损失予以补偿的法律制度，其构成要件为：

第一，当事人违反了先合同义务，有损害行为。

第二，当事人的损害行为造成对方的损失。

第三，当事人违反先合同义务是基于主观过错，包括故意和过失。

第四，当事人的损害行为发生在缔约过程中。

如果合同成立，则应追究违约责任。两种责任区分的时间界限应以合同生效为准。合同未成立之时的损害为缔约过失责任毋庸置疑，而合同虽成立，离生效还有一定时间，或虽成立但缺少生效要件，此时所产生的损害也为缔约过失责任。

第五，当事人违反先合同义务的主观过错行为与受害人的信赖利益损害结果有因果关系。

只有当缔约中的信赖利益损害同时具备以上五个条件时，才能产生相应的缔约过失赔偿责任。

第七节　英美法系中合同的对价

一、对价的概念

对价（consideration）是英美法系中特有的概念，对价有时也译成约因，或者是代价。1875年英国最高法院在科里诉米萨案的判决中，对对价下了定义，即对价是指合同一方得到的某种权利、利益或利润。

对价是理解英美法系中合同法的关键环节，关系到合同是否有效存在和能够得到强制执行。

同时英国法律也认为有对价才是订约双方愿意去受法律约束的唯一证据。在美国法院对另外一个人提起诉讼，要求法院强制执行对对方的某项约定，对价也是强制执行约定的首要根据。[①]

可见，在英美法系中，合同能获得法律的保护并不是像大陆法系一样，只要符合了合同的要约与承诺，合同就依法成立，就能获得法律的保护和诉请法院强制执行，英美的合同成立还必须是有另外一个内在的因素——对价。

对价所必须具备的条件简单来说有四个方面：首先，该对价必须是合法的；其次，该对价必须具有某种价值；第三，对价不能是已经存在的义务或法律上的义务；第四，对价必须来自受约人。

二、对价的作用

对价对于每项简单合同的订立是必要的，一项没有提出对价的承诺在英美法中不能作为合同提起诉讼。对价的作用体现在三个方面：

第一，作为证据的作用。对价的存在，是双方当事人有意缔结一项具有法律拘束力的合同的客观证明。它能为法院在决定哪些是当事人所希望成就的约定，或者区分出于赠与、恩惠或者其他道德、礼仪而没有强制履行的意思提供判断的依据。

第二，促进当事人的警惕。有了对价，合同具备了强制履行的效果，能够使当事人在缔结时谨慎地考虑合同的内容，因为对价有一个性质是对价并非等价，非等价但作为合同一方允诺的对价，也得履行，所以当事人在订约时要谨慎考虑履行的能力。

第三，合同自由的保障。既然对价是当事人的允诺，是缔约时双方自由意思的而达成的交易行为，赋予于强制执行的约束力，就是对合同自由的保护。法律在当事人缔结合同时未加干涉，不干涉对价的内容，以确保交易的确定性。

【课后思考题】

1. 甲商场向乙企业发出采购100台电冰箱的要约，乙于5月1日寄出承诺信件。5月8

[①] 徐罡，宋岳，覃宇. 美国合同判例法[M]. 北京：法律出版社，1999年1月第1版，第25页。

日，信件寄至甲商场，时逢其总经理外出，5月9日，总经理知悉了该信内容，遂于5月10日电传告知乙收到承诺。该承诺何时生效？（2000年司法考试卷三第16题）

A. 5月1日　B. 5月8日　C. 5月9日　D. 5月10日

2. 某宾馆与制衣厂订立了一份服装加工承揽合同，规定制衣厂为宾馆加工制作工作服500件，面料由宾馆提供。合同附则部分规定："合同经公证生效"。合同签订后，未办理公证手续，宾馆向制衣厂提供了60%的面料，制衣厂如约加工。由于宾馆资金紧张，宾馆提出变更合同，将加工服装减为300件。并中止剩余服装所需面料的供应，制衣厂不同意。制衣厂完成300件服装的加工后，将服装送至宾馆，宾馆按60%的货款进行结算。制衣厂要求宾馆继续履行合同和支付违约金。本案中，下列哪些表述是正确的？（2007年司法考试卷三第38题）

A. 合同成立但未生效
B. 合同成立且生效
C. 制衣厂请求支付违约金应予以支持，请求履行合同不予以支持
D. 制衣厂请求支付违约金和请求继续履行合同均应予以支持

3. 甲、乙同为儿童玩具生产商。六一节前夕，丙与甲商谈进货事宜。乙知道后向丙提出更优惠条件，并指使丁假借订货与甲接洽，报价高于丙以阻止甲与丙签约。丙经比较与乙签约，丁随即终止与甲的谈判，甲因此遭受损失。对此，下列哪一说法是正确的？（2010年司法考试卷三第12题）

A. 乙应对甲承担缔约过失责任
B. 丙应对甲承担缔约过失责任
C. 丁应对甲承担缔约过失责任
D. 乙、丙、丁无须对甲承担缔约过失责任

第五章 合同的内容和形式

【导学案例】

郭靖带着 6 岁的儿子郭破虏到北京某庆丰包子铺就餐，入座后，郭靖将其随身携带的笔记本电脑交给郭破虏看管，自己外出去旁边的超市购买饮料，回来后发现笔记本电脑丢失。郭靖与庆丰包子铺产生纠纷，诉至法院。

问题：1. 郭靖与庆丰包子铺之前存在什么样的关系？
2. 饭店是否有照看郭靖随身携带物品的附随义务？
3. 郭靖的损失应由谁承担？

第一节 合同的内容

一、合同的条款

当事人经过平等协商，意思表示一致，订立合同，便形成了合同的条款。合同条款明确了各方当事人的权利义务，合同条款有机结合在一起，构成了合同的内容。

合同的条款，依据不同标准可以做出不同分类。例如，以是否以行为规范为标准，法律规定的合同条款可以有提示性条款；以是否是合同的必备条款为标准，可以分为主要条款和普通条款，以是否以明示方式做出，可以分为明示条款和默示条款；以是否具有免责的功能为标准，可以分为免责条款和非免责条款。下面进行分别阐述。

（一）提示性条款

为了示范较完备的合同条款，《合同法》第 12 条规定了如下条款，提示缔约人：

第一，当事人的名称或姓名和住所。

当事人的名称、姓名和住所起到了将当事人特定化的作用，是合同的必备条款。

第二，合同标的。

合同的标的是给付行为，而这里所指的合同标的，准确讲应该是合同标的物。标的物条款也是合同的必备条款。

第三，标的物的质量和数量。

标的物的质量和数量可以在合同中明确约定，也可以通过合同当事人都认可的计量方法和计量单位确定。

第四，价款或酬金。

价款是指取得标的物应当支付的代价。酬金是获得合同中规定的服务所应支付的代价。除此以外，当涉及运费、保险费等费用时，当事人还可以就这些费用在合同中列明。

第五，合同履行期限。

履行期限是确定当事人是否按时履行的重要因素，也影响当事人行使合同履行抗辩权。如果未在合同中约定履行期限，但可以通过其他方式推定出来，则欠缺该条款不影响合同的成立。

第六，合同履行地点和方式。

履行地点是确定运费负担和风险转移的依据之一，也是确定诉讼管辖权的重要参考，因此应明确约定。

履行方式是当事人约定的具体履行合同的方法和手段，如价款是一次交付还是分期交付，运输方式是采取陆运还是水运等。如果当事人没有约定履行地点和方式但是通过其他方式可以推定出来，则欠缺该条款不影响合同的成立。

第七，违约责任。

违约责任是促使当事人履行债务，为守约方损失提供救济的法律措施，在合同中应当明确约定。但即使当事人在合同中没有约定该条款，只要不存在依法免除违约责任的事由，违约方就应当依法承担违约责任。

虽然该条款不是合同的必备条款，但司法实践中，例如违约金等的适用，其前提是在合同中有明确约定，所以当事人最好在合同中明确约定违约责任条款。

第八，解决争议的方法。

当事人可以在合同中约定通过仲裁、诉讼或协商等方式解决争议，这样的条款即为解决争议的方法。该条款也不是合同必备条款。

司法实践中，当事人为了日后产生纠纷能由自己所期望的地域有关机关管辖，也可以通过约定仲裁条款或管辖法院的方式来解决。例如，身处北京的当事人可以与对方当事人约定，争议发生后，由位于北京的中国国际经济贸易仲裁委员会仲裁。

（二）主要条款

合同主要条款，也叫做合同的必备条款，是指影响合同成立要件的条款，欠缺主要条款，合同不能成立。例如，《合同法》第 12 条中的当事人和标的条款就是主要条款。

合同的主要条款有的由法律直接规定，例如，《合同法》第 197 条规定，借款合同中应有借款数额的条款。而有的则由合同的性质决定，例如，买卖合同应当约定价款。

（三）普通条款

合同的普通条款，是指主要条款之外的合同条款。一般来说，依法或按照合同性质要求不是必备条款，当事人也无意使之成为主要条款的合同条款，即为普通条款。例如，在买卖合同中，出卖人与买受人约定了包装物返还的条款就属于普通条款。

（四）明示条款

明示条款，是当事人在合同中明确约定的条款。明示的方式包括书面形式和口头形式。无论是书面形式还是口头形式的条款，其法律效力相等。

（五）默示条款

默示条款，是指基于当事人之间的行为、合同的明示条款或法律的直接规定等原因理应存在的条款。

例如，在英国1889年穆尔柯克案中，码头老板与穆尔柯克号船主双方在合同中约定，穆尔柯克号船可以停靠被告码头装卸货物。但在停靠期间，该船因退潮而陷入河泥并撞上泥下硬地受损。法院认为，合同中虽然没有船舶停泊地应当安全和适航的明示条款，但是该条款是实现合同目的必不可少的，因此推定该条款存在合同目的才能实现，该条款为合同的默示条款。

（六）免责条款

免责条款，是指当事人约定的用以免除或限制其未来合同责任的条款。

为了避免免责条款被滥用，保护正常的合同交易和当事人的合法权益，法律规定违反诚实信用原则和损害社会公共利益的免责条款无效。

《合同法》第53条规定，无效的免责条款包括：第一，造成对方人身伤害；第二，因故意或者重大过失给对方造成财产损失的。这两种免责条款不仅违反了诚实信用的原则，也侵害和损害了对方当事人的人身权利和合法权益。

二、确定合同内容的依据

确认合同内容的主要依据来源于以下三个方面：第一，法律的直接规定；第二，双方当事人在合同中的约定；第三，合同本身的性质。

也就是说，即使法律无明确规定，合同也无明确约定的内容，也可能被认定为合同内容。

三、合同的权利与义务

（一）合同权利

合同权利，是指债权人根据法律或者合同的约定向债务人请求为给付的权利。合同权利包括合同债权，以及形成权、抗辩权等。

合同权利具有如下法律特征：

第一，合同债权是请求权。合同债权人请求债务人为给付行为，以实现自己的债权。

第二，合同债权是给付受领权。合同债权人有权受领债务人的给付，使自己获得合同利益。

第三，合同债权是相对权。合同债权人只能向合同中的特定债务人请求为特定的给付，无权向合同以外的第三人请求。

第四，合同债权具有平等性。对于同一客体，可以成立多个合同债权，并且各合同债权之间是平等的。例如，甲的一套房屋，租给乙。租期未满时又卖给丙。乙作为承租人享有的合同债权，与丙作为买受人享有的合同债权是相等的。丙不能将乙赶出标的房屋然后自己搬进去，而只能等租期届满再搬进去。

需要说明的是，合同债权请求权不同于婚姻关系请求权、继承关系请求权和劳动关系中的请求权。因为后三者与人身有密切联系。合同债权请求权也不同于物权请求权，虽两者有诸多相似，但若将物权请求权当做债权请求权，则物权请求权将面临是否使用诉讼时效等问题，所以宜区分。

（二）合同义务

第一，给付义务和附随义务。

给付义务，包括主给付义务和从给付义务。

主给付义务，是指合同关系所固有和必备的，决定合同类型的基本义务。例如在租赁合同中，出租人提供租赁物的义务以及承租人交付租金的义务都是主给付义务。

从给付义务，是指不具有独立意义，其存在不能决定合同类型，而仅仅具有辅助主给付义务的功能。如在承揽合同中，承揽人按照定作人的要求保守秘密，未经定作人许可，不得留存复制品或者技术资料的义务就属于从给付义务。

附随义务，是指在合同关系发展过程中存在的，以诚实信用原则为依据产生的，不属于给付义务的合同义务。附随义务包括照顾义务、协助义务、保护义务等。例如，医生给病人做手术时不得将纱布遗留在病人体内的保护义务就属于附随义务。例如，公司的工程师不得泄露公司开发的新产品的技术秘密的保密义务也属于附随义务。例如，消费者在网络购物，将邮寄地址告知卖家的义务也是附随义务。

第二，先合同义务和后合同义务。

先合同义务，是指当事人为了订立合同而进行磋商谈判时，基于诚实信用原则所负有的说明、告知、保护以及注意等义务。例如，银行在放贷前审查对方资料时的保密义务即为先合同义务。《合同法》第60条第2款明确规定了先合同义务，当事人违反先合同义务的，需要承担缔约过失责任。

后合同义务，是指合同关系消灭后，当事人基于诚实信用原则而负有的维护已经履行的给付效果或者协助对方处理善后事宜的义务。例如，消费者在网络购买商品，商家完成交付后仍应对消费者的个人信息予以保密。

第二节 合同的形式

一、概述

合同的形式，是合同的外部表现，也是合同内容的外在载体。

从合同法的历史发展来看，在合同形式上经历了从重形式到重内容的变化过程。这种变化的优点是便捷了交易，但决不能因此而否认合同形式的意义。

《合同法》第10条规定："当事人订立合同，有书面形式、口头形式和其他形式。法律、行政法规规定采用书面形式的，应当采用书面形式。"该条从《合同法》的层面，规定了我国合同的形式。

二、口头形式

口头形式，是指当事人只用口头的方式订立合同，而没有采用文字形式确定合同的内容。口头形式的合同是生活中数量最多的合同，例如，消费者在超市购物，与超市订立的买卖合同即为口头合同。

只要当事人没有特别约定、法律也没有特别规定必须采用特定形式才能订立的合同，都可以采取口头形式订立。

口头形式的合同优点在于方便快捷，节省时间。其弊端在于发生纠纷后举证相对困难。因此，在司法实践中，最好在标的额不大、影响不大的情况下订立口头合同。

三、书面形式

书面形式，是指当事人采取合同书、信件、数据电文（包括电报、电传、传真、电子数据交换、电子邮件）等可以通过文字形式表现合同内容的方式订立合同。

书面合同的优点在于便于举证，其缺点在于签约成本较高，订约时间较长，不如口头合同便捷。因此，司法实践中，重大的合同最好采取书面形式。

四、推定形式

推定形式，是指当事人虽然既没有采用口头形式，也没有采取书面形式订立合同，但是通过做出一定行为等方式，可以推定合同成立。例如，在自动售货机上购物，就是通过将钱投入自动售货机这种行为方式，推定买卖合同成立。

五、效力

无论采取口头形式、书面形式还是推定形式确定的合同的内容，其法律效力都是完全相等的。

第三节　订立合同时应注意的法律实务问题

订立合同并不是一项简单的工作，这当中涉及各种复杂的情况和问题，下面简单介绍订立合同时应当注意的法律实务问题。合同的起草，通常要进行三方面的准备：一是要审阅背景材料；二是查阅合同所涉事项全部相关法律法规、司法解释、部门规章、国际惯例；三是查阅有关合同范本并决定是否参照。在进行上述工作时，应该注意以下问题：

第一，明确合同的目的。

在起草合同之前，应明确拟签合同的真正目的。例如，明明是承揽合同，由于当事人没有搞清楚合同目的，就当做买卖合同处理。明确合同目的，有利于确定合同的名称和性质，有利于准确适用法律规则，有利于明确合同当事人的权利和义务。

第二，分清公利与私利。

这里的公利，不是指国家利益，而是指合同当事人的利益。这里的私利是指合同当事人的代理人的利益。代理人不能以获取私利为目的来签订合同。

例如，某公司的业务人员为了多拿回扣，将自己公司给出卖人的价款提高了20%，这种做法不可取。

第三，处理好慢与急的关系。

签订合同时不要拖延,但也决不能为了尽快完成而着急,急就容易出错。实践中就有人,本来是合同的债权人,结果在债务人后面签字。本来是欠款 5000 元,结果写成 50000 元。

第四,解决熟悉法律、业务与不熟悉之间的矛盾。

订立合同的当事人,一定要熟悉法律知识。例如,合同中若约定"一般保证",其与"连带责任保证"的法律效力则完全不同。"定金"与"订金"也不同。

除了熟悉法律,还要了解合同相关的业务知识。例如合同约定受托人十天内为委托人在俄罗斯购买 1000 吨钢材。这是不可能完成的任务,因为报关、运输的流程复杂,十天内不可能完成。

第五,处理好信息灵通与闭塞的矛盾。

【课后思考题】

1. 简述合同的条款。
2. 简述合同义务的分类。

第六章　合同的效力

【导学案例】

张无忌在读高三时，春节去给张三丰拜年。张三丰说："我存了五万块钱，5000 元在你过 18 岁生日时作为生日祝贺；其他的钱，等你考上大学后，每年给你一万元作为学费，如果你考不上大学，就不能给你；要是留级，重读这一年也不能给钱。"后来，张无忌在大学一年级期间，由于迷恋大型网游，多门课程挂科需要留级。在此情况下，张无忌向张三丰提出预支一万元用于补习功课。

问题：张无忌和张三丰之间是否形成了合同关系？如果形成，请对合同进行分析。

第一节　合同效力的概述

合同的效力，是指法律赋予依法成立的合同具有约束合同当事人的强制力。

合同对当事人的约束力体现在：

第一，当事人享有请求对方为给付的权利、处分债权的权利等权利。

第二，当事人负有适当履行合同的义务。

第三，违约方应当承担违约责任。

第四，当事人不得擅自变更、解除合同，不得擅自转让合同权利义务。

第五，法律规定的附随义务也属于合同效力的内容。

合同的效力一般是指对当事人的约束力。但特殊情况下，也可能产生对第三人的约束力。

合同对第三人的效力，在一般情况下，表现为任何第三人不得侵害合同债权，在合同债权人行使撤销权或者代位权时涉及第三人，在涉他合同中存在向第三人履行或者由第三人履行的效力。

例如，韦小宝在好利来蛋糕店给双儿预定了一个生日蛋糕，约定由好利来蛋糕店直接向双儿履行交付蛋糕的义务，这里蛋糕买卖合同的双方当事人是韦小宝和好利来蛋糕店，由好利来蛋糕店直接向第三人双儿履行，这就属于合同对第三人的约束力。

第二节 合同的生效

一、合同生效的含义

合同的生效,是指已经成立的合同在当事人之间产生了法律上的约束力,对当事人具有了约束性。

合同的成立与合同的生效属于两个不同的问题。合同的成立是一个事实判断的问题,取决于双方当事人是否合意一致;而合同的生效,是一个价值判断问题,取决于合同是否符合法律规定。合同成立是合同生效的前提,已经成立的合同同时又符合法律对合同生效要件的规定,才能生效。

合同能具有法律上的约束力,并非来源于当事人的意志,而是来源于法律的规定,也就是说,只有体现当事人意志的约定符合国家意志和社会利益,国家才赋予当事人的意志以法律约束力,要求合同当事人严格履行合同,否则将依靠国家强制力强制当事人履行合同并承担违约责任。

二、合同生效的条件

根据《民法通则》第 55 条的规定,合同的生效条件应包括:

（一）当事人具有相应的行为能力

只有当事人具有相应的行为能力,才能够理解所订立的合同的情况和法律效果。当事人具有相应的行为能力应从以下几方面理解:

（1）自然人签订合同,原则上要是完全民事行为能力人。限制民事行为能力人和无行为能力人一般应当由其法定代理人代为签订合同。

但存在以下例外:

第一,限制民事行为能力人可以签订与其年龄、智力和精神健康状况相适应的合同;

第二,限制民事行为能力人和无民事行为能力人可以独立签订接收奖励、赠与、报酬等纯获利益或被免除义务的合同。

（2）法人订立的合同超越了经营范围并不必然无效。

《合同法解释（一）》第 10 条规定:"当事人超越经营范围订立合同,人民法院不因此认定合同无效。但违反国家限制经营、特许经营以及法律、行政法规禁止经营规定的除外。"例如,经营范围为化工产品的企业签订服装买卖合同,并不导致合同无效。这是出于福利交易,保护交易安全的目的。

（3）合伙企业、法人的筹备组织等其他组织有资格独立签订合同。

（二）意思表示真实

意思表示真实,是指合同当事人的表示行为应当真实地反映了其内心的效果意思。合同本质上是当事人之间的一种合意,只有每个当事人的意思表示真实,合同才可以产生法律上的约束力。

司法实践中认定意思表示是否真实,主要靠外在表现来推定内心的想法。

（三）不违反法律、行政法规的强制性规定

法律、行政法规的强制性规定,是指法律、行政法规为社会公共利益和公序良俗而设置的命令性、禁止性规定。这些规定,当事人必须遵守,不得通过合同加以改变。

（四）不违反社会公共利益

《合同法》第 7 条规定:"当事人订立、履行合同,应当遵守法律、行政法规,尊重社会公德,不得扰乱社会经济秩序,损害社会公共利益。"因此,合同不仅应符合法律的规定,而且在内容上不得违反社会公共利益。

这里是一般的合同所要满足的生效条件,一些特殊的合同除了一般生效条件外,还需要一些特殊的生效条件,如对外合作开采石油合同就需要经过国家有关行政主管部门的批准才能生效,这里的批准就是特殊生效条件。

三、法律效力

合同生效的法律效力体现在,合同生效后,各方当事人应当按照合同的约定履行合同义务,任何一方不履行或者不完全履行的,对方当事人有权要求其承担违约责任。

第三节　合同的无效

一、合同无效的概念

合同无效,是指已经成立的合同,但严重欠缺有效要件,不能按照当事人合意的内容而是依据法律的直接规定赋予法律效果。

无效合同与未生效合同是有区别的。无效合同,是指合同已经成立但是严重欠缺合同的生效要件而导致无效;且永远都不可能生效。而未生效合同,则是指合同已经成立,只不过还没满足生效的要件,需要随着时间的推移或者条件的变化,才能使该合同生效。

二、合同无效的原因

（一）一方以欺诈、胁迫的手段订立合同,损害国家利益

欺诈,是指以使他人陷于错误并因而为意思表示为目的,故意告知虚假情况或者故意隐瞒真实情况的行为。**胁迫**,是指向对方当事人表示施加危害,使其产生恐惧,并基于这种恐惧而为一定意思表示的行为。

需要注意的是,因欺诈、胁迫而订立的合同,只有损害了国家利益,才能够认定为无效。

（二）恶意串通,损害国家、集体或第三人利益

该合同无效的原因包括主观方面和客观方面两部分。恶意串通,属于主观方面,即当事人双方具有共同目的,希望通过订立合同损害国家、集体、第三人的利益。这种主观上的恶意串通,可以明示也可以默示,也就是说,可以是双方当事人事先达成协议,也可以是一方当事人先做出意思表示,另一方当事人明知其目的非法而不指出默默接受。损害国家、集体

或第三人利益为客观方面,即当事人通过合同事实上损害了国家、集体或者第三人的利益。

(三) 以合法形式掩盖非法目的

以合法形式掩盖非法目的,是指当事人订立的合同在形式上是合法的,但是在目的和内容上是非法的。例如,八戒为了逃避法院的强制执行,将自己的一辆宝马轿车赠与给嫦娥,这个赠与合同就是以合法形式掩盖非法目的。

(四) 损害社会公共利益

损害社会公共利益的合同,例如,段誉和张无忌订立了以从事毒品犯罪为内容的合同,就属于损害社会公共利益的合同,该合同无效。

(五) 违反法律、行政法规的强制性规定

违反法律、行政法规的强制性规定,是指违反全国人民代表大会及其常务委员会颁布的法律中的强制性规定,以及违反国务院颁布的行政法规的强制性规定。

第四节 附条件合同与附期限合同

一、附条件合同

附条件合同,是指当事人在合同中对行为内容或者当事人的权利义务已经做出具体约定的前提下,再约定一定的条件,将该条件作为影响合同效力的决定因素。例如,唐僧和旅游公司约定,如果后天不下雨,就租用旅游公司的车携带众徒弟去旅行。这就是一个附条件的合同,条件为明天是否下雨,如果条件不成就,唐僧与旅游公司之间的租车合同就生效。

附条件合同分为**附生效条件的合同和附解除条件的合同**。前者是指,条件成就,合同发生效力。后者是指,条件成就,合同效力消灭。

《合同法》第45条规定,当事人为自己的利益不正当地阻止条件成就的,视为条件已成就;不正当促成条件成就的,视为条件不成就。

附条件合同中的条件应当满足以下要求:

第一,未来性。条件必须是当事人签订合同时尚未发生的事实。

第二,可能性。条件必须是具有发生可能性的事实,客观上绝不可能发生的事实不能作为附条件合同中的条件。

例如,武大郎与潘金莲订立合同,合同约定,如果太阳从西边升起,武大郎就赠送给潘金莲999朵玫瑰。该赠与合同约定的条件是不可能发生的事实,违背自然规律,意味着当事人的真实意思是不希望发生合同,约定的条件不生效,合同也不生效。

第三,不确定性。条件必须是将来发生与否处于不确定状态的事实。将来必定要发生的事实,不得作为条件附加于合同。

第四,合法性。条件必须是法律所允许的事实,违反法律和社会公共利益的事实不能作为条件附加于合同。

二、附期限合同

附期限合同，是指当事人在合同中设定一定的期限，并把期限的到来作为合同效力发生或消灭的根据。例如，令狐冲和林平之签订了汽车买卖合同，合同中约定，自签订之日起三个月后合同生效。这就是一个附期限的买卖合同。在附期限合同中，期限的到来决定了合同效力的发生或者消灭。如果期限到来，合同随之生效，就是附生效期限的合同；如果期限到来，合同随之解除，就是附解除期限的合同。

附期限合同中的期限需要满足以下要求：

第一，确定性。期限是一种时间概念，时间本身不能被人为地推迟或者提前或者以其他方式加以改变，所以期限具有确定性。

第二，自由选择性。期限本身是确定的，但是期限的具体安排却是可以由当事人自由选择的。例如，买卖合同可以在签订之日起三个月后生效，也可以自签订之日起一年后生效。

第三，效力性。约定的期限必然会影响合同的效力，或者决定合同效力的发生，或者决定合同效力的消灭。

三、附条件合同与附期限合同的区别

附条件合同中的条件不一定能成就，但附期限合同中的期限一定会到来。

第五节 效力待定的合同

一、效力待定合同的概念和特点

效力待定合同，是指合同虽然已经成立，但因其不完全符合有关生效要件的规定，因此合同效力能否发生，尚未确定，一般需要经过特定主体表示承认才能生效。

效力待定的合同具有如下特点：

（1）合同的法律效力处于悬而不决的不确定状态，既非有效，也非无效。

（2）合同的法律效力可以补救，即由享有追认权的人予以追认，一经追认便自始有效。

（3）如果享有追认权的人拒绝追认，则合同确定地不产生效力。

二、效力待定合同的法定情形

（一）限制民事行为能力人订立的合同

限制民事行为能力人原则上由其法定代理人代其订立合同，如果独立订立合同，需要经过法定代理人追认才能有效。

追认权属于形成权。追认权的行使，由限制民事行为能力人的法定代理人以意思表示的方式向合同相对人行使。追认的意思表示自到达相对人时生效，合同自订立时起生效。

根据《合同法》第 47 条的规定，相对人可以催告限制民事行为能力人的法定代理人在一个月内予以追认。法定代理人未作表示的，视为拒绝追认。合同被追认之前，善意相对人有撤销的权利。撤销应当通知的方式作出。

（二）无权代理人订立的合同

无权代理人以被代理人名义与相对人订立的合同，在被代理人追认之前，属于效力待定的合同，对被代理人不发生法律效力。

相对人可以催告被代理人在一个月内予以追认。这里的追认仍可以参照适用上述《合同法》第47条的规定。

（三）无权处分人订立的合同

无权处分人与相对人订立了处分他人财产权的合同，该合同在权利人追认或者无处分权人取得处分权之前，属于效力待定的合同。经权利人追认或者无权处分人缔约后取得处分权的，合同自始有效。无权处分人在履行期限届满前没有取得处分权，权利人又不予追认的，合同无效。

需要注意的是，该无效不得对抗善意第三人，在受让人为善意且已经占有作为受让物的动产或者已经办理了不动产的过户登记手续时，构成善意取得，受让人取得标的物的所有权。

三、表见代理

表见代理，是指无权代理人的代理行为客观上有使相对人相信其有代理权的情况，且相对人主观上为善意且无过失，因而可以向被代理人主张代理的效力。

表见代理属于广义的无权代理。但表见代理订立的合同效力为有效，而非效力待定。

表见代理的构成要件为：

第一，无权代理人没有代理权、超越代理权或者代理权终止。

第二，相对人主观上为善意，且无过失。

善意，是指相对人不知道或者不应当知道无权代理人实际上没有代理权，而是从无权代理人持有公章、介绍信等事实使得相对人有理由相信无权代理人具有代理权。

无过失，是指相对人不知道无权代理人没有代理权不是由于自身的过失导致的。

如果相对人明知道无权代理人没有代理权，或者理应知道无权代理人没有代理权，由于自身的过失而最终没有知道，则相对人对无权代理行为也应当负有责任，没有必要通过表见代理制度对其保护。

第三，无权代理人与相对人订立的合同本身并不具有无效和应被撤销的内容。

第六节　可变更、可撤销合同

一、可变更、可撤销合同的概念

可变更、可撤销合同，是指当事人在订立合同时，因意思表示不真实，法律允许其变更合同，或通过行使撤销权而使已经生效的合同归于无效。

可变更、可撤销合同的法律特征体现在：

第一，存在意思表示不真实的因素。

当事人在订立合同时，外在表现出的行为与内心想要达到的效果意思不一致，但并没有故意违反法律、行政法规的强制性规定及公共利益，这是可变更、可撤销合同。

第二，可撤销合同中撤销权是一种形成权。

可撤销合同必须由撤销权人单方意思表示便可导致合同被撤销。

第三，权利人可以请求变更或者撤销。

撤销权人有权请求予以撤销，也可以仅要求变更合同的内容。变更就是当事人之间通过协商，改变合同的某些内容，使当事人之间的权利义务趋于公平合理。

第四，合同被撤销前有效，被撤销后自始无效。

二、可变更、可撤销合同的法定情形

（一）因重大误解订立的合同

重大误解，是指一方因自己的过错而对合同的内容发生误解而订立的合同。

重大误解的构成要件为：

第一，必须是表意人因重大误解而做出了意思表示。

表意人发生了重大误解，其主观上的认识错误与其做出的意思表示之间有因果关系。

第二，必须是对合同的内容等发生了重大误解。

一般而言，对合同的性质、合同的对方当事人、合同的标的物以及标的物的数量、质量、价格等发生了误解才能认为属于重大误解。

例如，杨过将自己的大雕租赁给郭靖，郭靖误以为杨过将大雕卖给了自己，就是对合同性质的重大误解，是将租赁合同误以为是买卖合同。再比如，八戒去超市买自行车，误以为电动车是自行车而进行了买卖，是对合同标的物的重大误解。

在特殊情况下，对合同其他内容，如支付方式、履行期限、包装方式等的误解如果可能导致对合同当事人的权利义务产生重大影响的，也可以认定为属于重大误解。

第三，误解是表意人自己的过失导致的。

对合同内容的误解是由于表意人自己的过失导致，而不是因为受他人的欺骗或不正当影响造成的。

如果表意人由于对方故意提供虚假信息或恶意隐瞒真实信息而产生误解，则属于欺诈，而不是重大误解。

（二）显失公平的合同

显失公平的合同，是指一方在订立合同时因情况紧迫或者缺乏经验而订立的明显对自己有重大不利的合同。

显示公平合同的构成要件为：

第一，合同的权利义务明显失去公平。

显失公平合同中，一方根据合同承担过多的义务而享受极少的权利或者在经济上处于极为不利的地位，而另一方仅负担极少的代价却享有较大的经济上的利益，双方在经济利益上处于极度不对等的地位，超出了法律允许的限度。

如何判断法律的限度，在司法实践中必须结合具体情况具体分析，法律没有给出判断标准。

第二，显失公平的状况在合同订立时已经存在。

如果是在合同订立以后才出现显失公平的状况，则属于市场交易的正常风险。

例如，消费者买完商品房后第二天，突然房价大幅度下跌，这不属于显失公平，消费者应当承受该次交易的风险。

第三，处于不公平的一方在订立合同时缺乏经验或情况紧迫。

法律实务中，显失公平合同的形成往往是由于一方当事人在订立合同时缺乏经验或者情况紧迫。也就是说，显失公平对于利益受损的一方而言，并不是其自愿接受的，所以有必要对其进行适当的保护。

（三）因欺诈、胁迫订立的合同

欺诈，是指故意告知虚假情况或者故意隐瞒真实情况，使对方当事人陷入错误认识进而做出意思表示订立的合同。

胁迫，是指采用能对他人精神上产生紧张、恐惧等压力，迫使其做出违背真实意思的意思表示。

因欺诈、胁迫而订立的合同应当满足以下要件：

第一，有欺诈、胁迫的故意。

第二，有欺诈、胁迫的行为。

欺诈行为包括故意告知虚假情况以及故意隐瞒真实情况两种。

例如，某化妆品店告知前来购物的小龙女，本店出售的粉底成分为纯天然无刺激、原产国为美国，实际上，该粉底是在中国南方的某个村庄的私人作坊生产的，成分也并非纯天然无刺激。这属于故意告知虚假情况。

例如，张无忌故意不告知其宝马汽车曾经受到过重大撞击的事实，将其宝马汽车出售给灭绝师太。这属于故意隐瞒真实情况。

胁迫行为包括一切足以使相对人发生恐怖压力的行为。既可以以损害生命、健康、名誉等要挟，也可以用损害财产相要挟。既可以以语言文字形式要挟，也可以以实际动作方式要挟。

例如，萧峰以限制段誉人身自由的方式，要挟段誉在合同上签字。

值得注意的是，胁迫必须是可以实现的、违法的。例如，张三以拿月球砸死李四威胁其在合同上签字，不是法律上所说的胁迫。王五以揭发刘六贪污受贿行为威胁其在合同上签字，也不是法律上所说的胁迫。

第三，对方因受欺诈而陷入错误认识，或因受胁迫而感到恐惧做出意思表示。

如果相对人并未因欺诈而陷入错误认识，或并未因胁迫而产生恐惧，则不构成欺诈或胁迫。

需要注意的是，胁迫不同于不正当影响，如果一方当事人仅仅利用对方当事人对自己的信任，通过过度说服、劝告等手段迫使对方当事人与其签订合同，就构成不正当影响，而不属于胁迫。

例如，萧峰仅仅是反复对段誉进行言语上的劝导和说服，段誉出于对萧峰的信任而签订保险合同，则属于不正当影响，不构成胁迫。

（四）乘人之危订立的合同

乘人之危，是指一方当事人利用对方当事人陷入危难境地的事实，为了取得不正当利益，迫使对方当事人做出不真实的意思表示。

乘人之危订立的合同应当满足以下要件：

第一，表意人处于危难境地。

危难境地，是指导致表意人进退维谷、左右为难、别无选择的迫切情势，这种迫切情势使得表意人不得不接受行为人提出的交易条件或者其他要求。

第二，行为人有乘人之危的故意。

行为人明知表意人陷入危难境地，而故意为落井下石之行为。

如果表意人确实陷入了危难境地，但行为人并不知情，只是处于一般的交易习惯而讨价还价，则即使表意人不得已接受了行为人的不公平交易条件，则不能构成乘人之危。但这种情况如果实施的结果是对行为人过分有利，属于显失公平的情形。

第三，有乘人之危的行为。

行为人借机表意人处于危难境地，而提出不利交易条件，使表意人接受。

第四，有乘人之危的后果。

表意人由于别无选择，而为意思表示。

三、撤销权及其行使

（一）撤销权的主体

撤销权人是因意思表示不真实而受损害的一方当事人，如重大误解中的误解人，显失公平中遭受重大不利的一方，以及被乘人之危的一方。

（二）撤销权的行使方式

撤销权的行使方式，不一定必须是诉讼方式。

如果撤销权人主动向对方做出撤销的意思表示，对方没有表示异议，则可以直接发生撤销合同的法律效果。如果对方有异议，则必须提起诉讼或者仲裁。

（三）撤销权的消灭

撤销权必须在法定期限内行使。

根据《合同法》第52条的规定，具有撤销权的当事人自知道或者应当知道撤销事由之日起一年内没有行使撤销权，或者具有撤销权的当事人知道撤销事由后明确表示或者以自己的行为放弃撤销权的，撤销权消灭。

第七节　合同无效和被撤销后的法律后果

合同无效和被撤销后，会发生当事人不履行合同的效力，并非不发生任何法律后果。

《合同法》第58条规定："合同无效或者被撤销后，因该合同取得的财产，应当返还，不能返还或者不必要返还的，应当折价补偿。有过错的一方应当赔偿对方因此所受到的损失，双方都有过错的，应当各自承担相应的责任。"

一、返还财产

返还财产，是指合同当事人在合同被确认无效或者被撤销以后，对已交付给对方的财产享有返还请求权，而已接受该财产的当事人则有返还财产的义务。合同无效或者被撤销后，就意味着效力自始归于消灭,双方当事人之间没有任何合同关系存在,当事人一方或者双方基于合同所为的给付失去了存在的根据,因此应当返还。

返还财产主要适用于已经履行了的合同,如果当事人根本没履行,或者财产尚未交付,就不涉及返还财产。

二、折价补偿

《合同法》虽然规定了返还财产,但是在有的情况下,财产是不能返还或者没有必要返还的,在此种情况下,应当折价补偿。

(一)不能返还

不能返还主要包括两种情况:

第一,法律上的不能返还。

这主要是受到善意取得制度的限制,即当一方将受领的财产转让给第三人,而第三人取得该项财产时在主观上没有过错,不知道或者不应当知道该当事人与另一方当事人的合同无效或者被撤销的情况下,就可以不返还该原物,并且该原物是不可替代的,此时,该当事人就不能返还财产,他就必须依该物在当时的市价折价补偿给另一方当事人。

第二,事实上的不能返还。

这主要是指标的物灭失造成不能返还原物,并且原物又是不可替代的情况。在这种情况下,取得该财产的当事人应当依据该原物当时的市价进行折价补偿。

(二)没必要返还

没必要返还主要包括两种情况:

第一,当事人接受的财产是劳务或者利益,在性质上不能恢复原状的。

第二,一方取得的是使用知识产权而获利,由于该知识产权是无形的,则该方当事人可以折价补偿对方当事人。

三、赔偿损失

凡是因合同无效或者被撤销而给对方当事人造成的损失,不管是因主观上故意或者过失,当事人都应当赔偿对方的财产损失。

附:合同各种效力状态的对比表:

不同效力状态 情形对比	合同未成立	成立	未生效			无效	可撤销	生效
			附条件、附期限	效力待定	其他未满足生效条件			
条件状态	未合意	合意	有生效瑕疵		不具备生效条件	意思表示不真实	完全符合生效条件
法律约束力	无	无	无			无	撤销前有,撤销后无	对双方有约束力
对社会的影响	无损害	无损害	无损害			损害国家、社会公共利益	损害个人利益,但不损害国家社会公共利益	无损害
法律保护	不保护	不保护	可能不保护、可能保护			不保护	撤销前保护,撤销后不保护	保护

【课后思考题】

1. 乙公司以国产牛肉为样品，伪称某国进口牛肉，与甲公司签订了买卖合同，后甲公司得知这一事实。此时恰逢某国流行疯牛病，某国进口牛肉滞销，国产牛肉价格上涨。下列哪些说法是正确的？（2009年司法考卷三第56题）

   A. 甲公司有权自知道样品为国产牛肉之日起一年内主张撤销该合同
   B. 乙公司有权自合同订立之日起一年内主张撤销该合同
   C. 甲公司有权决定履行该合同，乙公司无权拒绝履行
   D. 在甲公司决定撤销该合同前，乙公司有权按约定向甲公司要求支付货款

2. 某校长甲欲将一套住房以50万元出售。某报记者乙找到甲，出价40万元，甲拒绝。乙对甲说："我有你贪污的材料，不答应我就举报你。"甲信以为真，以40万元将该房卖与乙。乙实际并无甲贪污的材料。关于该房屋买卖合同的效力，下列哪一说法是正确的？（2010年司法考卷三第5题）

   A. 存在欺诈行为，属可撤销合同
   B. 存在胁迫行为，属可撤销合同
   C. 存在乘人之危的行为，属可撤销合同
   D. 存在重大误解，属可撤销合同

3. 下列哪一情形构成重大误解，属于可变更、可撤销的民事行为？（2012年试卷三第3题）

   A. 甲立下遗嘱，误将乙的字画分配给继承人
   B. 甲装修房屋，误以为乙的地砖为自家所有，并予以使用
   C. 甲入住乙宾馆，误以为乙宾馆提供的茶叶是无偿的，并予以使用
   D. 甲要购买电动车，误以为精神病人乙是完全民事行为能力人，并与之签订买卖合同

4. 简述可撤销民事行为的概念、种类和法律后果。（2006年南开大学法学专业综合课考研真题）

5. 简述合同的一般生效要件。

6. 简述因重大误解订立的合同有哪些构成要件。

7. 简述撤销权的行使。

8. 简述无效合同的种类。

第七章 合同的履行

【导学案例】

张三与李四签订了一笔买卖电脑的合同。由于王五欠张三货款,所以张三与李四约定,由王五替张三向李四交付电脑的货款。王五也同意。但到了付款期限,王五却迟迟未向李四付款。请问:李四可以要求王五承担违约责任吗?

第一节 合同履行的概述

合同的履行,是指合同规定义务的执行,即债务人全面、适当地完成其合同义务,债权人的合同债权得到完全的实现。如交付约定标的物,完成约定工作并交付工作成果等。

在许多情况下,合同的履行不仅指最后的交付行为,而是指一系列行为及其结果的总和。也就是说,履行并非指债务人的给付行为。履行重结果,给付仅仅是履行的手段,债权人必须实际获得给付结果,才能谓之"履行"。

合同的履行是合同目的实现的根本条件,也是合同关系消灭的最正常的原因。由此可见,合同的履行是合同制度的核心内容,是合同法及其他一切制度的最终归宿或延伸。

履行合同义务的当事人,一般情况下是合同双方当事人,但在特殊情况下也可以是当事人以外的第三人。

履行合同义务的行为一般情况下都表现为当事人的积极行为,如执行合同规定的交付,完成合同规定的工作等。但在特殊情况下,消极的不作为也是合同的履行,如保密义务的执行即是。

履行合同的义务,按合同订立的要求,须是全部合同义务都应履行,这是合同的完全履行。但是,合同义务的履行有时间上的先后顺序,允许一项一项地执行,这是合同的部分履行;合同存在的客观环境不同,有可能合同的部分义务无法执行,这是合同的不履行;合同当事人的主观认识并非一致,实际中有的当事人不执行合同规定的义务,这就是合同的不履行。

第二节 合同履行的原则

合同履行的原则,即合同履行的基本要求,是当事人在履行合同的过程中所应遵守的准则。对于诚实信用原则、公平原则、平等原则等合同履行的基本原则，同时也是合同法的基本原则，在此不多加赘述，仅就专属于合同履行的原则进行表述。

一、全面履行原则

全面履行原则，又称适当履行原则或者正确履行原则，是指当事人按照合同的约定不折不扣地履行合同义务，即合同适当的主体在适当的时间和地点以适当的方式履行适当的标的。我国《合同法》第60条第1款规定：当事人应当按照约定全面履行自己的义务。

合同的全面履行可以从以下几个方面进行分析：

（一）履行主体正确

履行合同的主体，即合同的当事人，是指履行合同义务和接受合同义务履行的人。

合同的订立一般都是合同当事人相互信任，达成一致意思表示的结果，所以具有一定的人身性。因此，合同义务的履行，通常只能有合同当事人亲自进行，即履行主体的正确。

当然，在第三人履行合同义务不损害债权人利益的时候，或第三人接受合同义务的履行不损害债务人利益的时候，第三人作为合同履行的主体也是正确的。

（二）履行标的正确

合同履行的标的可以是物，也可以使完成工作或者提供劳务。履行标的的正确就要求当事人在执行合同义务时，要按照合同约定的标的履行，而不得以其他标的来替代。

（三）履行时间正确

合同履行时间正确就是要求当事人在履行合同时，应该按照合同约定的时间，不得提前或延迟履行。但在不损害债权人利益，且债权人许可的情况下，也可以提前履行。

（四）履行地点正确

履行地点直接关系到合同当事人实现合同的成本及合同的目的，所以当事人在履行合同时，应该严格按照合同约定的地点履行义务。

（五）履行方式正确

履行方式又称合同履行的方法，一项合同可以有很多种不同的履行方法，如款项可以一次性或分期付清，又如运输方式也可以有水陆空多种等，因此合同的履行应严格按照合同约定的方式，以免给债权人造成损失。

二、协作履行原则

协作履行原则，是指当事人不仅要适当履行自己的合同债务，还应基于诚实信用原则的要求，在必要的限度内，协助对方当事人履行债务的原则。

《合同法》第60条第2款规定，当事人应当遵循诚实信用原则，根据合同的性质、目的和交易习惯履行通知、协助、保密等义务。因此，协助原则是诚实信用原则在合同履行中的体现。

合同的履行，如果只有一方的给付行为，而没有另一方的受领行为，合同的目的就很难实现。一方面需要当事人互相协助，另一方面，这种协助也不是无限度的。

一般来说，协助履行包括以下几个方面：债务人履行义务，债权人应及时受领；债务人履行义务时，债权人应创造必要的条件；在因故发生不能履行或不能全面履行合同义务时，双方采取积极措施，方式损失扩大；在发生合同纠纷时，双方应主动承担责任，不互相推诿等。

但协作履行原则并不意味着漠视当事人各自独立的合同利益，同时，也不得借此加重或者减轻合同义务的力度。

三、经济效益原则

经济效益原则，是指在合同履行时，要讲求经济效益，以最小的成本取得最佳的合同利益。

经济效益原则可以体现在诸多方面，如债务人选择最经济合理的运输方式和履行期，选用经济合理的设备及原材料，对违约的合理补救等。

《合同法》第 119 条规定，"当事人一方违约后，对方应当采取适当措施防止损失的扩大；没有采取适当措施致使损失扩大的，不得就扩大的损失要求赔偿"就充分体现了经济效益原则。

四、情事变更原则

情事变更原则，是指合同依法成立后，因不可归责于双方当事人的原因发生了不可预见的情事变更，致使合同的基础丧失或动摇，若继续维持合同原有效力则显失公平，允许双方当事人变更或解除合同的原则。

我国《合同法》中并未对情事变更原则有所表述，即既无保留也无禁止，但我国最高人民院对湖北省高级人民法院的请示批复中[①]，承认了情事变更原则。

情事变更原则的构成要件包含以下几方面：

（一）须有情事变更的客观事实

这是适用情事变更原则的前提条件。所谓情事是当事人订约时作为合同成立基础或环境的客观事实。情事是客观的，与当事人的主观意志无关。

所谓变更，是指情况异常变动，即合同成立时的社会环境或作为合同基础的情况发生剧变。如和平情况变为战争情况、物价暴涨、货币贬值、自然灾害、法律、法令、国家经济政策、经济计划的发布、修改、取消；特定标的物意外丧失并无替代物；经济巨变；当事人丧失特定行为能力；合同中明示的目的不达等。

对于如何认定情事变更，应以具体合同的性质、目的等多方面综合加以认定。如赠与合同中，赠与物的意外灭失，则足以构成情事变更。

一般来说，判断是否构成情事变更，应该以是否导致行为基础丧失，是否导致当事人目的不能实现，以及是否造成对价关系障碍为标准。

（二）情事变更的发生不可归责于当事人

这是适用情事变更原则的核心条件。它要求当事人在主观方面没有过错。如果情事变更是由于当事人主观过错所致，则该当事人应当承担相应的责任。

所谓不可归责于当事人，有两层含义：

---

① 武汉市煤气公司诉重庆检测仪表装配线技术转让合同、煤气表散件购销合同违约纠纷案。最高人民法院函（1992）27号。

一是当事人对情事的变化无法防止，无法避免。如果当事人对能防止、能避免的事变没有采取积极措施，则应承担因此所造成的损失；

二是当事人对情事变化的后果无法克服，也就是说当事人因情事变化后，无法替代履行，无法采取任何补救措施，或者说采取补救措施超出其负担能力。

尽管情事变更的发生不可归责于当事人，但是，双方当事人均负有通知对方和采取相应措施防止损失扩大的义务。未通知对方，也未采取相应措施致使损失扩大的，无权就扩大的损失要求赔偿。

（三）情事变更须当事人不能预料且有不能预料的性质

情事变更具有不可预料的性质与当事人没有预料到情事变更不能混淆。

当事人没有预料到情事变更分为三种情形：一是因不可归责于当事人的原因没有预料；二是当事人应当预料而没有预料；三是当事人能够预料而没有预料。前一种当然可以适用情事变更原则，而后两种则不能适用该原则。

凡是某项事态在合同成立时已预见到，则表明当事人愿意承担情事变更的风险，因此不适用情事变更原则。

情事变更具有不可预料性，而商业风险具有可预见性，这是二者的本质区别。

商业风险是指从商者在商业经济活动中因经营失利所应当承担的正常损失。商业风险是能够预见到的，是一种正常风险。如果当事人在订立合同时已经预见到商业风险，但是为了赚大钱，而仍然冒风险或抱侥幸心理，希望不会发生风险，那么，当风险出现时，不能引用情事变更原则。

尽管情事变更和商业风险都是在合同订立后、合同履行期限届满前，出现了合同全部或部分不能履行的事实，但是，在实务中，人民法院或仲裁机构为严格区分情事变更和商业风险，设定以下标准：

第一，变更程度已超出了普通经营者所能预料的范围；

第二，风险损失与可能得到的营利之间的比例已经严重失调；

第三，变更结果导致一方得利，一方损失严重；

第四，由于不可抗力的后果导致的通货膨胀、物价巨变。

（四）情事变更须发生在合同依法订立后合同履行期限内合同关系消灭前

情事变更如在合同订立前发生，则合同是基于已变更的环境而订立，不发生合同订立后的情事变更问题。

判断是否为情事变更，应以合同订立时的情事为准。如果情事变更发生在订立合同后，合同生效之前，也应当适用情事变更原则。因为有的合同一经当事人订立便生效，订立时间与生效时间同一；有的合同在订立后可能要经过一段时间才能生效，订立时间与生效时间不一致，但是当事人的合同行为只能以订约时的情事为依据，而不能以合同生效时的情事为依据。

如果双方当事人在订立合同时不知情事已经变更，主观上则属于违背真实意思的重大误解，也不适用情事变更原则。

在订约时，已变更的情事对当事人不利，而当事人仍以其为合同行为的基础，表明当事人自愿承担风险，也不适用情事变更原则。

情事变更发生在合同订立以后，但至履行时已恢复原态的，可否适用情事变更原则呢？有的学者认为，不能适用情事变更原则；有的学者认为，原则上得适用情事变更原则。

本书观点为：如果情事变更发生在合同订立以后，在履行期限届满前恢复原态的，允许适用情事变更原则。但是，在合同履行期限届满前合同关系已经消灭，则不能适用情事变更原则；如果部分未履行，仅就未履行部分适用情事变更原则。

情事变更发生在合同订立之后，合同履行期限内合同关系消灭前，当事人不知情事变更，也没有主张适用情事变更原则，并且继续作出履行的，在履行完毕后，在相对方不能证明主张适用情事变更原则的一方当事人已经明示抛弃情事变更适用的情况下，则可以主张适用情事变更原则。

但是，当事人知道情事变更，而继续履行合同，说明当事人自愿承担情事变更所造成的风险，在合同履行完毕后，则不能主张适用情事变更原则。

（五）情事变更后仍履行原合同显失公平

这是情事变更原则适用的中心要件。

情事变更引起的显失公平，是指合同履行中出现对一方当事人明显有利而对另一方当事人有重大的不利的事由，强制让重大不利的一方当事人继续履行合同有违于公平原则和诚实信用原则，这是法律所不允许的。

因情事变更使原订的合同失去了赖以存在的基础，合同的对价关系受到破坏，若再继续履行合同，让合同一方依照约定仍为一定行为或不为一定行为，会在当事人之间产生明显的不公平情形。

（六）须当事人主张

当事人主张分为两个部分：一方面，因情事变更遭受不利影响的一方当事人应以情事变更为由来抗辩相对方的赔偿请求；另一方面，因情事变更遭受不利影响的一方当事人向法院或仲裁机构主张适用情事变更原则。

当事人主张适用情事变更原则，应证明情事变更非因自己的主观过错所致。如出租房屋一间，因大火烧毁此房，出租人若以情事变更来抗辩，则需证明自己对房屋被烧毁一事无过错。

但比如，发生地震、战争等情事，致合同不能履行，不能全部履行或目的不达，就无需证明自己对地震、战争有无过错。而其他情况，关于情事变更原则的适用，是否须有当事人的主张，有肯定说和否定说两种。本书采取肯定说，认为情事变更原则的适用，必须由一方当事人向相对方提出主张，或者向法院或仲裁机构提出主张。

一般来说，情事变更发生后，合同当事人应当协商解决，若协商不成，当事人可以向人民法院或仲裁机构提出适用情事变更原则的主张。当事人也可以直接向法院或仲裁机构主张适用情事变更原则。

五、合同内容不明时的履行

合同条款应当明确、具体以便合同的履行，这是合同法的基本要求，但在现实中，由于情况复杂、当事人主观局限性等因素，合同条款内容不明的现象不可避免。因此，我国《合同法》规定了一系列补救性规则。

当合同内容不明时，首先合同当事人应当协商一致。当不能协商一致时，应当按照以下规则来履行：

（一）质量不明条款的履行

《合同法》第 52 条规定，合同中有关标的质量约定不明的，按照国家标准、行业标准执行；没有国家标准、行业标准的，按照通常标准或者符合合同目的的特定标准执行。

（二）价格不明条款的履行

价格条款约定不明的，按照订立合同时履行地的市场价格履行，依法应当执行政府定价或者政府指导价的，按照规定履行。

（三）地点不明条款的履行

合同中约定的履行地点不明确的，应根据合同的性质、标的的种类和法律规定来确定。我国《合同法》规定，给付货币的，在接受货币一方所在地履行；交付不动产的，在不动产所在地履行；其他标的，在履行义务一方所在地履行。

（四）期限不明条款的履行

履行期限约定不明的，债务人可以随时履行，债权人也可以随时要求履行，但应给对方必要的准备时间。我国《民法通则》和《合同法》都规定了这一"随时履行"原则。至于何为必要时间，应与所履行义务的通常性质相适应。

（五）方式不明条款的履行

履行方式不明的，按照有利于实现合同目的的方式履行。合同目的的实现取决于所有合同履行因素的，在履行方式不明确时，当事人对履行方式选择的唯一标准为，是否有利于合同目的的实现，而非是否有利于债权人或债务人。

（六）费用不明条款的履行

履行费用是指合同义务履行的费用，如产品包装费、运费等。对于费用约定不明的，我国合同法规定由债务人承担，即产生履行费用义务的义务人。

六、第三人履行

涉及第三人的合同，既包括向第三人履行的合同又包括由第三人履行的合同。这种合同也称涉他合同，是为了适应近现代复杂多样的社会关系而产生的。

（一）向第三人履行的合同

《合同法》第 64 条规定，当事人可以约定由债务人向第三人履行债务。

向第三人履行的合同，又称**利他合同**，是指双方当事人约定，由债务人向第三人履行债务，第三人直接取得请求权的合同，合同第三人又称受益人。如在保险合同中，投保人与保险人订立保险合同，可以约定保险人向作为第三人的被保险人（受益人）履行，被保险人享有保险金请求权。

此类合同中债权人应通知债务人，不过无需得到债务人的同意。

债权人与债务人订立向第三人履行的合同，债权人可以事先征得第三人同意，也可以不告诉第三人。

债务人按照合同向第三人履行时，应当通知第三人。第三人受领的，应当做出受领的意思表示。第三人不受领的，债务人应将此情况通知债权人并协商解决办法。由此造成的损失由债权人承担。第三人受领迟延的,应当承担迟延受领的责任。

（二）由第三人履行的合同

《合同法》第 65 条规定,当事人约定由第三人向债权人履行债务的,第三人不履行债务或者履行不符合约定,债务人应当向债权人承担违约责任。

由第三人履行的合同,又称**第三人负担的合同**,是指双方当事人约定债务由第三人履行的合同。如在借款合同中,借款人和出借人约定,借款人欠出借人的钱由第三人偿付,这就是第三人履行的合同。

此类合同应征得两类人的同意,一是债权人,二是第三人。通知债权人是因为,不同人的履行能力不同。通知第三人的原因是,为第三人设定了义务。

此类合同中的第三人只负担向债权人履行的义务,不承担合同责任。第三人同意履行后又反悔的,第三人向债权人瑕疵履行的,违约责任均由债务人承担。第三人不履行的,债务人可以代为履行。债务人不代为履行的,应赔偿损失。

七、双务合同履行中的抗辩权

双务合同履行中的抗辩权,是符合法定条件时,当事人一方对抗对方当事人的履行请求权,暂时拒绝履行其债务的权利。

需要注意的是,第一,这里的暂时不履行债务不是违约行为;第二,权利人只能暂时不履行债务,因为合同并未终止。一旦产生抗辩权的原因消失后,债务人仍应履行其债务。

双务合同履行中的抗辩权包括三种,分别为同时履行抗辩权、先履行抗辩权和不安抗辩权。

（一）同时履行抗辩权的概念和构成要件

同时履行抗辩权,是指合同的当事人互负债务,没有先后履行顺序的,当事人一方在对方未对待给付或履行不符合约定时,拒绝履行自己债务的权利。

《合同法》第 66 条规定对此有明确规定。

同时履行抗辩权的构成要件包括:

第一,订立的合同必须是双务合同。

当事人双方互负有义务,这是当事人行使同时履行抗辩权的前提条件。

第二,当事人所负债务没有先后顺序。

一方对于另一方没有先行给付的义务。如果一方当事人履行义务在先,另一方当事人履行义务在后,则不能要求同时履行抗辩权。

第三,双方当事人合同债务均已届清偿期。

第四,对方的对价给付须是可能的。

如果对方所承担的对价给付债务已经不可能履行,如标的物损毁灭失,那么当事人再向对方提出同时履行抗辩权已无实际意义,只能解除合同。

（二）先履行抗辩权的概念与构成要件

先履行抗辩权,根据《合同法》第 67 条的规定,是指当事人互负债务,有先后履行顺序的,先履行一方未履行之前,或履行债务不符合债的本旨的,后履行一方有权拒绝其履行请求。

先履行抗辩权的构成要件包括：

第一，须双方当事人互负债务。

第二，两个债务有先后履行顺序。

第三，先履行一方未履行或者其履行不符合债的本旨。

先履行一方未履行，既包含先履行一方在履行期限届至或者届满前未履行的状态（未构成违约），又包含先履行一方于履行期限届满时尚未履行的现象（已构成违约）。

先履行一方的履行不符合债的本旨，是指先履行一方虽然履行了债务，但其履行不符合当事人约定或者法定的标准要求，应予以补救，包括延迟履行、不完全履行（包括加害给付）和部分履行等。

（三）不安抗辩权的概念及法律实务问题

不安抗辩权，是指应当先履行债务的当事人，有确切证据证明后履行一方当事人丧失或者可能丧失履行债务的能力的，可以终止履行。

通过上述概念，不难发现不安抗辩权的构成要件有：

第一，须双方当事人互负债务。

第二，两个债务有先后履行顺序。

第三，后履行一方当事人出现法定的丧失或者可能丧失履行债务能力的情形。

例如，甲为一著名相声表演艺术家，乙为一家演出公司。甲乙之前签订了一份演出合同，约定甲在乙主办的一场演出中出演一个节目，由乙预先支付给甲演出劳务费五万元。后来，在合同约定支付劳务费的期限到来之前，甲因一场车祸而严重受伤住院。乙通过向医生咨询甲的伤情得知，在演出日之前，甲的身体有康复的可能，但也不排除甲的伤情会恶化，以至于不能参加原定的演出。基于上述情况，乙向甲发出通知，主张暂不予支付合同中的约定的五万元劳务费。

设立不安抗辩权的目的是为了保障先履行一方当事人的合法权益，因此成立不安抗辩权必须以后履行一方丧失或者可能丧失履行债务的能力为前提。

根据《合同法》第68条的规定，法定丧失或者可能丧失履行债务能力的情形包括：（一）经营状况严重恶化；（二）转移财产、抽逃资金，以逃避债务；（三）丧失商业信誉；（四）有丧失或者可能丧失履行债务能力的其他情况。

在处理不安抗辩权法律实务问题时，需要注意以下问题：

第一，先履行一方当事人必须有确切证据证明上述法定情形，否则其中止履行的行为即构成违约，应当承担违约责任。

这是为了避免先履行一方当事人随意引用不安抗辩权而逃避履约在先的义务。

第二，先履行一方当事人行使不安抗辩权中止履行的，应当及时通知对方。

这样便于对方获此通知后积极准备提供适当担保，促进合同继续履行。

第三，如果后履行一方当事人提供适当担保，先履行抗辩权人应当恢复履行。

所谓适当的担保，就是保证能满足完全履行该合同债务的担保。

第四，中止履行后，对方当事人在合理期限内未恢复履行能力并且未提供适当担保的，中止履行的一方可以解除合同。

第三节　合同的保全

一、合同保全概述

合同的保全，是指法律为防止因债务人的财产不当减少而给债权人的债券带来危害，允许债权人代债务人之位向第三人行使债务人的权利，或者请求法院撤销债务人与第三人的法律行为的法律制度。

其中，债权人代债务人之位，以自己的名义向第三人性质债务人的权利的法律制度，为债权人的代位权制度。债权人请求法院撤销债务人与第三人的法律行为的制度，为债权人的撤销权制度。

二、代位权

（一）代位权的概念与构成要件

代位权是指，因债务人怠于行使其债券，对债权人造成损害的，债权人可以请求人民法院以自己的名义行使债务人对于次债务人之权利的权利。

例如，甲欠乙十万元，而同时，丙又欠甲二十万元，当甲乙债务到期乙向甲索要十万元时，甲以目前没有十万元偿还为理由拒绝。而此时，甲丙债务早已到期，甲却并没有向丙索要其拖欠的二十万元。在此种情况下，乙就可以请求法院以乙的名义向丙讨还十万元钱欠款。

代位权的构成要件为：

第一，债务人对第三人享有权利，且已届履行期。

但需要注意的是，专属于债务人自己人身的债权，如基于抚养关系、扶养关系、赡养关系、继承关系产生的给付请求权和劳动报酬、退休金、养老金、抚恤金、安置费、人寿保险、人身伤害赔偿请求权等，不能成为代位权行使的标的。

第二，债务人怠于行使其对第三人的权利。

这里的怠于行使是指，债务人由于主观原因，未通过诉讼或仲裁的方式向第三人主张其享有的具有金钱给付内容的到期债权。

第三人，即次债务人，不认为债务人有怠于行使其到期债权情况的，应当承担举证责任。

第三，债务人怠于行使其到期债权，对债权人造成损害。

（二）代位权的法律实务问题

在处理代位权法律实务问题时需要注意：第一，债权人行使代位权以其债权范围为限；第二，债权人行使代位权的必要费用，由债务人负担；第三，在人民法院审理阶段，当事人的诉讼地位为，债权人为原告，第三人或次债务人为被告，债务人为第三人；最后，即使原告胜诉，被告也不直接向原告履行债务，而是向债务人履行。

三、撤销权

（一）撤销权的概念与构成要件

撤销权，是指债权人在债务人实施不当减少其财产而损害债权人利益的积极行为对债权人造成损害的，债权人可以请求人民法院撤销债务人的行为。

例如，甲欠乙 100 万元，逾期未偿还。甲现在名下唯一的财产是一套三居室房产，价值 120 万。乙向甲追讨欠款时，甲将其房产无偿赠送给自己的叔叔。此时，乙可以行使撤销权要求撤销此次赠与。

撤销权的构成条件为：

第一，应有债务人实施不当减少其财产的行为。

根据《合同法》第 74 条规定，这些行为包括：放弃到期债权、无偿转让财产，以明显不合理的低价转让财产。即此种行为既可以是无偿行为也可以是有偿行为，既可以是单方行为也可以是双方行为。

第二，债务人的行为发生于债权有效成立之后并且存续的期间。

第三，债务人的行为对债权人造成损害。

判断是否对债权人造成损害的标准为是否影响债务人对债权人履行债务。

（二）撤销权的行使期限

因为该撤销权制度的设立目的是，保全债权人的债权实现。为了尽快实现债权，根据《合同法》第 75 条规定，撤销权自债权人知道或者应当知道撤销事由之日起一年内行使。这里的一年期间，是不变期间，不使用诉讼时效中止、中断或者延长的规定。自债务人的行为发生之日起五年内没有行使撤销权的，该撤销权消灭。

（三）撤销权的法律实务问题

在处理该撤销权法律实务问题时应注意：第一，撤销权的行使范围以债权人的债权为限；第二，债权人行使撤销权的必要费用，由债务人负担；第三，在人民法院审理阶段，当事人的诉讼地位为，债权人为原告，债务人为被告，合同以外的第三人为民事诉讼中的第三人。

【课后思考题】

甲、乙订立一份价款为十万元的图书买卖合同，约定甲先支付书款，乙两个月后交付图书。甲由于资金周转困难只交付五万元，答应余款尽快支付，但乙不同意。两个月后甲要求乙交付图书，遭乙拒绝。对此，下列哪一表述是正确的？（2010 年司法考试卷三第 13 题）

A. 乙对甲享有同时履行抗辩权

B. 乙对甲享有不安抗辩权

C. 乙有权拒绝交付全部图书

D. 乙有权拒绝交付与五万元书款价值相当的部分图书

第八章 合同的担保

【导学案例】

猪八戒向沙和尚借款,沙和尚请猪八戒找保证人保证,猪八戒找到了唐僧和孙悟空两人,让沙和尚从中选择一人做保证人。这两名备选的保证人中,唐僧的信誉很好,但是经济状况不佳,而孙悟空的经济状况很好,但是信誉不佳。

问题:沙和尚选取保证人的时候,主要应该看保证人的信誉还是看保证人的经济状况?

第一节 合同担保的概述

一、合同担保的概念

合同的担保,实际上是合同债的担保,是指法律为保证特定债权人利益的实现而特别规定的以第三人的信用或者以特定财产促使债务人履行债务,保障债权人实现债权的法律措施。可以从以下三方面来理解合同的担保:

第一,合同的担保是为保障债权人债权实现所提供的事前保障。

还没有发生债务人不履行债务时,债权人就可以要求债务人提供担保,无须等到债务人违约。可以说合同担保是对债权人的一种事前救济手段。

第二,合同的担保是以特定财产或权利,或第三人的信用来保障债权人债权实现的制度。

若以财产或权利向债权人提供担保,可以由债务人提供也可以由其他人提供担保。但若是以信用向债权人提供担保,则必须由债务人以外的第三人提供。因为债权人就是因为信不过债务人才要求其提供担保的。

第三,合同的担保具有从属性。

从属性是指担保合同与被担保的合同之间为主从关系,担保合同从属于被担保合同,担保合同为从合同。

二、合同担保的形式

随着经济社会的不断发展,合同担保的形式也在不断丰富。现代社会各国对于合同担保形式的规定,一般可以概括为人的担保、物的担保和钱的担保三类。

人的担保,又叫保证担保,是指以第三人的信用保证合同履行的担保方式。是由保证人以自己的信用担保债务人履行债务的担保,当发生了债务人不履行债务的情形,债权人可以请求保证人履行。保证扩大了债务人责任财产的范围。但是,债权人的利益能否实现,除了要看保证人的经济状况,还取决于其信用状况,这是保证的不足之处。

物的担保,是以债务人或其他人的特定财产作为清偿债权的标的,在债务人不履行其债务时,债权人可以将财产变卖、拍卖或折价并从中优先受偿,使其债权得以实现。物的担保的主要方式包括抵押权、质押权和留置权,广义的物的担保还包括所有权保留。

钱的担保,又称定金,是指在合同订立或在履行之前支付的一定数额的金钱作为担保的担保方式。

第二节 保证

一、保证的概念和特征

作为合同担保中的保证,是指债务人以外的第三人作保证人担保债务人履行债务的法律制度。

《担保法》第6条规定:"本法所称保证,是指保证人和债权人约定,当债务人不履行债务时,保证人按照约定履行债务或者承担责任的行为。"对保证的概念可以从以下三方面进行理解:

第一,保证合同的双方当事人是债权人与保证人双方意思表示一致才能成立。

除此之外,保证人与债务人之间也会达成一致意见,债务人请求保证人为其担保,保证人同意。

第二,保证是以保证人的信用作担保债务人履行债务。

第三,保证人只能是债务人以外的第三人,而不能是债务人本人。

选择保证人时,其信用是首要考虑的因素,当然也考虑经济状况,但经济状况是第二位考虑的因素。

第四,保证合同是射幸合同。保证是约定在债务人不履行债务时由保证人承担保证责任的行为。保证债务在债务人不履行债务时才能生效,在债务人履行债务时,保证债务不生效。

作为合同担保的保证具有以下法律特征:

1. 保证具有从属性

保证合同是主合同的从合同,保证债务是主债务的从债务。保证的从属性主要体现在:

第一,保证合同的有效以主合同的有效存在为前提。

第二,保证的范围从属于主债务,不得大于主债务。

当事人约定的保证债务的范围大于主债务的,应当减少到主债务的限度内。

第三,保证债权随主债权的转移而转移。在保证期间,债权人转让债权给第三人的,债权人对保证人的保证债权原则上也随同转移,保证人仍在原担保的范围内对新债务人承担保证责任。

若当事人在保证合同中约定债权人不得转让债权的情况下,债权人将债权转让,保证人的保证责任消灭。

第四，保证人的保证债务在保证期限内存在。

第五，保证债务随主债务的消灭而消灭。主债务因清偿等原因消灭的，保证债务也消灭。

2. 保证具有独立性

保证人的保证债务虽然与主债务之间是主从关系，但是，保证债务并不是主债务的一部分，而是独立于主债务的单独债务。

3. 保证具有无偿性

保证合同是无偿合同，保证人的保证债务不以债权人取得一定财产权利为代价，债权人也无须支付任何代价即对保证人享有保证债权。

4. 保证具有补充性

保证债务是对主债务的补充和加强，只有在主债务人不履行债务时，保证人才负有履行保证债务的责任。

二、保证的方式

（一）一般保证与连带责任保证

一般保证，是指当事人在保证合同中约定，债务人不能履行债务时，由保证人承担保证责任的保证。

连带责任保证，是指当事人在保证合同中约定保证人与债务人对债务承担连带责任的保证。

二者的区别在于保证人是否享有先诉抗辩权。在一般保证情况下，保证人享有先诉抗辩权。

一般保证的保证人在主合同纠纷未经审判或者仲裁，并就债务人财产依法强制执行仍不能履行债务前，对债权人可以拒绝承担保证责任，这种拒绝的权利就是**先诉抗辩权**。

而在连带责任保证的情况下，保证人不享有先诉抗辩权，即连带责任保证的债务人在主合同规定的债务履行期届满没有履行债务的，债权人可以要求债务人履行债务，也可以要求保证人在其保证范围内承担保证责任。

由此可以看出，保证人在一般保证中的地位较为优越；而保证人在连带责任保证中的地位不太有利。因此，在司法实践中，当事人最好在保证合同中明确保证的方式。若未约定或约定不明的，根据《担保法》第19条的规定，就视为连带保证，当事人按照连带责任保证承担保证责任。

（二）单独保证与共同保证

单独保证，是指只有一个保证人担保同一债权的保证。

共同保证，是指数个保证人担保同一债权的保证。

关于共同保证的效力，根据《担保法》第12条规定：

第一，有约定的，保证人应当按照保证合同约定的保证份额，承担保证责任；

第二，没有约定保证份额或约定不明的，所有保证人承担连带责任，债权人可以要求任何一个保证人承担全部保证责任，保证人都负有担保全部债权实现的义务。

第三，已经承担保证责任的保证人，有权向债务人追偿，或者要求承担连带责任的其他保证人清偿其应当承担的份额。

学说认为，这种连带是保证人之间的连带，故谓之"保证连带"，以与"连带责任保证"有所区别。

（三）有限保证与无限保证

有限保证，是保证人与债权人在保证合同中约定保证债务范围的保证。在有限保证中，保证人仅在当事人约定的范围内承担保证债务对于超过约定范围的债务保证人不承担责任。例如，当事人约定保证人仅担保原本债权的，保证人对债务人不履行原本债务以外的其他债务，如利息债务，不负保证责任。

无限保证，是指当事人未明确约定保证债务范围的保证。《担保法》第 21 条规定："当事人对保证担保的范围没有约定或者约定不明确的，保证人应当对全部债务承担责任"。这里的全部债务包括主债务的全部、利息债务、违约金、损害赔偿金、实现债权的费用。

三、保证合同的法律实务问题

第一，保证合同由保证人与债权人订立。

第二，保证合同应当采用书面形式。

第三，保证人为自然人的，应当具备完全民事行为能力。

依据我国法律规定，法人、其他组织可以成为保证人。国家机关一般不得成为保证人。我国《担保法》第 8 条规定："国家机关不得为保证人，但经国务院批准为使用外国政府或者国际经济组织贷款进行转贷的除外。"

在保证合同法律实务中，保证人应有明确承担保证责任的意思表示，如果第三人仅仅是向债权人告知债务人能够履行债务，而没有明确表明自己愿意承担保证责任，则第三人不具有保证的意思表示，不能认为成立了保证合同。

一般认为，能够推定第三人有保证意思的行为,包括在主合同上以保证人的名义签字盖章等。

一般来说，保证合同应该包括以下内容：被保证的主债权种类、数额；债务人履行债务的期限；保证的方式；保证担保的范围；保证的期间；双方认为需要约定的其他事项。

四、保证合同的效力

保证合同的效力体现在：

（一）债权人的权利

在主债务人不履行债务时，债权人可以请求保证人承担保证责任。

债权人请求保证人承担保证责任的,应当证明债务人的债务清偿期届满而没有完全清偿。

需要注意的是，债权人请求保证人承担保证责任权利的行使，因一般保证和连带责任保证而不同，在保证的分类当中已经介绍，这里不再赘述。

（二）保证人的权利

1. 对债权人的抗辩权

当债权人履行不当，债务人可以根据法定事由对债权人的请求权进行抗辩。例如，甲乙签订了买卖合同，甲向乙交付的货物不符合合同约定，则乙有权对甲提出了支付货款的请求进行抗辩。

此时，保证人与债务人一样，对债权人享有抗辩权。

2. 一般保证对债权人的先诉抗辩权

在一般保证与连带保证的区别中已经介绍过先诉抗辩权的含义，在此不赘述。但需要注意的是，根据《担保法》第 7 条规定，一般保证的保证人在有下列情形之一时，不得行使先诉抗辩权：

第一，债务人住所变更，致使债权人要求其履行债务发生重大困难的；

第二，人民法院受理债务人破产案件，中止执行程序的；

第三，保证人以书面形式放弃先诉抗辩权的。

3. 对主债务人的追偿权

保证人承担保证责任后，享有对主债务人的追偿权。

保证人追偿权的范围包括：

第一，保证人向主债权人清偿的债务数额，该数额以保证人的清偿使主债务人免责的数额为限；

第二，保证人履行保证债务所支出的必要费用，但不包括保证人因自身的过错而多支出的费用。

保证人的追偿权行使一般应当在其承担了保证责任后，但特殊情况下，也可以事先行使追偿权。具体是《担保法》第 32 条规定的情形："人民法院受理债务人破产案件后，债权人未申报债权的，保证人可以参加破产财产分配，预先行使追偿权。"

五、保证期间

关于保证期间的确定，首先看保证人与债权人之间是否有明确约定，有约定从约定；没有约定保证期间的，保证期间为主债务履行期届满之日起 6 个月。

一般保证中，在保证期间内，债权人没有对债务人提起诉讼或者申请仲裁的，保证责任消灭。如果在保证期间内，债权人向债务人提起诉讼或者申请仲裁，则保证期间适用诉讼时效中断的规定。

连带责任保证的诉讼时效可分为两种情况：

第一，债权人在保证期间内要求保证人承担保证责任的，债权人通过诉讼程序向法院提出保护民事权利请求的期限，适用《民法通则》第 135 条的规定，诉讼时效期间为二年。诉讼时效的中止、中断及延长也同样适用《民法通则》的有关规定。

第二，债权人在保证期间没有要求保证人承担保证责任，保证人的保证责任免除，债权人对保证的实体请求权归于消灭，诉权也随之消灭，也就谈不上诉讼时效问题。

在以上两种情况中应注意的是：债权人在保证期间仅向债务人主张权利的，并不表示也同时对保证人主张权利，债权人必须实际向保证人要求承担保证责任。一旦保证人拒绝承担保证责任，债务人即知道或者应当知道权利被侵害，此时诉讼时效期间起算。

第三节 定金

一、定金的概念

定金是指为确保合同的履行，由合同当事人约定的由一方当事人预先支付给另一方的一定款项。

二、定金罚则

根据《民法通则》第 89 条第 3 项的规定，定金罚则是指，当事人一方在法律规定的范围内可以向对方给付定金。债务人履行债务后，定金可以抵作价款或者收回。给付定金的一方不履行债务的，无权要求返还定金；接受定金的一方不履行债务的，应当双倍返还定金。

三、定金的种类

（一）立约定金

立约定金，一方为了保证正式订立合同而交付给另一方的定金。当事人约定立约定金的，给付定金的一方拒绝订立主合同的，无权要求返还定金；收受定金的一方拒绝订立合同的，应当双倍返还定金。

（二）成约定金

成约定金，是指当事人约定以交付定金作为主合同成立或者生效要件，给付定金后，按照当事人之间的约定，主合同成立或者生效。

（三）证约定金

证约定金，是指作为合同成立证据的定金。

（四）违约定金

违约定金，是指约定以定金作为违约的赔偿，交付定金以后，交付定金的一方不履行合同，则收受定金的一方可以没收其定金而不予返还；收受定金的一方不履行合同时，应当双倍返还定金。

（五）解约定金

解约定金，是指约定以定金作为一方保留合同解除权的代价，交付定金的一方解除合同丧失定金，收受定金的一方解除合同双倍返还定金。

四、定金与订金的区别

订金在法律上并没有严格的界定，从文字的理解上来说，"订"的含义是订立、预订之意，因此，订金是一种预先给付的预付款。

定金与订金不同，具体体现在法律后果不同。

违反定金约定的法律后果为定金罚则的适用；而对订金约定的违反不适用定金罚则，即交付和收受订金的一方不履行债务时，不发生丧失或者双倍返还订金的问题，订金在这种情况下，仅仅可以抵作损害赔偿金。

例如，猪八戒在某饭店订了一桌酒席，价值 1000 元，并交了 200 元定金。饭店给猪八戒一张收据，写道"今收到猪八戒的定金 200 元"。后猪八戒临时有事不能去，但饭店有权不退回 200 元定金。如果将收据上的"定金"二字改为"订金"，则饭店应退还 200 元给猪八戒。

五、定金合同的法律实务问题

（一）定金合同是实践合同

《担保法》第 90 条规定，"定金合同从实际交付定金之日起生效"。

约定的定金与实际交付的定金不同而对方当事人接受的，以实际交付的定金为准，视为对定金合同的变更。

（二）定金合同是从合同

定金合同是主合同的从合同，具有担保主合同的作用，其效力也取决于主合同。

（三）定金数额不超过法律的规定

根据《担保法》第 91 条的规定："定金的数额由当事人约定，但不得超过主合同标的额的百分之二十。"当事人交付的定金超过法律规定的最高限额的，超过的部分应为无效。

例如，甲和乙签订了买卖合同，合同标的额为 100 万，合同当中约定的定金数额为 30 万，甲向乙交付了 30 万的定金。这里当事人交付的定金超过了主合同标的的百分之二十，超过的 10 万无效。20 万的定金有效，可以适用定金罚则。

第四节 抵押权、质押权和留置权

从法律体系上来说，抵押权、质押权和留置权的问题应当在《物权法》中，但由于在合同法律实务中也会涉及此类问题，因此，本书从合同法的角度进行讲解。

一、抵押权

（一）抵押权的概念

抵押权，是指债权人对于债务人或第三人提供的、不转移占有债务履行担保的财产，在债务人不履行债务或发生当事人约定的实现抵押权的情形时，可就该财产折价或者就拍卖、变卖该财产的价款优先受偿的权利。

抵押权是一种担保物权，其存在的前提是债务人或第三人与债权人签订了抵押合同。

（二）抵押合同的生效

抵押合同是抵押权人和抵押人签订的，不转移财产占有，而以该财产担保主合同履行的协议。抵押合同应当采用书面形式。抵押合同是诺成合同，自双方当事人意思表示一致时合同生效。

（三）抵押权的设立

抵押合同生效意味着债权成立并且生效，但并不代表抵押权设立。抵押权是物权行为。

抵押权设立属于物权变动的问题。物权变动模式，根据动产和不动产有所区分。具体来说包括：

第一，动产的抵押权自抵押合同生效时设立，未经登记不得对抗善意第三人。

我国对于动产抵押权采取的是登记对抗主义的物权变动模式。**登记对抗主义**，是指抵押权依据当事人之间的抵押合同设立，未经登记，不得对抗善意第三人。

需要注意的是，车辆、船舶、航空器等动产，其抵押权同样是自抵押合同生效时设立。只不过未经抵押登记的，不得对抗善意第三人。

第二，不动产的抵押权自登记时设立。

我国对不动产抵押权和权利抵押权采取登记生效主义的物权变动模式。**登记生效主义**，是指抵押权的设定，以登记为发生效力的要件，未经登记不能设立抵押权。

例如，张三丰以其房产作为抵押，向银行贷款20万，与银行之间签订了抵押合同但是没有办理抵押登记，这时抵押权没有设立。

需要注意的是，虽然抵押物权没有设立，但不影响张三丰与银行之间签订的抵押合同的效力，该债权合同有效。这就是物权法中著名的物权债权区分原则的体现。

（四）抵押合同的效力

第一，抵押权人的优先受偿权。

当债务履行期限届满债务人不能清偿债务或发生当事人约定的实现抵押权的情形时，抵押权人较一般债权人有优先受偿权，可以就抵押财产折价、拍卖或者变卖去实现债权，并优先受偿。

第二，抵押权人的处分权。

抵押权为财产权，抵押权人可以处分抵押权。例如，抵押权人可以将主债权与抵押权一并转让。

第三，抵押人有限制的处分权。

抵押人对抵押财产的处分只能是法律上的处分，不能是事实上的处分。

抵押人在转让抵押财产时，需要经过抵押权人的同意，未经同意的，转让无效。

抵押人转让抵押财产所得的价款，应当向抵押权人提前清偿所担保的债权或者向与抵押权人约定的第三人提存。

第四，抵押人的收益权。

抵押权存续期间，抵押人可以用抵押财产获取收益，有权收取抵押财产的天然孳息和法定孳息。

例如，张三虽然讲房子抵押给银行，但张三仍可以收取该房屋出租后取得的租金。

第五，抵押人对债务人的追偿权。

虽然抵押合同是抵押人与抵押权人签订的。但当抵押人是债务人以外的第三人时，在抵押权人实现抵押权后，抵押人有权向债务人追偿。

因为抵押合同是主合同的从合同。从合同中的抵押人可以向主合同中的债务人追偿。

二、质权

（一）质权的概念

质权，是指债务人或者第三人将出质的财产或权利交债权人占有或控制，作为债权的担保，在债务人不履行债务或者发生当事人约定的实现质权的情形时，债权人以该财产或权利折价或拍卖、变卖所得价款优先受偿的权利。

在质权法律关系中，享有质权的人称为质权人；将财产转移给质权人占有而供债权担保的债务人或者第三人称为出质人；出质的财产称为质物或者质押财产。

设立质权，当事人应当签订书面形式的质押合同。

（二）质权的分类与质押合同的特点

质权按质物的不同，可以分为动产质权和权利质权。

动产质权，是指债务人或者第三人将动产移交给债权人占有作为履行债务的担保。

权利质权，是指以所有权以外的可让与的财产权为标的而设定的质权。例如，票据质权、存单质权、股权质权、知识产权质权等都属于权利质权。

不动产上不能设定质权。

（三）质押合同的生效与质权的设立

质押合同自合同成立之时起生效，但法律另有规定或者当事人另有约定的除外。

动产质权自出质人向质权人转移质押财产占有时设定。例如，孙悟空将自己的一台笔记本电脑出质给沙和尚作为其履行债务的担保，该动产质权自孙悟空将笔记本电脑交付给沙和尚占有时设定。

权利质权自登记时设定。

三、留置权

（一）留置权的概念

留置权，是指债务人不履行到期债务时，债权人享有的留置其已经合法占有的债务人的动产，并就该动产优先受偿的权利。

其中，债权人为留置权人，占有的动产为留置财产。留置权也属于担保物权的一种，但不同于抵押权和质权，留置权属于法定担保物权。

（二）留置权的成立条件

第一，债权人已经合法占有债务人的财产。占有可以是直接占有也可以是间接占有。

第二，债权人占有的动产与债权属于同一法律关系。但是企业之间的留置，可以不与债权属于同一法律关系。

例如，保管合同中，寄存人不交保管费，保管人可以留置保管物。但是，如果保管人留置的是寄存人的其他财产，则不能成立留置权，因为债权人占有的动产与债权不属于同一法律关系。

第三，债务人不履行到期债务。

（三）留置权实现的条件

留置权的实现，是指留置权人将留置财产变价并使被担保债权优先受偿。

留置权的实现不同于留置权的成立。也就是说，当留置权成立后，债权人可以留置债务人的动产。但若债权人要折价、变卖、拍卖这些动产，实现留置权，还需要满足以下条件：

第一，债权人持续地占有债务人的动产。

第二，债务人在宽限期内仍未履行债务。

债权人在实现留置权前，应当在宽限期内通知债务人履行债务。

这个宽限期的确定，有约定的，依约定；没有约定或者约定不明确的，留置权人应当给债务人2个月以上履行债务的期间，即宽限期。但鲜活易腐烂等不易保管的动产除外，如鲜活的鱼。

第三，不存在妨碍留置权实现的法定或者约定情形。

留置权人留置债务人的财产如果违反了公序良俗，或者与债务人交付动产前或者交付动产时所为的指示相抵触，或者违反债权人应承担的义务，即使债务人延迟履行自己的义务，债权人也不能行使留置权。

【课后思考题】

1. 甲向乙借款 5 万元，乙要求甲提供担保，甲分别找到友人丙、丁、戊、己，他们各自做出以下表示，其中哪些构成保证？（2008 年司法考试卷三第 53 题）

   A. 丙在甲向乙出具的借据上签署"保证人丙"
   B. 丁向乙出具字据称"如甲到期不向乙还款，本人愿代还 3 万元"
   C. 戊向乙出具字据称"如甲到期不向乙还款，由本人负责"
   D. 己向乙出具字据称"如甲到期不向乙还款，由本人以某处私房抵债"

2. 根据《物权法》的规定，下列哪一类权利不能设定权利质权？（2009 年司法考试卷三第 7 题）

   A. 专利权
   B. 应收账款债权
   C. 可以转让的股权
   D. 房屋所有权

3. 辽东公司欠辽西公司货款 200 万元，辽西公司与辽中公司签订了一份价款为 150 万元的电脑买卖合同，合同签订后，辽中公司指示辽西公司将该合同项下的电脑交付给辽东公司。因辽东公司届期未清偿所欠货款，故辽西公司将该批电脑扣留。关于辽西公司的行为，下列哪一选项是正确的？（2010 年司法考试卷三第 10 题）

   A. 属于行使抵押权
   B. 属于行使动产质权
   C. 属于行使留置权
   D. 属于自助行为

4. 简述保证的方式。

5. 简述保证的效力。

6. 简述定金与订金的区别。

7. 简述留置权的实现条件。

第九章　合同的变更与转让

【导学案例】

2009年1月10日，某服务公司与某度假村公司签订合作协议，约定服务公司于2009年2月10日到15日在度假村举办会议，度假村提供248套房间及配套服务，如有一方违约，须赔偿违约方的全部损失。合同签订当日，服务公司支付了预付款15万元。2009年1月20日，服务公司致函度假村，希望把会议时间更改为2月20日到25日，特征求度假村意见，请尽快予以答复。度假村一直没有回复，服务公司遂将会议地点更换至另一家宾馆，而没有入住度假村。2009年8月10日，服务公司将度假村诉至法院，要求法院判决度假村返还预付款15万元。法院当如何判决？

第一节　合同的变更

一、合同变更的概念

合同签订以后，可能因为当事人对合同某些条款约定不明确，或者在合同履行过程前或履行过程中出现了某些新的情况，需要对当事人之间的权利义务重新进行约定或调整，从而更好地实现合同目的及双方当事人的利益。这里所说的"重新进行约定或调整"就是合同的变更。

合同的变更有广义和狭义之分。广义上的合同变更，包括合同内容的变更和合同主体的变更。**合同内容的变更**，是指合同成立以后，尚未履行或尚未完全履行之前，当事人就合同的内容进行修改或补充，但不变更合同当事人的行为，此亦狭义的合同变更；**合同主体的变更**，是指变更合同当事人，即新的债权人或新的债务人代替了旧的债权人或债务人，但不变更合同内容的行为。

合同主体的变更，实际上是将合同上的权利和义务转让给新的债权人或债务人，也叫合同的转让。我国《合同法》规定有专门的合同转让制度，故本节所称合同的变更，是狭义上的合同变更，即合同内容的变更。

二、合同变更的条件

合同一旦成立并且生效，作为合同当事人的双方就应该严格遵守合同约定，履行合同义务。若要对合同内容进行变更，须符合以下条件：

1. 存在有效的合同关系

合同的变更是指一个有效合同的内容发生变更。因此，原合同关系不成立或无效，则合同的变更无从谈起。

值得注意的是，如果合同具有重大误解和显失公平的因素，享有撤销权的一方可以要求撤销或变更原合同，如果他选择变更合同，在双方达成一致的情况下，撤销权因合同的变更而消灭。

2. 合同变更发生在合同尚未履行或尚未完全履行之前

如果原合同已经得到完全履行，则新的权利义务关系成为既定事实，原合同得以实现。变更原合同的内容，对既定的权利义务关系进行调整，实质上是在通过一个新的合同来实现当事人原合同之外的利益，已然超出了合同变更的范畴。

3. 原则上对合同内容的变更须经当事人协商一致

合同是当事人充分协商、意思表示一致的产物。根据《合同法》第77条，合同的变更须经当事人协商一致，未经协商，任何一方不得单方变更合同，否则构成违约行为。

跟合同的订立一样，变更合同也需要经过要约和承诺，当事人双方达成合意，并符合民事法律行为的生效要件。另外，合同的变更还需要当事人对合同变更的内容有清晰明确的约定，《合同法》第78条规定："当事人对合同变更的内容约定不明确的，推定为未变更"。

值得注意的是，当事人协商一致并非合同变更的唯一途径，在特殊情况下，合同也可能基于法院的判决或仲裁机构的裁决而变更。比如，我国《合同法》第54条规定："一方当事人可以请求人民法院或者仲裁机构对重大误解或显失公平的合同予以变更。"

4. 对合同内容的变更应限于"非实质性"变更

一旦合同的实质性内容发生变更，合同关系丧失同一性，则相当于旧合同的终结和新合同的订立，而非合同的变更。

例如：段誉为对付鸠摩智，向王语嫣借发簪一用。击退鸠摩智后，段誉踌躇再三，鼓起勇气对王语嫣说："王姑娘，为防那恶僧再来，先将你那发簪放我这里，可好？"王语嫣不好继续讨要，便笑道："还是赠与段公子好了，表哥刚送我一枝新发簪呢！"在这里，王语嫣将原先借给段誉的发簪赠给段誉，使原先的借用关系变成了赠与关系，变更了原合同的性质，属于对合同内容的实质性变更，不属于《合同法》上的"合同的变更"。

5. 合同的变更还应遵循法定的或约定的程序和形式

原则上讲，合同的变更与合同的订立一样，不需要经过特定的程序及采取特定的形式，只要当事人就变更协商一致、达成合意即可。

但在特殊情况下，如果法律、行政法规对合同变更的程序或形式有特殊要求的，则应遵照该规定进行变更。对此，我国《合同法》第77条第2款有规定。

另外，当事人在原合同中对合同变更的程序和形式进行了特殊约定的，亦当按合同约定办理变更。

三、合同变更的效力

合同变更后会产生如下效力：

（1）合同变更后，被变更部分失去法律效力，当事人不再遵守；新变更的内容获得对当事人的约束力，当事人应严格遵守其新确立的权利义务关系。

（2）合同变更原则上向将来发生效力，一般不会溯及既往，已经履行的债务不会因合同的变更而失去法律依据，未变更的权利义务继续有效。

（3）合同变更不影响当事人要求损害赔偿或支付违约金的权利，也不影响原合同中约定的解决争议条款的法律效力。在合同变更过程中一方当事人遭受的损失，除依照法律规定或双方约定可以免除责任外，有过错方应当向无过错方进行赔偿。

例如：为重修光明顶，明教新任教主张无忌向武当掌门张三丰借钱，双方约定明教自收到借款之日起一年内向武当清偿全部借款，并约定每超期一天，明教向武当支付未清偿部分万分之四的违约金。还款期限届满后，明教无力偿还借款，张无忌和张三丰协商将还款期限延长一年，双方达成合意。在这里，武当有权要求明教支付延展期限前的违约金。

第二节 合同的转让

一、合同转让的概念

合同的转让，亦即合同主体的变更，是指在不改变合同内容的前提下，将原合同的权利或义务转让给第三人，从而使其成为该合同关系中新的债权人或债务人的行为。

根据转让内容的不同，可以将合同的转让分为合同权利的转让、合同义务的移转以及合同权利义务的概括移转三种类型。

二、合同权利的转让

（一）合同权利转让的概念

所谓**合同权利的转让**，又称债权转让，是指在合同内容不发生改变的前提下，债权人将自己的全部或部分合同债权转让给第三人并通知债务人，使第三人成为该合同关系新债权人的行为。其中，原债权人称为转让人，第三人称为受让人。合同权利的转让有以下特点：

（1）合同权利转让的主体是债权人和第三人。尽管债权人转让权利给第三人时，需要及时通知债务人，但债务人不是合同权利转让的主体。

（2）合同权利转让的对象是合同债权。债权是一种财产权，因而可以作为转让的标的。

（3）合同权利的转让可以全部转让，也可以部分转让。

如果全部转让合同权利，则受让人将完全取代原债权人成为合同当事人；如果是部分转让合同权利，则受让人作为第三人将加入到原合同关系中，与原债权人共享债权。

（二）合同权利转让的条件

1. 须有有效的合同权利存在

原理与合同的变更一样，在此不赘述。

值得讨论的是已过诉讼时效的合同权利是否可以转让。通说认为，诉讼时效的完成只是导致权利人丧失了胜诉权，并不导致权利人实体权利的丧失，债权人仍可以接受债务人的自愿履行。据此,在受让人明知的情况下,超过诉讼时效的合同权利是可以转让的,但如果转让人隐瞒了诉讼时效已过的事实而转让合同权利,债务人又拒绝履行的,受让人可以以欺诈为由要求法院或仲裁机构撤销转让合同。

2. 转让的合同权利具有可转让性

合同权利是一种财产性债权。根据物尽其用和鼓励交易的原则,法律应允许其在不同市场主体之间流转。但这不是绝对的,对于一些特殊的合同权利而言,其流转则可能因违背合同法理而被禁止。根据我国《合同法》第79条,下列合同权利不得转让:

(1) 根据合同性质不得转让的权利。在一些特殊情形下,合同的性质决定了该合同权利只能在特定的当事人之间生效,如果债权人将合同权利转让给第三人,则会动摇合同订立的基础,损害当事人的合法利益。一般而言,根据合同性质不得转让的权利有以下三种:

第一种,基于个人信任关系产生的债权。基于个人信任关系产生、而且必须由特定人受领的债权,不得转让。例如,雇佣合同、演出合同、委托合同等发生的债权,这类合同是基于合同当事人的相互信任而签订的。

第二种,以特定债权人为基础的债权。

例如,金锁愿意将全部财产赠与和自己从小一同长大的主人紫薇。紫薇要把其债权转移给小燕子,金锁可以不同意赠与。

第三种,不作为债权。如果债权的内容是债务人负有某种不作为义务,一般认为不具有流转性,因为不得转让。

(2) 按照当事人约定不得转让的权利。如果当事人在合同中约定了合同权利不得转让,则债权人就不得转让其债权。

(3) 依照法律规定不得转让的权利。依照法律规定不得转让的权利主要包括抚恤金、退休金、劳动保障金等债权以及人身损害赔偿请求权等权利。

3. 转让双方须达成转让合意

4. 须及时通知债务人

只要不违背法律、行政法规的禁止性规定以及当事人之间的约定,债权人得自由处分自己的债权,无须征得债务人的同意。

但是,因债务人需向新债权人履行债务,如果债务人对债权转让及新债务人的信息一无所知,则必然造成其履行上的障碍,导致对债务人的不公正,故我国《合同法》第80条第1款规定:"债权人转让权利的,应当通知债务人。未经通知,该转让对债务人不发生效力。"据此,转让人未通知债务人合同权利转让事宜的,转让无效,债务人可以向其履行债务,而受让人无权要求债务人向自己履行债务。

另外,为了保护合同权利受让人的利益,我国《合同法》第80条第2款规定:"债权人转让权利的通知不得撤销,但经受让人同意的除外。"换言之,债权人转让权利的通知到达债务人之后,合同权利的转让即认为已生效,债权人不得单方撤销该通知。根据意思自治原则,受让人同意撤销的除外。

5. 办理必要的法律手续

如果法律、行政法规规定,转让合同权利应当办理批准、登记手续,或者双方约定了转让合同的特别生效要件,则这些手续的办理成为合同权利转让生效的必要条件。

（三）合同权利转让的法律效力

合同权利转让的法律效力可以分为对内效力和对外效力：

（1）合同权利转让的对内效力，即合同权利转让对转让人和受让人所产生的法律效力。具体包括：

① 受让人享有合同权利。受让人基于权利转让而享有合同的全部权利或部分权利，成为合同新的债权人。

② 从权利随主权利一并转让。《合同法》第81条规定："债权人转让权利的，受让人取得与债权有关的从权利，但该从权利专属于债权人自身的除外。"一并转让的从权利包括抵押权、利息请求权、违约金请求权及损害赔偿请求权等。

③ 转让人对受让人负有告知义务。转让人应当将债务人的地址、联系方式、债务发生原因、履行期限等相关情况如实告知受让人，而且应当把合同权利的相关证明文件（如借据、合同文书等）交付给受让人，以便受让人实现受让的权利。

④ 转让人对转让的债权负瑕疵担保责任。

因权利瑕疵使得受让人遭受损失的，转让人应承担损害赔偿责任。

但是，转让人在权利转让时如实、明确告知受让人权利存在瑕疵，且受让人对该瑕疵表示接受的，转让人免责。

（2）合同权利转让的对外效力，即合同权利转让对债务人所产生的法律效力。具体包括：

① 经过转让，转让人全部或部分丧失债权人资格，债务人不得向其履行已转让的债务。

② 经过转让，受让人成为合同的新债权人，债务人应向其履行合同债务。

③ 债务人的抗辩权。《合同法》第82条规定："债务人接到债权转让通知后，债务人对让与人的抗辩，可以向受让人主张。"这里的抗辩权包括同时履行抗辩权、不安抗辩权、诉讼时效完成的抗辩权、债权无效的抗辩权等。

④ 债务人的抵销权。《合同法》第83条规定："债务人接到债权转让通知时，债务人对让与人享有债权，并且债务人的债权先于转让的债权到期或者同时到期的，债务人可以向受让人主张抵销。"

西天取经归来之后，唐僧师徒四人各奔东西，自谋发展。一天，沙和尚来到高老庄上，猪八戒热情款待。师兄弟二人一番叙旧之后，沙和尚道明来意："二师兄，去年你娶媳妇儿从我那儿要了八百两纹银的海鲜，你看看啥时候把这货款给结一下？这是去年你签收的货单……"说着将货单拿了出来。猪八戒盯着货单一阵沉吟，对沙和尚说："师弟，我这儿资金都投到房地产中去了，也没现银给你啊！这样，猴哥还欠我八百两纹银呢，我给你写个字条你去找他拿，一准儿没问题。"说完还给孙悟空打了个电话。沙和尚遂将货单留下，拿起猪八戒给的字条兴冲冲地去找孙悟空，却不想碰了一鼻子灰。原来那八百两纹银是孙悟空在取经路上跟猪八戒借的，早已过了诉讼时效，猴哥已然不认账了！

本案中，基于借款债权诉讼时效已过，孙悟空得对债权人猪八戒进行抗辩，在该债权转移后，孙悟空也可向受让人沙和尚主张该抗辩，故沙和尚无法在孙悟空处实现债权。猪八戒借款债权转让给了沙和尚，就应当对此债权承担瑕疵担保义务，故沙和尚可以向猪八戒主张权利转让无效，要求猪八戒继续归还所欠货款。值得注意的是，沙和尚过早将货款凭证——收货单交给了猪八戒，这就给自己的证明带来了风险。

三、合同义务的移转

（一）合同义务移转的概念

合同义务的移转，又称债务承担，是指在合同内容不发生改变的前提下，经债权人的同意，债务人将自己的全部或部分合同债务转移给第三人承担，使第三人成为该合同关系新债务人的行为。其中，第三人又称为承担人。

注意区分合同义务的移转和第三人代为履行。第三人代为履行，是指第三人代替债务人履行债务，第三人不履行债务或履行债务不符合约定的，由债务人向债权人承担违约责任。合同义务的移转和第三人代为履行是两种不同的法律制度，主要区别如下：

（1）第三人地位不同。合同义务的移转中，作为承担人的第三人代替原债务人成为合同主体，债权人有权要求其履行债务；第三人代为履行中，第三人不是合同主体，第三人不是合同新的债务人，债权人无权要求其履行债务。

（2）有无协议不同。合同义务的移转必须有债务承担协议，而第三人代为履行则可以没有任何债务承担协议。

（3）承担责任的主体不同。在合同义务的移转中，承担人不履行债务或履行债务不符合约定的，承担人承担违约责任；在第三人代为履行中，第三人不履行债务或履行债务不符合约定的，债务人承担违约责任。

（二）合同义务移转的条件

（1）须有有效合同义务的存在。原理与合同的变更一样，在此不赘述。

（2）转让的合同义务具有可移转性。依据法律的规定或合同义务的性质不能移转的合同义务，以及合同约定不能移转的义务，不得移转。

如高衙内打算新修一座府邸，经市场考察，最终将工程发包给了梁山建筑公司。然而，由于手头上的工程太多，梁山建筑公司将高衙内府邸工程擅自转包给了方腊建筑公司。工程竣工后不久，府邸质量出现严重问题。本案中，高衙内选择梁山建筑公司，是基于对其工程质量的信任，具有专属性，故梁山建筑公司的主体结构施工义务在性质上是不可以移转的，其义务移转行为无效，府邸工程质量责任应由梁山建筑公司承担。

（3）须有合同义务移转的协议。合同义务的移转，须经当事人签订移转协议，该协议可以是承担人与债务人签订，并经债权人同意，也可以是承担人直接与债权人签订。

（4）须经债权人同意。一般情况下，债权人是在对债务人的资信情况、履约能力充分了解和信任的基础上，才和债务人签订合同。而合同义务的移转是将合同义务移转给第三人履行，如果没有债权人的同意，则债权人的利益无法得到保障，有失公允。故此，合同义务的移转须经债权人同意。

未经债权人同意，第三人与债务人达成的合同义务移转协议效力待定，可能因债务人追认而自始有效，也可能因债务人拒绝追认而自始无效。

为避免合同义务移转使合同的效力悬而未决，债务人可以在通知债权人时确定一定的期限，要求债权人在此期限内做出是否同意移转的答复，逾期不予答复的，则应视为不同意。

（5）须办理必要的手续。

（三）合同义务移转的法律效力

（1）承担人代替原债务人承担合同义务。合同义务全部移转的，承担人代替原债务人成为新的合同债务人；合同义务部分移转的，承担人与原债务人共同承担合同债务。

（2）承担人可以主张原债务人对债权人的抗辩权。既然承担人成为新债务人，那么原债务人对债权人享有的所有抗辩权应当一并移转给承担人，这些抗辩权包括合同不成立的抗辩权、合同撤销或无效的抗辩权、同时履行抗辩权、不安抗辩权、诉讼时效完成抗辩权等。

（3）承担人应当承担与主债务有关的从债务。《合同法》第86条规定："债务人转移义务的，新债务人应当承担与主债务相关的从债务，但该从债务专属于原债务人自身的除外。"

例如：陈近南为拓展天地会业务向神龙教借款白银五千两，双方约定一年还清，利息为八百两，外加陈近南为神龙教题字一副。后经神龙教同意，陈近南将该债务移转给其弟子韦小宝承担。在本案中，八百两利息随主债务一起移转给韦小宝，但题字的义务具有专属性，不得移转，仍由陈近南本人履行。

四、合同权利义务的概括移转

合同权利义务的概括移转，是指当事人一方经对方同意，可以将自己在合同中的权利和义务一并转让给第三人，由第三人概括地承受这些债权债务。合同权利义务的概括移转主要包括合同移转和企业合并。

（一）合同移转

1. 合同移转的概念

合同移转也称合同承受，是指合同一方当事人经对方当事人同意，与第三人签订合同，向第三人转让自己在原合同上的权利义务，第三人成为合同当事人，享有合同权利并承担合同义务的情形。其中，转让自己权利义务的一方称为转让人，第三人称为承受人。

2. 合同移转的条件

合同移转须具备下列条件：

（1）原合同有效。这是合同移转的前提条件，如果原合同被宣告无效、被撤销或者被权利人拒绝追认而自始无效，则合同移转也无效。

（2）原合同为双务合同。只有双务合同的移转才属于权利义务的概括移转。

（3）转让人和承受人达成合同移转合意。合同移转是一项民事法律行为，要求当事人经要约、承诺而达致合意，方可成立并生效。

（4）经原合同另一方当事人同意。概括移转包括转让权利也包括移转义务，必须经原合同另一方当事人同意，方可生效。

（5）办理必要的法律手续。

3. 合同移转的效力

合同移转的效力准用《合同法》第81、86条从权利义务随主权利义务转让或移转的规定，第82、85条有关抗辩权的规定以及第83条有关抵销权的规定。

（二）企业合并

企业合并是指两个或两个以上的企业合并为一个企业。《民法通则》第44条第2款规定：

"企业法人分立、合并,它的权利和义务由变更后的法人享有和承担。"《合同法》第 90 条规定:"当事人订立合同后合并的,由合并后的法人或者其他组织行使合同权利,履行合同义务。"可见,企业合并时,由合并后的法人或其他组织行使合同权利,履行合同义务。

【课后思考题】

达美公司于 2010 年 9 月向天龙服装厂订购了一批童装,总价值 18 万元。达美公司预付了货款的 20%,约定年底交货。11 月,达美公司电话要求服装厂变更童装部分花色,当时厂长不在,接电话的工作人员过后将此事忘得一干二净。12 月底交货时,达美公司发现童装花色并未按要求改变,遂询问服装厂厂长,厂长说并不知情,接电话的工作人员见闯了祸也矢口否认。达美公司即以违约为由拒付货款,服装厂因要不回货款而提起诉讼,要求达美公司支付货款及违约金。

问:法院当如何处理该案?试述其理由。

第十章　合同的终止

【导学案例】

房地产公司甲与市民乙签订了一份商品房买卖合同,约定:乙购买甲公司的花园洋房一套,房款总额200万元,分三期付清,付清第二期后甲公司交房,付清第三期后办理过户手续。当乙支付了第一期房款后,得知甲公司已将该房屋转卖给了丙,并已过户登记给丙。请问:甲乙之间的合同能否终止?

第一节　合同的终止概述

一、合同终止的含义

合同的终止,意即合同权利义务的终止,又称合同的消灭,是指合同关系在客观上不复存在。如果说合同的订立是合同关系存在的起点,那么合同的终止就是合同关系存在的终点。

合同的终止不同于合同的变更。合同的变更指的是合同关系中的内容要素的变更,广义上还包括合同主体的变更。尽管合同中某一个要素变更了,当事人之间的权利义务关系依然存在,即便是合同主体变更,在变更后的当事人之间,原合同关系仍然有效存在。而合同的终止是合同既存权利义务关系归于消灭。

合同的终止不同于合同的撤销。合同的撤销是有撤销权的当事人行使撤销权从而使合同归于无效。撤销的法律后果是使合同自始无效,当事人的财产状况恢复至订约前的状态。而合同的终止承认合同的有效存在,一般情况下,当事人的财产状况不可能恢复到订约前的状态。

合同的终止不同于合同的中止。合同的中止是合同效力的暂时停止,待中止的事由消失后,当事人应当恢复义务的履行,否则以违约论处。例如,当事人因为享有不安抗辩权而有权中止自己义务的履行,但不影响合同当事人之间权利义务的有效存在。而合同的终止不是合同效力的暂时停止,而是永久的结束。

二、合同终止的效力

(一)合同关系归于消灭

合同关系消灭存在两种情形:一是合同关系自合同终止时消灭,例如因清偿、抵销、提存、免除、混同等原因而使合同终止的；二是合同关系自始消灭，例如非持续性义务履行合同的解除，当事人一经行使解除权，或解除的要件一经具备，合同消灭的效力可溯及至合同成立之时。

值得注意的是，合同终止未必免除所有义务，在一些情况下当事人仍负有义务，对方当事人享有相对应的权利：(1)当事人应当承担法律规定的义务。依据诚实信用原则，合同法规定的保密、协助、通知、告知的义务，无论合同是否消灭，当事人均应履行。(2)当事人应当对合同终止后的未尽事宜负有完满终结的义务。例如，因为清偿而终止合同的，债权人应当将证明债权债务关系存在的字据、欠条返还给债务人。(3)当事人负有非合同规定的返还标的物的义务。合同解除的效力溯及合同成立之时的，合同终止后，当事人依据合同取得的财产应当返还，并对履行义务的给付行为所遭受的损失负有赔偿责任。

（二）基于主合同发生的从权利义务消灭

合同终止后，基于主合同发生的债券担保及其他从属的权利义务也消灭。如担保物权、保证债权、利息债权等，于合同关系消灭时也随之当然消灭。

第二节 合同终止的原因

一、清偿

（一）清偿的概念

清偿，是指按合同的约定实现债权目的的行为。清偿的实质效果是债务已按合同约定圆满履行。债务一经清偿，债权即因其达到目的而消灭，合同的权利义务即终止。

应注意的是，债务人履行债务属于清偿，第三人为满足债权人的目的而为给付，也属清偿；依强制执行或实现担保物权而获得满足，也应为清偿。

（二）代为清偿制度

在法律有规定或合同有约定时，清偿可由第三人进行，此即为**代为清偿制度**。在代为清偿中，债权人可由第三人清偿而使自己的权利全部或部分得以实现。

第三人代为清偿须具备以下要件：(1)依合同性质，可以由第三人代为清偿。如作为合同关系内容的债务属于专属性的，则性质上不许代为清偿，例如：不作为债务，以债务人本人的特别技能、技术为内容的债务，因债权人与债务人之间的特别信任关系所生的债务等。(2)债权人与债务人对代为清偿没有相反约定。(3)代为清偿不违反法律的禁止性规定、不悖于社会公益。如果代为清偿违反其他法律的强行性规范，或者有损于社会公共利益或社会公德，则不发生清偿的后果。

（三）清偿的费用

清偿费用是指清偿所需要的必要费用。在法律无明文规定、当事人又无约定时，清偿费用由债务人负担。但因债权人变更住所或其他行为而致增加清偿费用时，增加的费用由债权人负担。例如，债权人受领迟延，请求对物品特别包装，请求将物品送往清偿地以外的地点等，增加的费用，由债权人负担。

（四）清偿的抵充

清偿抵充，是指同一债务人对同一债权人负有数宗同种类债务，而债务人的履行不足以清偿全部债务时，由当事人约定或者根据法律确定该履行抵充何宗债务的制度。

清偿抵充有约定的清偿抵充、指定的清偿抵充和法定的清偿抵充三种。

约定的清偿抵充，即当事人之间就债务人的给付系抵充何宗债务有约定时，从其约定。

指定的清偿抵充是指，在当事人没有事先约定的情况下，清偿人在向清偿受领人为清偿之时，单方面指定其给付系清偿何宗债务。此处的指定权性质为形成权，清偿人一经将清偿抵充的意思表示向相对人为之，即发生清偿抵充的后果，不得撤销。

法定的清偿抵充是指，清偿人未为指定清偿抵充的，依据法律的规定确定债务清偿的抵充次序。

需要注意的是，依《合同法解释（二）》第20条的规定，债务人的给付不足以清偿其对同一债权人所负的数笔相同种类的全部债务，应当优先抵充已到期的债务；几项债务均到期的，优先抵充对债权人缺乏担保或者担保数额最少的债务；担保数额相同的，优先抵充债务负担较重的债务；负担相同的，按照债务到期的先后顺序抵充；到期时间相同的，按比例抵充。

《合同法解释（二）》第21条规定，债务人除主债务之外还应当支付利息和费用，当其给付不足以清偿全部债务时，并且当事人没有约定的，人民法院应当按照下列顺序抵充：（1）实现债权的有关费用；（2）利息；（3）主债务。

清偿抵充的要件包括：

第一，必须是同一债务人对同一债权人负担数宗债务。至于债务发生的时间、债务是否均届清偿期等在所不问。

第二，数宗债务的种类须相同。

例如，武松第一次到饭馆吃饭，20元饭钱未付，隔了几日后，又到该饭馆买了10瓶酒带走，30元酒钱也欠下未付。此处的20元饭钱和30元酒钱分属两个法律关系，但是应给付的标的物却是一样的，都是金钱。

如果债务的种类不同，以给付的种类便可确定系清偿何宗债务。

接着上一个例子，如果武松第三次到饭馆借了一把椅子，日后武松扛着椅子到饭馆，很明显是归还椅子而不可能是清偿饭钱或者酒钱。

第三，债务人的给付不足以清偿全部债务。

又几日，武松带着30元钱到该饭馆付账，他可以选择付清饭钱，也可以选择付清酒钱，但是饭钱和酒钱不能全部清偿。

二、解除

（一）合同解除的概念和种类

合同的解除，是指合同有效成立后，通过一方当事人的单独行为或者双方当事人的合意使合同关系归于消灭的法律制度。

合同解除（《合同法》第93、94条）与附解除条件的合同（《合同法》第45条）虽有类似但却是不同的法律制度。

第一，合同的解除必须有解除行为，或者是双方行为，或者是单方行为；对于附解除条件的合同，只要条件成就，合同就自动失效，无须当事人作出解除行为。

第二，合同解除可能具有溯及既往的效力；附解除条件的合同在条件成就时合同失效，不具有溯及既往的效力。例如：甲、乙签署了一份租赁合同，甲将其房屋出租给乙。双方在合同中约定，甲的儿子回国后，该租赁合同终止。这属于附解除条件的合同。如果双方在合同中约定，甲的儿子回国后，甲有权终止该合同。这是合同解除。

合同的解除依据不同的标准有不同的分类：

（1）根据解除行为的性质的不同，合同解除有单方解除与协议解除之分。单方解除，即一方当事人以单方意思表示解除合同。这种能够以单方意思表示解除合同的权利，即为解除权。协议解除，即双方当事人通过协商一致将合同解除。

（2）根据解除权产生的原因的不同，合同解除有约定解除与法定解除之分。约定解除，即当事人以合同形式约定一方或双方保留解除权。法定解除，即合同解除的条件由法律直接加以规定。

此处应注意，约定解除与协议解除并不相同，举例：甲、乙签署了一份租赁合同，租赁期限一年，双方在合同中约定甲有权随时解除合同。这是约定解除。如果合同中未做此约定，但半年后，二人经协商决定终止合同。这便是协议解除。

法定解除权主要有以下三种情况：第一，因不可抗力不能实现合同目的。此种情况下，合同已没有存在的必要，任何一方当事人均有权解除合同。第二，一方当事人根本违约。根本违约，又称重大违约，是指一方当事人的违约行为导致合同目的无法实现。根据《合同法》第94条的规定，根本违约主要包括以下三种情形：其一，在履行期限届满之前，当事人一方明确表示或者以自己的行为表明不履行主要债务；其二，当事人一方迟延履行主要债务，经催告后在合理期限内仍未履行；其三，当事人一方迟延履行债务或者有其他违约行为致使不能实现合同目的。第三，法律规定的其他情形。这里主要指《合同法》分则以及《合同法》以外的其他法律中规定的合同解除的条件。例如《合同法》第203条规定："借款人未按照约定的借款用途使用借款的，贷款人可以停止发放借款、提前收回借款或者解除合同。"

（3）根据解除权的限定性的不同，合同解除有任意解除与非任意解除之分。任意解除是指，在某些特定的合同中，合同的一方当事人或双方当事人基于正当理由，有权以自己的意思表示解除合同。例如，在委托合同中，委托人或受托人任何一方均可以丧失信任基础为由解除委托合同。如果当事人的解除权产生于双方约定或者法律的直接规定，而非双方的信任基础丧失或者特别的立法政策，当条件具备时始得行使解除权的，为非任意解除。

合同类型	任意解除权人	法律条文
委托合同	双方当事人	《合同法》第410条
承揽合同	定作人	《合同法》第268条
不定期租赁合同	双方当事人	《合同法》第232条
货运合同（货物交付收货人之前）	托运人	《合同法》第308条
约定保管期间的保管合同	寄存人	《合同法》第376条第1款
未约定保管期间的保管合同	双方当事人	《合同法》第376条第2款
保险合同	投保人	《保险法》第15条

(二）合同解除的程序

合同解除的程序主要分为三种，即协议解除的程序、行使解除权的程序和法院或者仲裁机构裁决的程序。

在协议解除中，当事人双方意思表示一致即可解除合同，不需要有解除权，其实质是用一新的合同解除原合同。

在当事人享有解除权的前提下，才存在行使解除权的问题，例如，单方解除权。解除权的行使，须注意以下几个问题：

第一，解除权的性质为形成权，受到除斥期间的限制。期限届满当事人不行使的，该权利消灭。

第二，行使解除权的主体只能是合同的当事人及其继承人或合同法律地位的承受人。[①]

在不同的情况下，解除权归属不同。例如，在不可抗力致使不能实现合同目的的场合，解除权由双方当事人享有。在一方当事人违约的情况下，解除权归守约方享有。在约定解除的情况下，解除权归合同指定的当事人享有，可以是一方当事人也可以是双方当事人。

第三，解除权的行使方式不以诉讼或者仲裁为必要，权利人解除合同应当通知对方。解除合同的通知到达对方当事人时合同解除。

《合同法解释（二）》第24条规定：当事人对合同法第九十六条、第九十九条规定的合同解除或者债务抵销虽有异议，但在约定的异议期限届满后才提出异议并向人民法院起诉的，人民法院不予支持；当事人没有约定异议期间，在解除合同或者债务抵销通知到达之日起三个月以后才向人民法院起诉的，人民法院不予支持。例如，甲于9月12日向乙发出解除合同的通知，乙于9月15日收到该通知。乙于12月20日起诉到人民法院，对合同的解除提出异议。人民法院做出裁判，认定甲的解除有效。此处合同解除的时间为9月15日。

法院或者仲裁机构裁决解除合同的程序，实际上是法院或者仲裁机构适用情事变更原则解除合同。

情事变更是指，合同成立以后客观情况发生了当事人在订立合同时无法预见的、非不可抗力造成的不属于商业风险的重大变化，继续履行合同对于一方当事人明显不公平或者不能实现合同目的的情形。在此种情况下，当事人请求人民法院解除合同的，人民法院应当根据公平原则，并结合案件的实际情况确定是否解除。

例如，甲、乙签订了一份房屋租赁合同，约定甲出租房屋给乙居住，租期10年，年租金3万。不料3年后，该国内发生严重通货膨胀，年通货膨胀率高达45%，此时甲有权以情事变更为由请求法院调整租金或者解除合同。

（三）合同解除的效力

合同解除的效力，主要涉及以下几个问题：

第一，合同解除后，合同关系归于消灭，构成合同权利义务终止的事由之一。

第二，合同解除与溯及力。

非继续性合同，如买卖合同，其解除原则上有溯及力；继续性合同，如租赁合同，其解除原则上无溯及力。例如，房屋租赁合同解除后，由于承租人之前已经享受了租赁房屋的权

[①] 崔建远. 合同法总论（中卷）[M]. 北京：中国人民大学出版社，2012年版，第651页。

利，因此出租人无需退还租金。

第三，合同解除与损害赔偿。根据《合同法》第 97 条的规定，解除合同与损害赔偿可以并用，二者并不冲突。

三、抵销

（一）抵销的概念

抵销是指债权人与债务人双方互负债务，各自以其债权充当债务之清偿，以使双方的债务在等额范围内消灭的制度。主张抵销的债权，称为主动债权（自动债权或能动债权）。被抵销的债权，叫做被动债权（受动债权或反对债权）。

抵销依其产生根据的不同，可分为法定抵销和合意抵销两种。法定抵销是指由法律规定其构成要件，当要件具备时，依一方当事人的意思表示而为的抵销。合意抵销是指，按照双方当事人的合意而为的抵销。

此处应注意，在法定抵销中存在抵销权，其性质属于形成权。合意抵销中不存在抵销权的问题。

（二）法定抵销的构成要件

法定抵销与合意抵销的区别的关键在于，法定抵销中，法律严格规定了抵销的成立要件。因此，法定抵销的成立要件对于抵销是否成立的认定至关重要，主要有以下几点：

第一，必须是双方互负债务、互享债权。此处双方的债权债务均必须合法有效。

第二，双方互负债务的标的物的种类、品质必须相同。此要求的作用是保证抵销的公平性。

第三，双方互负的债务均已届清偿期。

清偿期对于债务人而言是一种期限利益，若受动债权未届清偿期，主张抵销就意味着让受动权人放弃期限利益。当然，受动债权人有权抛弃期限利益，在无相反的规定或约定时，同样允许抵销。

第四，依据合同的性质和法律的规定可以抵销。

不得抵销的情形：（1）约定应向第三人给付的债务；（2）因侵权行为产生的债务；（3）附期限或者附条件的债权；（4）赡养费、抚养费、抚恤金、劳动报酬等债务与其他金钱之债相抵时，其他金钱之债的债权人不得主张抵销[①]；（5）当事人约定不得抵销的债权等。

注意，在破产法上的抵销略有不同。破产债权人享有的债权，无论是否已届清偿期，无论是否附有期限或附有条件，均可抵销。

法定抵销一经成立，当事人双方所负债务在等额范围内归于消灭，数额不对等的，超额部分仍然有效存在，债务人继续履行。

在抵销的效力上，还涉及抵销是否具有溯及力的问题。各国民事法律对该问题的处理不一。《法国民法典》采用当然抵销主义，抵销的效力是当然发生的，无须当事人为意思表示，规定抵销具有溯及效力；德国民法、日本民法以及我国台湾地区民事相关规定采单方行为主义，须当事人行使抵销权，抵销的效力自抵销权行使时发生。我国《合同法》第 99 条规定：

---

① 郭明瑞，房绍坤. 合同法学（第 2 版）[M]. 上海：复旦大学出版社，2009 年版，第 191 页。

"当事人主张抵销的,应当通知对方。通知自到达对方时生效。"根据文义解释,将抵销的效力解释为自抵销权行使时发生,而非抵销权成立时发生,可能更为恰当。

(三) 合意抵销的构成要件

第一,须当事人双方互负债务。至于双方所负债务是否均已届清偿期、标的物的种类或者品质是否相同,乃至于债务是否时效届满、当事人是否享有抗辩权、两债务的性质如何等,在所不问。

第二,须当事人意思表示一致。当事人须就抵销的内容达成协议,即以清偿债务为目的订立抵销合同。

第三,不得损害第三人的利益。合意抵销如果使第三人利益遭受损失,抵销合同可由第三人行使撤销权而归于无效。

四、提存

(一) 提存的概念

提存是指,由于债权人的原因而无法向其交付合同标的物时,债务人将该标的物交给提存部门而消灭合同的制度。提存涉及三方当事人,即债务人(提存人)、债权人(提存受领人)和提存部门。当事人提存的财产,称为提存物。

(二) 提存的要件

第一,提存人一方须是对债务负有清偿义务的人。提存人一般为债务人,第三人代为清偿时,同样取得提存人的法律地位。

第二,提存行为须向当事人约定或者法律规定的清偿地的提存机关提存。我国法定的提存机关,主要是公证机关。

第三,须有提存的原因。

根据我国《合同法》和《提存公证规则》的规定,提存的原因有:(1) 债权人无正当理由拒绝受领或受领迟延。(2) 债权人不确定或者下落不明。当债权人出现不确定的情形,或地址不详,或离开自己的住所地,去向不明且失去联络,同时又未委托代为受偿人或财产代管人的,债务人可以提存。应注意,如果债权人因下落不明已经被法院宣告失踪或宣告死亡,债务人不得提存标的物,而应向债权人的继承人或人民法院指定的财产代管人清偿。(3) 债权人死亡或丧失行为能力,未确定继承人或监护人。(4) 法律规定的其他情形。

第四,提存的标的必须合格。

提存物应当是合同约定的标的物,且适于提存。适于提存的标的物包括:货币、有价证券、票据、权利证书、贵重物品等。

对于合同标的物不适合提存或者提存费用过高的,如合同标的物为不动产、生鲜食品、爆裂物、化学品等,债务人可以依法拍卖或者变卖标的物,提存所得的价款。

(三) 提存的效力

对于债务人的提存,由提存机关进行审查。符合提存要件的,准予提存,发生提存的法律效力。

债务人提存时,除向提存机关提交提存物外,还应当提交提存书和相关提存证据材料。提存书应当载明提存人的姓名、提存标的物的名称数量、债权人的姓名的自然情况。证据材料应当包括证明当事人之间债权债务关系的合同文书、提存原因方面的证据。如果当事人的权利义务是由法院的判决书、仲裁机构的裁决书等认定的，则应提交该法律文书。

提存的效力表现在：

第一，对于提存人的效力。提存成立的，视为债务人在其提存范围内已经履行债务。自提存之日起，债务归于消灭，提存人不享有取回权。第二，对于债权人的效力。（1）债权人自提存之日起5年内取得对提存物及其在提存期间所生之孳息的领取请求权。此处的孳息主要是法定孳息，如股息、存款的利息，当然也不排除天然孳息。（2）债权人应承担因提存而产生的费用。如公证费、公告费、保管费、评估鉴定费、拍卖变卖费、保险费以及其他保管过程中实际支出的费用。（3）承担提存标的物意外毁损灭失的风险，以及因不可归责于提存机关的原因发生的给付错误的风险、标的物贬值的风险。

第三，对于提存机关的效力。（1）提存机关对提存标的物享有管理的权利和义务，如因过错使标的物毁损、灭失的，应承担损害赔偿责任。（2）债权人领取提存物，经审查没有不得为给付情况的，不得拒绝给付。

五、免除

（一）免除的概念

免除是指，债权人自愿抛弃债权，债务人无需履行债务，当事人双方的债权债务关系全部或部分消灭的法律制度。

免除是一种单方行为还是双方行为，目前尚有争议。主张单方行为者，看重债权人的自由处分权，债务人因免除而获益，因而无需征得债务人的同意；主张双方行为者，注重债务人的人格独立性，要求债务人有接受债权人恩惠的意思表示[①]。我国合同法对此并无明文规定。一般认为，免除为单方行为，债权人向债务人或其代理人做出免除的意思表示后，即产生债务消灭的效果，不得撤回。

免除为无因行为，不问债权人因何原因甘愿让自己单方受损而对方受益。即使有原因，合法与否，充分与否，都不影响免除的效力。

（二）免除的要件

第一，债权人须有完全民事行为能力。免除是债权人对债权的处分行为，须以真实的意思表示为之，要求其必须具有行为能力。

第二，债权人须以一定的方式为免除的意思表示。可以是书面也可以是口头，可以明示也可以默示。

债权人向债务人做出免除的意思表示，即生免除之效力。

第三，不得损害第三人的合法权益。

例如，已就债权设定质权的债权人不得免除债务人的债务，致使质权人的利益受损。又如，债权人本人因资不抵债被宣告破产，破产宣告前免除的债务，破产管理人享有撤销权，一经撤销，免除不生效力。

（三）免除的效力

全部免除的，债务人的本金债务、利息债务，基于主债务而产生的从债务和担保债务等

---

① 胡长清. 中国民法债编总论[M]. 北京：商务印书馆，1934年版，第603页。

均一并消灭；部分免除的，仅于免除的范围内消灭。例如，仅免除利息债权的，利息债务消灭，本金债务仍需履行。

六、混同

（一）混同的概念

混同是指，债权债务同归一人，原有债权债务关系归于消灭的制度。

广义上的混同，指不能并立的两种法律关系同归于一人而使其权利义务归于消灭。主要包括下面三种情形：其一，所有权与他物权同归一人。例如所有权抵押。此时其他物权存续，混同的原因为弱权利被强权利吸收。其二，债权与债务同归一人。此种混同即为本书重点介绍内容。其三，主债务与保证债务同归一人。此时主债务存续，混同原因为弱义务被强义务吸收。

（二）混同的要件

第一，发生了债权债务同归于一人的事实。

例如，两企业间具有债权债务关系，甲企业为债权人，乙企业为债务人，后甲乙合并为新的企业丙，此时甲乙企业所拥有的债权债务关系均同时转移给丙，原有债权债务因同归于丙而消灭。

第二，不得损害第三人的合法权益。

例如，甲以自己的债权为乙设立了质权，甲的该债权因混同而消灭，会导致乙的质权因丧失标的而消灭，乙享有的担保利益将受到损害。此种情形下，合同债权不得因混同而消灭。

（三）混同的效力

因混同而致债权债务关系的消灭为全部消灭，主债权及其之上的从债权、违约金债权、担保物权等一并消灭。

例外：无记名债权、公司债等证券化的债权，即使债权债务同归于一人，由于可以作为独立的有价物交易，不能因混同而发生消灭的效果。[①]

【课后习题】

1. 试述合同终止的原因。
2. 简述合同解除的类型。
3. 简述提存的要件和效力。
4. 下列关于合同解除的哪些说法是正确的？（2006年司法考试卷三第52题）
   A. 委托人或者受托人都可以随时解除委托合同
   B. 不定期租赁合同的双方当事人可以随时解除合同
   C. 承揽合同中的定作人可以随时解除合同
   D. 在承运人将货物交付收货人之前，托运人可以解除运输合同
5. 王甲与王乙父子两人合伙做生意。某日逛商场时，王乙为女友看中了一枚戒指，但带的钱不够，于是，王甲对王乙说："我来帮你付钱"，并对收银员说："这2000元由我替她付

[①] 韩世远. 合同法总论[M]. 北京：法律出版社，2004年版，第670页。

款。"付款后,售货员将戒指交付王乙。半年后,父子二人发生矛盾,两人间的合伙解散。经亲属调解分割合伙财产时,对于王甲以前欠王乙的3000元借款,王乙当场表示免除这笔债务。后来王乙反悔,多次向王甲索要该笔债务,王甲不同意,一怒之下将王乙打伤。王乙花去医疗费2000元。王乙向法院起诉要求王甲偿还3000元债务,并赔付医疗费2000元。王甲辩称,其在商场为王乙支付2000元买戒指,现在王乙受伤支付医疗费2000元,两者抵销。王甲欠王乙的3000元借款,王乙已经予以免除,双方互不欠账。故王甲不同意王乙的诉讼请求。

问题:该案应如何处理?

第十一章 违约责任

【导学案例】

甲与乙公司签订客运合同。甲乘坐乙公司车的途中，因丙闯红灯，乙公司的司机急刹车，导致甲跌倒小腿骨折。请问：甲能否要求丙与乙公司共同承担违约责任？

第一节 违约行为

一、违约行为的概念

违约行为，即违反合同约定的行为，是指在合同订立并生效以后，当事人一方不履行合同义务或者履行合同义务不符合约定的行为。

二、违约行为的特征

违约行为的特征表现在：

（1）违约行为的成立以合同有效存在为前提。违约行为是违反合同约定的行为，如果合同本身就不存在或无效，则"违约"无从谈起。

（2）违约行为的主体只能是合同关系的当事人。合同具有相对性特征，其确定的权利义务关系对第三人不具有约束力，第三人的行为不可能成立"违约"。

（3）这里的"违约"指的是对当事人双方在合同中约定的义务的违反，具体表现为不履行合同义务或履行合同义务不符合约定。基于意思自治原则，合同权利是可以放弃的，对合同权利的放弃不成立违约。

（4）违约行为是当事人承担违约责任的唯一根据。违约行为的成立意味着违约责任的承担，除非存在法定的或约定的免责事由。

三、违约行为的分类

（一）据违约当事人的不同，分为单方违约和双方违约

单方违约是指仅当事人一方违反了合同约定的情形。单方违约的，由违约一方承担违约责任。

双方违约是指双方当事人都违反了合同约定的情形。双方违约的，应根据双方的过错程度及因过错而给对方当事人造成的损害程度确定各自的违约责任。

（二）据违约形态的不同，分为预期违约和现实违约

预期违约，又称先期违约、期前违约，是指在合同履行期到来之前，当事人一方明确表示或者以自己的行为表明自己不会按照约定履行合同义务的情形。

预期违约侵害的是债权期待权而非作为既得权的债权，包括明示毁约和默示毁约两种类型。

如果根据债务人的行为和能力等情况表明他将不会或不能履约，而其又没有明示不履行的，成立默示毁约。判断成立默示毁约的参考因素：经营状况恶化、转移财产或抽逃资金以逃避债务、丧失商业信誉以及有丧失或者可能丧失履行债务能力的其他情形。

现实违约，指的是合同履行期到来之后的当事人不履行或不完全履行合同义务的情形。

现实违约侵害的是债权人的现实利益，一般包括不履行、迟延履行、不适当履行等类型。

（三）据违反义务性质的不同，分为违反法定义务的违约、违反约定义务的违约和违反附随义务的违约

（四）据违约原因不同，分为当事人原因违约和第三人原因违约

根据合同的相对性原则，不管违约的原因当归咎于当事人还是第三人，违约责任都只能由合同债务人承担。

在第三人原因违约情况下，基于合同相对性的要求，债务人不能将违约责任推给第三人承担，债权人也不能要求第三人承担违约责任。而只能由债务人承担违约责任后，可以向第三人追偿。

为提高丐帮弟子的科技文化水平，洪七公向电子经销商王重阳订购了一批电脑，王重阳遂向供货商欧阳锋下单要求按期供货，欧阳锋答复："没问题。"其后，欧阳锋因经济问题被有关部门调查，无法按期向王重阳供货。王重阳因无法按期向洪七公交货而被告上法庭。本案中，王重阳无法按期供货成立违约，该违约虽然是由第三人欧阳锋导致的，但根据合同的相对性原则，违约责任只能由王重阳承担。王重阳承担责任之后，可以根据与欧阳锋的供销合同向其追偿。

（五）据违约后果的不同，分为根本违约和非根本违约

根本违约，指的是一方的违约导致另一方订约目的不能实现的情形；非根本违约是指一方的违约并没有导致另一方订约目的的不能实现。

区别于非根本违约，根本违约在法律后果上的特殊性表现在：

第一，当事人一方迟延履行债务情况下，根本违约的对方当事人可以要求解除合同；

第二，标的物质量不符合质量要求情况下，根本违约的对方当事人可以拒绝受领标的物或解除合同；

第三，关于同时履行抗辩权，根本违约的对方当事人可以拒绝全部合同义务。

第二节 违约责任概述

一、违约责任的概念

违约责任，亦即违反合同的责任，是指合同当事人因违反合同义务而应当承担的民事责

任。违约责任是合同履行的法律保障，也是合同法律制度得以良好运行的基础。

民事主体之间订立合同的根本目的在于通过合同的履行来实现各自的利益，当事人一方不履行合同或不完全履行合同的行为必然会损害到对方当事人的合同利益而应受法律的科责。在合同法领域内，这一科责的具体体现就是要求合同违约方承担违约责任。

二、违约责任的特征

（一）违约责任是一种民事上的财产责任

近代以来，随着现代合同法理论的发展，人的主体性存在越来越受到尊重和强调，违约责任被严格限定在财产责任的范围之内，通过赔偿损失、支付违约金等财产救济方式对违约受害人的损失进行恢复和补救。违约责任不含精神损害赔偿。

（二）违约责任可以由当事人在法律允许的范围内约定

我国《合同法》第114条规定："当事人可以约定一方违约时应当根据违约情况向对方支付一定数额的违约金，也可以约定因违约产生的损失赔偿额的计算方法。"

值得注意的是，当事人对违约责任的约定必须在法律允许的范围内进行，否则，该约定不具有法律效力。

（三）违约责任的承担具有相对性

这种相对性意味着：

第一，违约当事人应对自己的违约行为承担责任，不能推卸给他人；

第二，在因第三人的行为造成债务不能履行的情况下，违约责任由债务人而非第三人承担；

第三，债务人只向债权人承担违约责任，不向国家或第三人承担违约责任。

（四）违约责任主要具有补偿性

违约责任的补偿性，是指违约责任旨在通过恢复原状、赔偿损失、支付违约金等财产性或非财产性的方式弥补或补偿受害人因违约而遭受的损害后果。

在合同关系遭到破坏、当事人的利益失去平衡时，法律通过违约责任的方式要求违约方对受害人所遭受的损失给予充分补偿，从而使双方的利益重新恢复平衡，这是合同平等、等价原则的具体体现，也是商品交易关系在法律上的内在要求。

三、违约责任的归责原则

归责原则，是指确定当事人民事责任的法律原则。不同的归责原则的确定，对违约责任制度的内容起着决定性的作用，直接影响到违约责任构成要件的内容、举证责任的分担、免责事由及损害赔偿的范围等。

根据相关法律规定，我国合同法中的归责原则为：以严格责任为原则，以过错责任为例外。

（一）一般归责原则：严格责任原则

严格责任原则，即无过错责任原则，是一种不考虑当事人的主观过错，只要其不履行合同债务给对方当事人造成了损害，就应当承担合同责任的归责原则。

非违约方只需要证明违约方的行为已经构成违约即可，无需证明对方存在过错。

我国《合同法》第107条规定:"当事人一方不履行合同义务或者履行合同义务不符合约定的,应当承担继续履行、采取补救措施或者赔偿损失等违约责任。"作为对违约责任一般归责原则的立法规定,该条没有出现"当事人因过错"、"当事人能够证明自己没有过错的除外"等字样,被认为是采取了严格责任原则。

2001年5月1日,韦小宝向康熙借款50万元投资期货市场,约定两年内还清该借款。因经营不善,韦小宝在期货市场上赔得血本无归,无法按期归还借款。康熙如欲追究韦小宝的违约责任,只需要证明韦小宝向其借了50万元并已过约定还款期限即可,无需证明韦小宝对无法归还借款存在过错,此即"严格责任原则"。

合同责任仅以不可抗力作为法定的免责条件,而意外事故不应当作为法定的免责条件。

(二)特殊归责原则:过错责任原则

过错责任原则,是指在违约行为发生时,应根据违约当事人的主观过错来确定违约责任的归属及其范围,若违约当事人对违约行为的发生不存在过错(如属于不可抗力或意外事件),则不应对其进行民事归责。

在司法认定时,过错责任要求非违约方举证证明违约方具有过错。

我国《合同法》在规定了严格责任作为违约责任的一般规则原则之外,还针对一些特殊的情形,规定了过错责任原则。

如赠与合同、无偿保管合同、无偿委托合同等无偿合同,因故意或重大过失造成对方损害的,违约方才承担损害赔偿的责任;再如《合同法》第303条、第320条,也将过错作为承运人或托运人承担责任的要件。

这些过错责任原则的规定是例外性存在的,是对作为一般归责原则的严格责任原则的补充。

第三节 违约责任的承担方式及其适用条件

我国《合同法》第107条规定:"当事人一方不履行合同义务或者履行合同义务不符合约定的,应当承担继续履行、采取补救措施或者赔偿损失等违约责任。"

一、继续履行

继续履行又称为强制实际履行,是指在一方违反合同不履行合同义务或履行合同义务不符合约定时,另一方有权要求其按照合同的规定继续履行合同义务。

作为违约责任承担方式的继续履行具有如下特点:

(1)继续履行是一种违约责任的承担方式,是否请求继续履行是非违约方的一项权利。

(2)继续履行的基本内容是要求违约方继续按照合同约定履行合同义务。

对于金钱债务,如果一方不支付价款或报酬的,另一方有权要求对方继续支付;对于非金钱债务,一般情况下非违约方有权请求对方继续实际履行,但根据法律规定及合同法理,以下五种情形除外:

第一，事实上的不能继续履行。

在合同义务丧失了履行的可能性的情况下，如特定的合同标的物已经损毁、灭失，强制债务人继续履行就是不可能的。这里的事实上的不能，是指履行的标的嗣后、客观、永久不能。

鸠摩智与段誉签订合同，购买《六脉神剑》孤本。鸠摩智向段誉支付价款后，段誉不慎将《六脉神剑》孤本焚毁，则段誉丧失继续履行的可能性，鸠摩智只能通过主张损害赔偿或支付违约金等方式寻求救济，而不能再要求段誉继续履行。

第二，法律上的不能继续履行。

尽管合同义务在客观上可以继续履行，但继续履行将违反法律或者行政法规的规定的情形下，不能继续履行。

孙悟空与小白龙签订合同，购买小白龙持有的定海神针。小白龙收到价款后，拒不交付定海神针。经调查，小白龙系东海博物馆（国有）馆长，而定海神针系该馆馆藏珍品。本案中，孙悟空追究小白龙违约责任，不能要求小白龙继续履行交付定海神针的义务，只能要求其赔偿损失或支付违约金。

第三，经济上的不能继续履行，即继续履行在经济上不合理。

如果继续履行费用过高，远超过非违约方通过继续履行所获得的收益，则不宜继续履行。

第四，性质上的不能继续履行，即合同债权无法通过强制执行实现。

这主要指的是一些与人身相关的合同义务，因具有严格的人身性质，不得强制债务人继续履行。

第五，债权人未在合理的期限内要求违约方继续履行。

（3）继续履行可以与损害赔偿、支付违约金并用，但不能与解除合同的方式并用。

二、采取补救措施

所谓**补救措施**，是指在一方不适当履行合同的情况下，受害当事人可以合理选择要求违约方承担修理、更换、重作的责任。

适用补救措施的条件是当事人一方履行合同义务不符合要求，且属于质上的不适当。如果当事人一方不履行义务，或者不完全履行义务，则违约当事人应当承担继续履行的责任，而不是承担采取补救措施的责任。采取补救措施不能与继续履行并用。

我国《合同法》第111条规定："质量不符合约定的，应当按照当事人的约定承担违约责任。对违约责任没有约定或者约定不明确，依照本法第六十一条的规定仍不能确定的，受害人根据标的的性质以及损失的大小，可以合理选择要求对方承担修理、更换、重作、退货、减少价款或者报酬等违约责任。"

《合同法》第112条规定："当事人一方不履行合同义务或者履行合同义务不符合约定的，在履行义务或者采取补救措施后，对方还有其他损失的，应当赔偿损失。"据此，采取补救措施的责任可以与损害赔偿并用。

三、损害赔偿

（一）损害赔偿的概念和特点

损害赔偿，又叫赔偿损失，是指违约方因不履行合同义务或履行合同义务不符合约定给对方造成损失的,应当承担赔偿对方损失的民事责任。

作为违约责任承担方式的损害赔偿具有如下特点:

(1)损害赔偿是因债务人不履行合同义务或履行合同义务不符合约定所产生的责任。

与缔约过失责任中的损害赔偿不同,违约责任中的损害赔偿只能基于有效的合同提出,亦即,合同关系的有效存在是违约损害赔偿责任存在的前提。

(2)损害赔偿原则上仅具有补偿性而不具有惩罚性。

损害赔偿的主要目的在于弥补债权人因违约行为所遭受的损害,而不在于惩罚违约当事人。

不过,惩罚性的损害赔偿作为例外性规定也是存在的,如根据《合同法》第113条第2款及《消费者权益保护法》的相关规定,经营者对消费者提供商品或服务有欺诈行为的,应承担双倍赔偿责任。

(3)损害赔偿具有一定程度的任意性。

当事人在订立合同时,可以预先约定一方当事人在违约时应赔偿对方损失,这种约定即可以用具体金钱数额表示,也可采用某种损害赔偿的计算方式来确定。

同时,当事人也可以预先约定免责的条款来免除其将来可能承担的损害赔偿责任。

(二)损害赔偿责任的构成要件

(1)违约方需要承担违约责任。

在严格责任原则下,违约方只要实施了违约行为,且没有法定的或约定的免责事由,即应承担违约责任。

(2)非违约方存在损失。

这里的损失仅指可以用金钱或货币加以衡量的财产损失,具有可确定性,不包括非财产损失。

(3)非违约方的损失是由违约方的违约行为造成的,即违约行为与损失之间具有因果关系。

(4)不存在免责事由。

(三)损害赔偿的范围

违约责任中的损害赔偿遵循**完全赔偿原则**,既包括赔偿受害人的积极损失,有包括赔偿其可得利益的损失,从而弥补受害人因违约而遭受的全部损失,使其利益恢复到合同能够全面履行情况下的状态。

我国《合同法》第113条第1款规定:"当事人一方不履行合同义务或者履行合同义务不符合约定,给对方造成损失的,损失赔偿额应当相当于因违约所造成的损失,包括合同履行后可以获得的利益。"

所谓**积极损失**,是指现有财产的减损灭失和费用的支出所造成的损失;所谓**可得利益损失**,是指合同在履行以后可以实现和取得的利益,由于违约而未能实现和取得。

可得利益是一种未来的必须通过合同的实际履行才能实现的利益,是当事人订立合同时能够预见到的利益,因此尽管它没有为当事人所实际享有,但只要合同如约得到履行就会由当事人所获得。因当事人的违约使守约方丧失可得利益的,得要求违约当事人赔偿。

(四)损害赔偿的限制

根据《合同法》的相关规定,损害赔偿主要受到如下规则的限制:

（1）**可预见性规则**。根据《合同法》第 113 条规定，损害赔偿"不得超过违反合同一方订立合同时预见到或者应当预见到的因违反合同可能造成的损失"。

（2）**减轻损失规则**。根据《合同法》第 119 条规定，当事人一方违约后，对方应当采取适当措施防止损失的扩大，没有采取适当措施致使损失扩大的，不得就扩大的损失要求赔偿。这一规定在理论上被称为"**减轻损失规则**"。

另外，根据《合同法》第 119 条规定，当事人因防止损失扩大而支出的合理费用，得要求违约方承担。

（3）**损益相抵规则**。**损益相抵规则**，又称损益同销原则，是指受害人基于损失发生的同一原因获得利益时，在其应得的损害赔偿额中需扣除其获得的利益。

一般认为，只要损失和利益是基于同一违约行为产生的，即可使用损益相抵，至于是否给予统一损失发生的事实，则在所不问。

委托人慕容复指示受托包不同购买 A 股票，包不同未按照慕容复的指示办理，而是购买 C 股票。3 个月后慕容复发现此事时，A 股票每股上涨了 100 元，C 股票每股上涨了 70 元。在计算包不同对慕容复的损害赔偿数额时，应当将其在 C 股票上为甲赚的钱"刨出"，即每股损失为 30 元。

（4）**与有过失规则**。**与有过失规则**，又称过失相抵规则，通常是指就损害的发生或者扩大受害人有过失时，裁判机关可以减轻违约人的赔偿金额或者免除赔偿责任。与有过失规则旨在在受害人存在过错时，对违约方加以适当保护。

（五）赔偿数额的计算

损害赔偿旨在弥补受害人损失，其赔偿数额的计算应依损害的性质加以确定，不存在一以贯之的计算方法。

（1）存在市场的场合下，损失首先是参照市场加以确定，但这不是绝对的。

第一，在出卖人没有交付货物的情况下，买受人可以去市场依时价购买相同的货物，故买受人的损失为该货物时价与合同价的差额；

第二，在出卖人迟延交付，买受人受领的情况下，买受人的损失为实际交付时与应为交付时之间的市场差价；

第三，在瑕疵交付的场合，买受人的损失为瑕疵货物与作为合同标的的货物之间的差价；

第四，买受人拒绝受领且拒付价款的，出卖人可以在市场上以时价销售，其损失为售价与合同价之间的差额。

（2）不存在市场的场合，如果出卖人未交付无法从市场上替代购买的货物，则应尽可能根据相关事实如货物成本、运输费、合理利润及转卖价格等确定损失；如果买受人拒绝受领且拒付价款，出卖人未转卖的，其损失的计算则应首先考虑货物本身的价值，并将之与合同价比较计算差价。

四、支付违约金

（一）违约金的概念及其种类

违约金，是指在一方当事人不履行或不完全履行合同时应向另一方当事人支付的一定数额的金钱。违约金是在合同中预先约定的，具有担保合同履行的功能。

我国《合同法》第114条第一款规定："当事人可以约定一方违约时应当根据违约情况向对方支付一定数额的违约金。"

违约金可分为赔偿性违约金和惩罚性违约金。

赔偿性违约金是指当事人事先约定的，用以赔偿将来一方违约所造成的损失的违约金。它相当于当事人预先估计的损害赔偿数额，也相当于履行的替代，实际上是当事人为了避免未来损害计算的烦琐而预先约定的赔偿金额。

惩罚性违约金是指对债务人的违约行为实行惩罚，以确保合同债务得以履行的违约金。在约定了惩罚性违约金的情形下，债权人不仅可以要求违约金，还可以要求实际履行或损害赔偿。

我国《合同法》第114条规定的违约金属于赔偿性违约金，即使第三款关于规定的"就迟延履行约定违约金"，可与"履行债务"并用，也不过是对于迟延履行的赔偿数额的约定，仍属于赔偿性违约金。当事人可以在合同中约定补偿性违约金，也可以约定惩罚性违约金。

（二）违约金责任的构成要件

（1）合同的有效存在是违约金责任承担的前提。如果合同不成立、无效、不被追认或被撤销，则违约金责任也不成立。

（2）要有违约行为的存在。只有在一方违约的情况下，另一方才有权要求其承担违约金责任。

根据一般的观点，违约金的支付不应以实际损害的发生为条件，即违约金的成立根本不应当考虑实际的损害问题。我国《合同法》认为违约金与损害赔偿的区别在于，损害赔偿要以实际损失的发生为前提，而违约金的支付则不需要具体证明实际的损害，一旦发生违约行为，即应当支付相应的违约金。

（三）违约金的增减

基于合同自治的原则，法律允许当事人在合同中自行约定违约金的数额。然而，由于合同中的违约金条款系事前拟定，可能高于，也可能低于违约造成的实际损害。

过高或过低都会带来不公正，故《合同法》第114条第2款规定："约定的违约金低于造成的损失的，当事人可以请求人民法院或者仲裁机构予以增加；约定的违约金过分高于造成的损失的，当事人可以请求人民法院或者仲裁机构予以适当减少。"

根据《合同法解释（二）》第28、29条规定，当事人请求增加违约金的，增加后的违约金数额以不超过实际损失额为限。当事人请求减少违约金的，人民法院应以实际损失为基础，兼顾合同的履行情况、当事人的过错程度以及预期利益等综合因素，根据公平原则和诚实信用原则予以衡量，并做出裁决。当事人约定的违约金超过造成损失的百分之三十的，一般可以认定为"过分高于造成的损失"。

（四）违约定金、损害赔偿金及违约金的适用关系

1. 违约定金的概念

违约定金是定金的一种，指的是为了确保合同的履行，双方当事人约定，由一方预先支付给另一方一定的金钱或实物，债务人履行债务后，定金应当抵作价款或者收回；给付定金一方不履行债务的，无权要求返还定金；收到定金一方不履行约定债务的，应当双倍返还定金。

违约定金具有通过对违约方的惩罚来担保合同履行的性质。

由于法律规定定金数额不得超过主合同标的的20%，故违约定金不具备违约金完全弥补损失的功能。

2. "三金"的适用关系

第一，违约金与违约定金。依照我国《合同法》第116条规定，二者不可并用，当事人只能择其一主张。

第二，违约金与损害赔偿金。

违约金的支付避免了损害赔偿方式在适用中常常遇到的计算损失的范围和举证的困难，从而节省了计算上的花费，甚至可以避免诉讼程序、节省诉讼费用，故违约金往往优先于损害赔偿金而适用。

违约金明显不足以弥补违约造成的损失的，非违约方可以主张违约方支付违约金的同时，仍可以向其主张损害赔偿。

违约金低于或过分高于损害赔偿金的，非违约方可以向法院或仲裁机构要求适当增加或适当减少。如果非违约发请求增加违约金的，则不能在请求支付违约金外，再主张违约方承担损害赔偿责任。

第三，违约定金与损害赔偿金。违约定金具有惩罚性，损害赔偿金具有补偿性，二者性质上不矛盾，功能上互补，可以并用。

第四节　违约责任的免责事由

一、违约责任的免责事由概述

违约责任的免责事由，是指根据法律规定或当事人约定，违约当事人免于承担违约责任的事由。

违约责任的免责事由分为法定的免责事由和约定的免责事由。其中，法定的免责事由一般包括不可抗力、债权人过错及其他特殊情形下的法定免责事由；约定的免责事由即合同中的免责条款。

二、法定的免责事由

（一）不可抗力

1. 不可抗力的概念

根据我国法律规定，**不可抗力**是指不能预见、不能避免、不能克服的客观情况。

不可抗力是独立于个人行为之外的事件，一般包括：（1）自然灾害，如台风、洪水、地震等；（2）政府行为，如征收征用、新政策出台等；（3）社会异常事件，如罢工、骚乱等。

2. 不可抗力的性质

不可抗力是法定的免责条款，其适用具有强制，当事人不得约定将不可抗力排除在免责事由之外。

3. 不可抗力的免责效力

因不可抗力不能履行合同债务的,违约方可部分或全部免除责任,但有以下例外:

(1)金钱债务的延迟履行不得因不可抗力而免除;

(2)迟延履行期间发生的不可抗力不具有免责效力。

及时雨宋江委托神行太保戴宗将100斤水产品从梁山运至东京,双方约定7月20日运到,宋江让豹子头林冲在东京负责接收货物。因家庭琐事,戴宗于7月19日才启运这批水产品,7月25日到达东京城外,要进城时却被告知:因昨夜皇帝遇刺,现全城戒严,任何人不得出入,直到抓到刺客为止。戴宗只得于东京城外等候。两个月后戒严解除,戴宗运送水产品进城。在交付货物时,却发现因在途时间过长,所有水产品均已腐臭。导致了水产品因在途时间过长而腐臭的原因是政府戒严这一不可抗力,但因戴宗是迟延履行,如果其按期于20日运抵东京的话,则不会遭遇该不可抗力,故本案中戴宗不能主张因不可抗力而免责。

(二)债权人过错

因债权人的过错致使债务人不能履行合同,债务人不负违约责任。债权人制造了履行障碍,即债权人因其过错致使债务人履行不了合同义务,此情况下应由债权人自食其果。[①]

(三)其他特殊情况下的法定免责事由

《合同法》分则中就某些合同履行中产生的违约责任规定了免责要件。如根据第302条规定,旅客自身的健康原因和旅客的故意、重大过失都成为免责事由;根据第311条,可以作为免责事由的除不可抗力之外,还包括货物的自然性质、合理耗损及托运人、收货人的过错等。

三、免责条款

(一)免责条款的概念

免责条款,即约定的免责事由,是指合同双方当事人在合同中约定的,可限制或免除违约方违约责任的事由或条件。

免责条款旨在限制或排除违约方的民事责任,必须是明示的,不允许以默示的方式作出,也不允许法官推定。

(二)免责条款的效力

免责条款的生效除满足一般合同条款的生效条件外,还应满足:

(1)免责条款不得免除造成对方人身伤害的责任。

根据《合同法》第53条规定,合同中免除对方人身伤害责任的免责条款无效。

(2)根据《合同法》第53条规定,免责条款不得免除因故意或重大过失造成对方财产损失而应承担的责任。

主观过错属于传统的归责事由,在合同中更不能被法律容忍,否则会滋生侵权行为,破坏法律秩序,有损公序良俗。

(3)根据《合同法》第40条规定,格式化的免责条款,不得不合理地免除条款制作人的责任、加重对方的责任、排除对方的主要权利,否则该条款无效。

鉴于格式合同提供方的强势地位,法律应平衡合同双方利益、保障合同的实质公平。

[①] 崔建远.合同责任研究[M].吉林:吉林大学出版社,1992年,第131页。

第五节 违约责任与侵权责任的竞合

民事责任的竞合，指的是同一违法行为符合多种民事责任的构成要件，可以同时成立几种民事责任，但受害人只能选择其中之一进行请求的情形。

受害人择一请求后，即使损失得不到全面补偿，也不得再请求对方承担其他民事责任。

民事责任竞合在实践中最常见的当属违约责任与侵权责任的竞合。

一、违约责任与侵权责任的差异

违约责任与侵权责任分属于《合同法》和《侵权责任法》规定，二者虽然都属于民事责任，但其在认定和适用上差异甚大。具体见下表：

	违约责任	侵权责任
归责原则	以严格责任为原则，以过错责任为补充	以过错责任为原则，以无过错责任为例外
构成要件	不一定要有损害的发生	以产生损害为要件
免责事由	意外事件不免责	意外事件免责
举证责任	适用严格责任时，受害人无需证明违约方过错	适用过错责任时，受害人需要证明侵权人存在过错
责任承担方式	财产责任，包括继续履行、赔偿损失、支付违约金等	主要是财产责任，也包括消除影响、恢复名誉、赔礼道歉等非财产责任
赔偿范围	以当事人可预见为原则，赔偿积极损失和可得利益损失	没有采纳可预见性规则，赔偿被害人直接损失和间接损失；在侵犯人格权时，还可以进行精神损害赔偿；在不法造成他人死亡时，赔偿范围还要扩张至死者生前扶养的人必要的生活费用等
诉讼时效	一般为2年；因身体受到伤害的，时效为1年	一般为2年；出售质量不合格的商品不声明、延付或拒付租金、寄存财物被丢失或毁损的，时效为1年

二、违约责任与侵权责任的竞合

尽管违约责任与侵权责任存在诸多差异，但这不妨碍二者在司法实践中的竞合。

违约责任与侵权责任的竞合，是指行为人实施某一违法行为，具有违约行为与侵权行为的双重特性，从而在法律上导致了违约责任与侵权责任重叠的现象。成立违约责任与侵权责任的竞合需要具备如下条件：

第一，当事人之间存在着有效的合同关系并且一方实施了违约行为。

第二，违约方的违约行为侵害了对方当事人的人身或财产权益，成立侵权。

第三，违约方系主观上存在过错。

三、违约责任与侵权责任竞合的处理

由于违约责任与侵权责任在构成和适用上存在诸多差别,被害人基于违约请求救济还是基于侵权请求救济,就成为直接关系到诉讼成败及损害能否得到充分补偿的重要问题。

根据《合同法》第 122 条规定,违约责任与侵权责任竞合时,受害人有权选择要求对方承担违约责任或侵权责任。可见,法律允许受害人根据自身情况自由选择请求主张。

洪七公下班后,搭乘桃花岛出租车公司的出租车回家,途中该出租车与郭靖驾驶的私家车相撞,发生交通事故,洪七公重度残疾。本案中,如果洪七公主张违约责任,则他只能请求出租车公司承担责任,且无需证明司机对事故的发生存在过错;洪七公只能要求对方承担财产责任,不能请求精神损害赔偿;诉讼时效为 2 年。如果洪七公主张侵权责任,则他可以追究事故中有过错的任一方的责任,且需要对该过错承担证明责任;洪七公可以主张残疾赔偿金及精神损害赔偿等;诉讼时效为 1 年。据此,从充分救济的角度看,洪七公最好主张侵权责任,但如果证明过错存在困难的话,则选择违约责任更为稳妥。

如果受害人选择的请求主张得到认可,则不论损失是否得到全部弥补,另一项请求权自然消灭;如果受害人选择的请求主张因为证据不足等原因没有得到司法认可,则在诉讼时效内,受害人还可以主张另一请求权。

【课后思考题】

1. 甲乙约定卖方甲负责将所卖货物运送至买方乙指定的仓库。甲如约交货,乙验收收货,但甲未将产品合格证和原产地证明文件交给乙。乙已经支付 80%的货款。交货当晚,因山洪暴发,乙仓库内的货物全部毁损。下列哪些表述是正确的?(2013 年司法考试卷三第 61 题)

   A. 乙应当支付剩余 20%的货款
   B. 甲未交付产品合格证与原产地证明,构成违约,但货物损失由乙承担
   C. 乙有权要求解除合同,并要求甲返还已支付的 80%货款
   D. 甲有权要求乙支付剩余的 20%货款,但应补交已经毁损的货物

2. 某年 9 月,李小姐在携程网预定了 10 月 30 日启程的普吉岛六天四晚自由行,两人费用共计 11274 元。10 月 26 日下午,携程网客服突然打来电话,说上海飞往普吉岛的航班,每名乘客只能携带 5 公斤的随身用品,原按照法律可以携带的 20 公斤托运行李将无法安排上飞机,理由是由于飞机配载不足。

不能托运行李,李小姐窝了一肚子火,思前想后,最终决定取消本次旅行。10 月 29 日李小姐致电携程网,要求退款,却被告知如果要退款,则需要支付合同约定的违约金。根据合同,预定日之前 3 天内消费者要求退款的,违约金为合同价款的 100%,即李小姐将一分都拿不到退款。

如果李小姐就此事向你进行法律咨询,你将如何解答?

第十二章 合同的解释

【导学案例】

甲乙签订买卖合同，约定甲于合同签订三日内先向乙交付1万元"订金"，然后一个月内甲交付剩余货款，同时乙交货。若甲不能按时交付剩余货款，则乙不返还1万元。请问：该"订金"到底是法律上的定金，还是订金？

第一节　合同解释概述

一、合同解释的概念

合同解释，指的是通过对合同及其相关资料含义的分析和说明，来确定当事人双方共同意思的过程。

语言文字本身具有抽象性和概括性的特点。不管是书面合同还是口头合同，其具体条款都是以语言文字为载体，我们只有通过解释才能明确其含义、把握其内容，从而探得订约双方当事人的真实意思。

二、合同解释的主体

合同解释的主体，就广义而言，可以是任何对合同及其相关资料的含义进行分析和说明的主体，例如：当事人双方对其订立的合同条款进行解释说明；发生合同纠纷，诉诸法院或仲裁机构时，法官、仲裁员、当事人、诉讼代理人、证人、鉴定人等，都可以从不同角度解释合同。

例如，合同在鉴定、公证时，鉴定人员、公证人员要解释合同；消费者协会等社会团体对投诉的合同纠纷，要发表对合同及其相关资料的看法；学者进行个案研究时，也对合同及其相关资料进行解释。

从狭义上讲，合同解释的主体专指有权解释的主体，即受理合同纠纷的法院或仲裁机构对合同及其相关资料的含义所做的有法律拘束力的分析和说明。"真正具有法律意义的合同解释，只能是在处理合同纠纷过程中，对作为裁判依据的事实所作的权威性说明。"[①]

[①] 苏惠祥. 中国当代合同法论[M]. 吉林：吉林大学出版社，1992年版，第246页。

三、合同解释的客体

合同解释的客体，即合同解释工作指向的对象。

在实践中，合同解释的客体不仅仅是发生争议的合同中使用的语言文字，根据案件的其他需要，例如确认合同是否成立或有效，没有争议的合同文字同样也需要解释。

例如，张三与李四签订借款合同，约定还款日期为甲午年某月某日。在张三与李四的有生之年，甲午年只有一个，不会发生争议，但对于甲午年的解释也是对合同的解释。

另外，需要解释的不仅仅是合同条文或所用文句的正确含义，"订立合同的过程中所使用的用语和实施的行为，要约、承诺、自身不会生效的初步联系中所使用的用语和实施的行为——所有这些，在我们能够说双方当事人已经达成了协议之前，在我们能够确定它是否赋予合同以法律效力之前，都需要解释。"[①]

四、合同解释的效力

广义的合同解释主体所做的解释不具有法律拘束力，只能作为有权解释的参考性意见存在。

狭义的合同解释是制作调解书、裁判书或判决书的主要根据之一，对当事人具有强制执行的法律拘束力，是一件非常严肃的工作。

第二节 合同解释的原则

对合同的解释不能盲目进行，必须遵循一些基本思想和基本原则，以达到实现合同目的、保障合同正义的目的。根据我国《合同法》的相关规定及合同法理，本节介绍以下合同解释的原则：

一、文义解释原则

当事人以语言文字为载体将其真实意思记录在合同中，以期为合同目的的实现提供保障。

进行合同解释，理所当然地应首先从合同文本入手，明确合同用语所记载的当事人的真意。

一般而言，合同用语的通常意思即对当事人真实合同意思的表达，除非当事人对用语的含义有特殊约定。

二、体系解释原则

体系解释，又称整体解释，是指把全部合同条款和构成部分看作一个统一的整体，从各个合同条款及构成部分的相互关联、所处的地位和总体联系上阐明当事人有争议的合同用语的含义。

---

① Arthur Linton Corbin，Corbin on Contract，（one volume edition），West Publishing Co.,488（1952），转引自崔建远. 合同法（第三版）[M]. 北京：法律出版社 2004 年版，第 299 页。

任何合同条款都不是孤立存在的。只有将单个的合同条款放到整个合同体系中去，我们才能把握其所要表达的当事人的真意。

2003年韦小宝向郑克爽借款3000元，借据中有"借期一年，明年十月十五前还款"字样，落款时间为"癸未年九月二十日"。后来二人就还款期限问题发生争执，法院查明"癸未年九月二十日"即公元2003年10月15日，故认定还款期限为2004年10月15日。这里法院就运用了整体解释的原则。

三、历史解释原则

合同是当事人交易的整个过程，因而解释合同不能掐头去尾，而应斟酌签订合同时的事实和资料，例如磋商过程、来往文件和合同草案等加以解释。这种解释原则被称为**历史解释**。

西门庆要大摆宴席，向武大郎订购炊饼。二人通过信件往来，商定订购炊饼数为200个，5月30日交货。双方在5月25日订立合同，均为未发现合同文本中误将订购数写成了20个。5月30日天降暴雨，武大郎冒雨给西门庆送去200个炊饼，西门庆因宾客未到拒绝受领这200个炊饼。在本案中，虽然合同中写的是订购20个烧饼，但从二人来往信件及合同订立的过程来看，双方当事人的真实意思是订购200个，故根据历史解释，本案应突破合同文本，将该合同的标的物认定为200个炊饼。西门庆拒绝受领构成违约。

四、目的解释原则

合同目的的实现是当事人订立合同的原动力，合同的各项条款及其用语均是达到该目的的手段。

在合同发生歧义时，以合同目的为指引，根据当事人所欲达到的经济的或社会效果对合同进行解释，则更容易探得合同真意，得出符合双方当事人意旨和利益的解释结论。

某年秋天，丐帮帮主乔峰打算给丐帮弟子添置棉衣过冬，遂向东北耶律服装厂订购棉服1000套。次年3月份，耶律服装厂才交货。当双方就迟延履行的约定发生争议时，应考虑乔峰购入棉服的目的是给弟子过冬御寒，先冬去春来，受领棉服已然丧失意义。

五、参照习惯或惯例解释的原则

参照习惯或惯例解释，是指在合同文字或条款的含义发生歧义时，按照习惯或惯例予以明确；在合同存在漏洞，致使当事人的权利义务不明确时，参照习惯或惯例加以补充。

习惯和惯例是在人们长期反复实践基础上形成的，在某一地域、某一行业或某一类经济流转关系中普遍采用的，能够被广大合同当事人所认知、接受和遵从的做法、方法或规则。

一些与现行法律、法规等规范性文件不相抵触、经国家认可的某些习惯，还常常成为民事法律的渊源。因此，在合同解释中，参照一定的习惯和惯例，不仅符合合同当事人的利益和愿望，而且符合社会正义的法律要求。

广东省有以"三鸟"代表"鸡、鸭、鹅"三种家禽的习惯。当属于广州的当事人在合同中出现"三鸟"时，就完全可以依据习惯做出解释。

第三节　特殊条款的解释

一般而言，对于合同的解释均应按照第三节内容进行，但对于合同的格式条款和免责条款而言，由于其本身的特殊性，在进行合同解释时应予以特殊对待：

一、格式条款的解释

（一）格式条款概述

依《合同法》第39条第2款规定，**格式条款**是指当事人为了重复使用而预先拟定，并在订立合同时未与对方协商的条款。

格式条款的提供方一般处于强势地位，条款的形成及内容的平等性和协商性等方面，较普通合同条款较为特殊，因而在解释上也有自己的特点。

（二）格式条款的解释原则

1. 以客观合理性标准解释的原则

格式条款之所以采取客观解释的原则，是因为它是当事人一方制定的，其内容未经过单个、具体协商，不应受交易当事人个别主观情事的影响。

2. 统一解释原则

统一解释原则，是指以理性人的理解力为标准统一解释格式条款。

《合同法》第41条规定，对格式条款的理解发生争议的，应按照通常理解予以解释。

3. 限制解释原则

限制解释原则，就是格式条款应从狭解释的原则。

在格式条款未规定或规定不完备的事项场合，应依法律加以补充或依补充的合同解释方法加以填补，不得类推适用其他近似合同条款。

应当指出，限制解释原则并不是严格的文义解释，在解释时仍应探求格式条款的合理含义。

4. 调和解释原则

调和解释原则，是指合同的某些条款之间互相对立、矛盾时，应将它们都视为有效，只是特殊用语或文句的效力应优先于一般用语或文句。在其共通范围内，尽可能使之调和。

5. 个别商议条款优先原则

格式条款主要是基于交易便利的考虑出现的，其在合同的平等性和协商性要求上多有不足。

一般而言，个别商议条款因更具有平等性、协商性而更能反映合同当事人的真实意思，应优先予以适用。我国《合同法》规定，格式条款和非格式条款不一致的，应当采用非格式条款。

值得注意的是，当行政法规、规章或行业规则根据公正理念对某一事项进行规制并进而形成格式条款的情况下，不允许格式条款提供方利用其优势地位与消费者"个别商议"来规避格式条款的适用。

6. 对格式条款有两种以上解释的，应作不利于格式条款提供方的解释

二、免责条款的解释

免责条款也是合同条款，故合同解释的原则基本上适用于对免责条款的解释。如果免责条款是格式化条款，则格式条款的解释原则也可用于解释格式免责条款。在此之外，对免责条款的解释还遵循以下原则：

（1）免责条款不得违反合同的主要目的。

（2）不得将"免责条款之合意"视为当事人"自甘冒险"。

（3）限制解释原则在免责条款上的具体化。

① 免责条款未指明是免除违约责任还是侵权责任时，解释为只免除违约责任。

② 免责条款未指明所免除的责任是否包括过错责任时，从不利于条款制作人解释的原则出发，只解释为免除无过错责任。

③ 免责条款适用于"隐蔽性瑕疵责任"抑或"不符合特定目的所生责任"不明确时，根据不利于条款制作人解释的原则，不能同时免除两种责任，只能免除"隐蔽性瑕疵责任"。

④ 免责条款适用于"隐蔽性瑕疵责任"抑或"不符合描述的瑕疵责任"不明确时，从不利于条款制作人的解释的原则出发，不能同时免除两种责任，只免除"隐蔽性瑕疵责任"。

⑤ 在买卖合同中，当事人双方约定：若买受人在一定期间内对货物的质量不提出异议，即视为货物合格，出卖人不负责。在这里，免除的是出卖人"已经交付的货物"的瑕疵责任，还是"尚未交货"的瑕疵责任？在用语不明确时，解释为只免除"已经交付的货物"的瑕疵责任。

⑥ 在当事人有权约定免除第三人对合同相对人所负责任的情况下，如果免责条款所欲免除的责任是否只包括第三人所负之责不明确时，根据不利于条款制作人解释的原则，解释为只免除第三人所负的责任，不免除条款利用人所负的责任。

⑦ 对于惩罚性条款，应根据不利于寻求不合理利益的当事人的原则，进行严格解释。

【课后思考题】

2011年10月1日，某商场国庆促销，宣布：凡在国庆节当日在商场内消费满1000元，即可获赠价值100元代金券。该代金券可以商场内购买其他商品时一次性抵用100元人民币，代金券不足该商品价值时，持券人需补足差额；代金券超过该商品价值时，商场就超过部分不予找还现金。代金券有效期截止至10月31日。本次活动最终解释权归商场。

王先生在当天在该商场消费4000元，获赠4张100元代金券。结账后，王先生又看中一件价值399元的衬衫，遂打算用4张100元的代金券支付，却被告知：每次消费只能使用一张代金券。商场营业人员进一步解释：代金券的使用方式最终解释权归商场，每次消费只能使用一张代金券，这是商场的规定，也是惯例。王先生不服，遂将商场告上法庭。

问题：法院应如何处理该案？

第十三章 买卖合同

【导学案例】

2014年5月1日小燕子以5000元价格将一台笔记本电脑卖给晴儿,晴儿当场将5000元交给小燕子,并约定电脑所有权转移,两天后到小燕子处提取,让小燕子妥善保管。紫薇听说小燕子要卖电脑,第二天找到小燕子,表示愿以6000元购买,小燕子没有告知紫薇该电脑已经卖给晴儿的事实,将电脑卖给了紫薇,紫薇将电脑拿回家。第三天晴儿去小燕子那儿取电脑,被告知电脑已经卖给紫薇,小燕子提出退还晴儿交的5000元,并赔偿500元给晴儿。晴儿不愿意,双方发生纠纷。

问题:本案如何解决?

第一节 买卖合同概述

一、概念和特征

买卖合同,是指出卖人转移标的物的所有权于买受人,买受人支付价款的合同。

在买卖合同中,出卖人向买受人交付标的物,买受人接受标的物并给付价款,这是买卖合同的核心内容。

买卖合同具有如下法律特征:

1. 买卖合同是转移财产所有权的合同

转移财产所有权,是当事人订立买卖合同的目的,也是买卖合同履行的结果。

2. 买卖合同是双务、有偿合同

在买卖合同中,当事人双方互负对待给付义务,出卖人向买受人交付标的物,以买受人支付价款为对价,出卖人的权利就是买受人的义务,买受人的义务就是出卖人的权利。

3. 买卖合同是诺成合同

出卖人与买受人就买卖标的物的意思表示达成一致,买卖合同即告成立。买卖合同不以标的物的实际交付为成立要件。

4. 买卖合同一般为不要式合同

除非法律、行政法规有特别规定之外,买卖合同的成立不需要采用特定的形式和履行特别的手续。

二、种类

（一）一般买卖合同

一般买卖合同是指一般情况下所签订的买卖合同形式，实践中大多数的买卖合同都是一般买卖合同。

（二）特种买卖合同

特种买卖合同是指在特殊情况下所签订的除了一般买卖合同以外的合同。特种买卖合同包括以下类型：

（1）附买回条款的买卖合同，是指出卖人和买受人约定，在一定的条件或期限内出卖人可将标的物买回，买受人必须出卖。

（2）所有权保留条款买卖合同，是指在一定的时间内，虽然标的物已经由出卖人交付给了买受人，但出卖人仍然掌握标的物的所有权。

（3）分期付款的买卖合同，是指价款并非一次付清，而是分时间多次付清的买卖合同。

（4）凭样品买卖合同，是指双方确定一个样品，以样品的质量为标的物的质量，日后履行即以样品为准。

（5）连续买卖合同，是指买受人向同一出卖人连续购买同一种类型的标的物签订的合同。

第二节　买卖合同的条款

买卖合同的内容主要由当事人约定，主要包括如下条款：

（一）标的物

标的物是买卖合同双方当事人权利义务指向的对象。标的物条款是买卖合同的必要条款。

（二）数量

标的物的数量是买卖合同的必要条款，标的物的数量要确切，应选择双方共同接受的计量单位。一般应采用通用的计量单位，也可以采用行业或者交易习惯认可的计量单位。要确定双方认可的计量方法，同时应允许合理的磅差或尾差。

（三）质量

标的物的质量条款欠缺，并不影响买卖合同的成立。

当事人没有约定质量或者质量约定不明确的，可以依照《合同法》第61条以及第62条的第1项补充确定。

（四）履行期限、地点和方式

履行期限是确定违约与否的因素之一。

履行地点是确定验收地点的依据，还是确定诉讼管辖的依据之一。

履行方式是指当事人对于如何履行合同的约定，例如是一次交付还是分批交付、是实物交付还是交付提取标的物的单证等。

履行期限、地点和方式条款的欠缺，并不影响合同的成立，当事人可以根据合同法的相关规定进行补充。

（五）价款

价款是买受人取得标的物应支付的代价，买卖合同应当对价款做出明确约定，同时对价款的币种做出约定，对不同币种之间的汇率做出约定。

价款条款的欠缺并不影响买卖合同的成立。当事人对价款没有约定或则约定不明的，可以根据《合同法》第159条补充。

（六）违约责任

即使合同中没有违约责任条款，只要没有依法或者依约定免除违约责任，违约方就应当承担。

违约责任条款的欠缺，不影响买卖合同的成立，当事人可以根据《合同法》第九章关于买卖合同当事人违约责任承担的特别规定以及第七章关于违约责任的一般规定处理。

（七）包装方式

在买卖合同中应明确约定包装的方式，包括包装材料、装潢，包装物的交付，包装费用承担等内容。

买卖合同欠缺包装方式条款的，不影响合同成立，当事人可以依照《合同法》第156条补充确定。

（八）检验标准和方法

合同应对检验标准、检验期限、凭封单检验还是凭现状检验以及对标的物数量和质量提出异议和答复的期限做出明确约定。欠缺检验标准和方法条款的，不影响合同成立，当事人可以根据《合同法》第61条、第157条、第158条补充确定。

（九）结算方式

结算方式是指出卖人向买受人交付标的物后，买受人向出卖人支付标的物价款、运杂费和其他费用的方式。

买卖合同的结算方式应遵守中国人民银行结算办法的规定，除法律或者行政法规另有规定的以外，必须用人民币计算和支付。

欠缺结算方式条款的，不影响合同成立，当事人可以根据《合同法》第61条的规定补充确定。

（十）合同使用的文字及其效力

合同使用的文字及其效力，是涉外买卖合同的重要内容。欠缺该项条款的，不影响买卖合同的成立，当事人可以根据《合同法》第61条的规定补充确定。

第三节　买卖合同的效力

一、出卖人的义务

（一）交付标的物

（1）出卖人应当按照约定的时间、地点交付标的物。

出卖人提前交付标的物，给买受人增加的费用，由出卖人负担（《合同法》第71条）。

标的物需要运输的，出卖人将标的物交付给第一承运人视为交付给买受人；

标的物不需要运输的，出卖人和买受人订立合同时知道标的物在某一地点的，出卖人应当在该地点交付标的物；不知道标的物在某一地点的，应当在出卖人订立合同时的营业地交付标的物（《合同法》第141条）。

（2）出卖人应当按照约定的数量交付标的物。

出卖人多交标的物的，买受人可以接受或者拒绝接受多交的部分。买受人接受多交部分的，按照原合同的价格支付价款；出卖人少交标的物的，除不损害买受人利益的以外，买受人可以拒绝接受。买受人拒绝接受标的物的，应当及时通知出卖人。

（3）出卖人应当按照约定的包装方式交付标的物。

（二）转移标的物的所有权于买受人

根据《合同法》第133条的规定，标的物的所有权自标的物交付时起转移，但法律另有规定或者当事人另有约定的除外。

（1）就动产而言，除法律有特别规定或者当事人另有约定外，所有权自交付时转移。

船舶、航空器、车辆等特殊类型的动产，所有权也自交付时起转移，但未依法办理登记手续的，所有权转移不具有对抗第三人的效力。

（2）就不动产而言，所有权自依法办理所有权转移登记时转移，未办理登记的，尽管买卖合同已经生效，但标的物所有权不发生转移。

（三）物的瑕疵担保义务

物的瑕疵担保义务，是指出卖人应当担保其交付给买受人的标的物符合合同约定的或者法律确定的质量标准。

买受人要求出卖人承担违反物的瑕疵担保义务的违约责任，除非法律另有规定，以买受人及时向出卖人通知标的物质量不合格为条件（《合同法》第158条）。买受人在订立合同时知道或者应当知道标的物质量不合格的，不得向出卖人主张违反物的瑕疵担保义务的违约责任。

需要注意的是，最高人民法院在2014年1月颁布了买卖合同的一起指导案例，即指导案例23号，在该起指导案例的裁判要旨中最高法院提出了："消费者购买到不符合食品安全标准的食品，要求销售者或者生产者按照食品安全法规定支付价款十倍赔偿金或者依照法律规定的其他赔偿标准赔偿的，不论其购买时是否明知食品不符合安全标准，人民法院都应予支持"。[①]该起指导案例说明，消费者作为买受人，与销售者达成买卖合同，即使在订立合同时知道或者应当知道标的物质量不合格的，出卖人构成欺诈，买受人可以依据《消费者权益保护法》请求出卖人承担赔偿责任。

此外，最高人民法院在2013年11月也颁布过一起买卖合同的指导案例，即指导案例第17号。在该起案例的裁判要旨中最高院指出："为家庭生活消费需要购买汽车，发生欺诈纠纷的，可以按照《消费者权益保护法》处理；汽车销售者承诺向消费者出售没有使用或者维修过的新车，消费者购买后发现系使用或维修过的汽车，销售者不能证明已履行告知义务且得到消费者认可的，构成销售欺诈，消费者要求销售者按照消费者权益保护法赔偿损失的，

---

① 最高人民法院第六批指导性案例第23号。

人民法院应予支持"。[①]

(四) 权利的瑕疵担保义务

权利的瑕疵担保义务,是指出卖人向买受人交付的标的物,除非法律另有规定,负有保证第三人不得向买受人主张任何权利的义务。

出卖人违反权利瑕疵担保义务的,向买受人承担违约责任。

根据《合同法》第151条规定,在买卖合同订立时,买受人知道或者应当知道第三人对买卖标的物享有权利的,出卖人不负担权利的瑕疵担保义务。买受人善意取得标的物所有权的,出卖人也无须承担权利的瑕疵担保责任。

买受人有确切证据证明第三人可能就标的物主张权利的,可以在出卖人未提供适当担保时,行使合同履行抗辩权,中止支付相应的价款(《合同法》第152条)。

(五) 交付有关单证和资料

这是出卖人在买卖合同中的从合同义务。实践中,与买卖合同标的物相关的其他单证和资料主要包括:产品合格证、产品说明书、检验单证、检疫单证等。

(六) 其他义务

除了前述主义务外,出卖人还应遵循诚实信用原则,根据合同的性质、目的,负担通知、协助、保密等附随义务以及相应的不真正义务等法定义务。

二、买受人的义务

(一) 支付价款

1. 价款的支付时间

买受人应当按照约定的时间支付价款。买受人在出卖人违约的情况下,有权拒绝支付价款、请求减少价款、请求返还价款。

2. 价款的支付地点

买受人应当按照约定的地点支付价款。对支付地点没有约定或者约定不明确的,可以协议补充;不能达成补充协议的,按照合同有关条款或者交易习惯确定;仍不能确定的,买受人应当在出卖人的营业地支付,但约定支付价款以交付标的物或者交付提取标的物的单证为条件的,在交付标的物或者提取标的物单证的所在地支付。

3. 价款的支付方式

价款的支付方式可以由当事人约定,但当事人关于支付方式的约定,不得违反国家关于现金管理的规定。

(二) 受领标的物

买受人有按照合同约定或者交易惯例受领标的物的义务。如果出卖人不按照合同约定条件交付标的物的,买受人有权拒绝接受。

(三) 及时检验出卖人交付的标的物

买受人收到标的物时,有及时检验义务。当事人约定检验期间的,买受人应当在约定期间内进行检验。没有约定检验期间的,买受人应当在收到标的物之后的合理期间内及时检验

[①] 最高人民法院第五批指导性案例第17号。

(《合同法》第 157 条)。

三、标的物毁损、灭失的风险负担

买卖合同中的标的物的风险,是指买卖合同的标的物由于不可归责于买卖合同双方当事人的事由毁损、灭失所造成的损失。风险负担是指该损失应由谁承担。

《合同法》第 142 条规定:"标的物毁损、灭失的风险,在标的物交付之前由出卖人承担,交付之后由买受人承担,但法律另有规定或者当事人另有约定的除外。"其中《合同法》第 142 条所指的法律另有规定或者当事人另有约定包括两种情况:一是在交付前标的物风险即由买受人负担;二是交付后的一段时间内标的物的风险仍由出卖人负担。

风险负担的交付主义规则在具体应用时应注意:

(1)依据《合同法》144 条的规定,出卖人出卖交由承运人运输的在途标的物,除当事人另有约定的以外,毁损、灭失的风险自合同成立时起由买受人承担。

(2)当事人没有约定交付地点或者约定不明确,标的物需要运输的,出卖人将标的物交给第一承运人后,标的物毁损、灭失的风险由买受人承担(《合同法》第 145 条)。

(3)出卖人按照约定未交付有关标的物的单证和资料的,不影响标的物毁损、灭失风险的转移(《合同法》第 147 条)。

(4)《合同法》第 143 条规定,因买受人的原因致使标的物不能按照约定的期限交付的,买受人应当自违反约定之日起承担标的物毁损、灭失的风险。

(5)出卖人按照约定或者法律的规定将标的物置于交付地点,买受人违反约定没有收取的,标的物毁损、灭失的风险自违反约定之日起由买受人承担(《合同法》第 146 条)。

(6)因标的物的质量不符合要求,致使不能实现合同目的,买受人可以拒绝接受标的物或者解除合同。买受人拒绝接受标的物或者解除合同的,标的物毁损、灭失的风险由出卖人承担(《合同法》第 148 条)。

(7)标的物毁损、灭失的风险由买受人承担的,不影响因出卖人履行债务不符合约定,买受人要求其承担违约责任的权利。

第四节 无权处分的买卖合同的效力

对于无权处分的买卖合同的效力问题,具体有如下的法律规定:

一、《合同法》的规定

《合同法》第 51 条规定:"无处分权的人处分他人财产,经权利人追认或者无处分权的人订立合同后取得处分权的,该合同有效。"

二、《物权法》的规定

《物权法》第 106 条规定:"无处分权人将不动产或者动产转让给受让人的,所有权人有权追回;除法律另有规定外,符合下列情形的,受让人取得该不动产或者动产的所有权。

（一）受让人受让该不动产或者动产时是善意的；（二）以合理的价格转让；（三）转让的不动产或者动产依照法律规定应当登记的已经登记，不需要登记的已经交付给受让人。受让人依照前款规定取得不动产或者动产的所有权的，原所有权人有权向无处分权人请求赔偿损失。当事人善意取得其他物权的，参照前两款规定。"

三、《关于审理买卖合同纠纷案件适用法律问题的解释》的规定

《关于审理买卖合同纠纷案件适用法律问题的解释》第3条规定："当事人一方以出卖人在缔约时对标的物没有所有权或者处分权为由主张合同无效的，人民法院不予支持。出卖人因未取得所有权或者处分权致使标的物所有权不能转移，买受人要求出卖人承担违约责任或者要求解除合同并主张损害赔偿的，人民法院应予支持。"

按照《关于审理买卖合同纠纷案件适用法律问题的解释》第3条规定，若无其他效力瑕疵，因无权处分订立的买卖合同有效，但是即使动产已经交付或者不动产已经办理过户登记，所有权变动的效果效力未定，所有权人追认或者无权处分取得处分权的，所有权发生移转，否则，所有权不能发生移转，但善意取得除外。这是对《合同法》第51条规则的修改，是《物权法》第15条规定的区分原则的延伸与扩展。因此综合以上规定，对于无权处分的买卖合同的效力，适用如下规则：

（1）因无权处分订立的买卖合同，未进入司法审判程序时，效力为待定；经人民法院审理后，若无相反证据证明则买卖合同有效，不因买受人善意或恶意而受影响。

（2）若买受人为恶意，即使买卖的动产已经交付或者不动产已经办理过户登记，其所有权变动的效果仍为效力待定。如果在合理期限内权利人追认或者出卖人取得处分权，则所有权自交付或者登记时发生移转。反之，如果经过合理期间权利人拒绝追认或者处分人未取得处分权，则所有权不能发生移转，买受人不能取得所有权。

（3）若买受人为善意，且符合善意取得所有权的构成要件的，买受人直接依照法律的规定善意取得标的物的所有权；反之，买受人虽为善意，若不符合善意取得动产所有权的构成要件，则即使动产已经交付或者不动产已经办理过户登记，所有权移转的效果仍为效力待定，须经权利人追认或者处分人取得处分权，才能发生所有权移转的效果。

（4）如果因为出卖人欠缺处分权致使买受人不能取得所有权，因买卖合同有效，买受人有权对出卖人主张违约责任或者解除合同并要求出卖人承担赔偿责任。

第五节 商品房买卖合同中的法律问题

一、商品房买卖合同的特征

商品房买卖合同与一般的买卖合同相比有如下特征：

第一，标的物为不动产。

第二，合同双方当事人有时为房地产开发商与购房人，有时为对房屋享有所有权的自然人与购房人。当事人为第一种情况时，购房人是购置新房；当事人为第二种情况时，购房人

购置的是二手房。

第三，房屋所有权的转移以不动产产权变更登记为准，不以交付为准。

第四，房屋的交付以房屋钥匙的交付为准。

二、商品房销售广告中的法律问题

商品房销售广告，是指房地产开发商制作并发布的有关待售商品房的描述。商品房销售广告的发布对象为不特定的人。

商界有句话叫"想推销商品却不发布广告，就如同在黑夜中向情人暗送秋波"。由此可见广告的重要性。在我国，近十年左右，房地产市场火爆，大多数新房均为预售。消费者在没有看到房屋时，便根据商品房销售广告的内容决定是否买房。

而商品房销售广告中的法律问题主要都集中在广告描述与实际不符上。例如1，广告宣传中显示，待售商品房所在小区有一个标准泳道的游泳池，但实际交房时，却变成了物业用房。例如2，广告宣传某店面所处位置在政府规划建设中的"24米宽海滨休闲购物一条街"上，并有政府规划图，但实际交房时24米宽的街道却只有10米。

根据我国广告法有关规定，广告宣传可以适当美化，以刺激消费者的购买欲。所以，购房人对待商品房销售广告时，一定要分清哪些描述是重要部分，必须准确，而哪些部分可以适当美化。具体来说，要注意以下几个方面：

第一，分清商品房销售广告的发布者。

一般来说，商品房销售广告的发布者为房地产开发商或其委托的发布代理人。但有时，也可能出现他人擅自发布虚假售房广告的情况。若消费者未留意广告的发布者，误认为是房地产开发商发布，并相信广告内容，就可能上当受骗。

例如，当房地产开发商将销售任务委托给其他销售公司代为完成。销售公司为了完成销售任务，可能做出超越代理权限、发布虚假售房广告的行为。

如果购房人已经遇到这种问题，那么在维权时就要找准对象。如果销售公司以自己名义发布虚假售房广告，那么购房人则应当向销售公司追究违约责任。若销售公司擅自以房地产开发商的名义发布虚假售房广告，且购房人有理由相信销售公司是有权代理，则销售公司的行为构成表见代理，购房人应向房地产开发商追究违约责任。

第二，分清广告内容中的要约与要约邀请。

要约与要约邀请的区别本书已有详细阐述，在此不赘述。

《最高人民法院关于审理商品房买卖合同纠纷案件适用法律若干问题的解释》（以下简称《商品房司法解释》）第3条规定："商品房的销售广告和宣传资料为要约邀请，但是出卖人就商品房开发规划范围内的房屋及相关设施所做的说明和允诺具体确定，并对商品房买卖合同的订立以及房屋价格的确定有重大影响的，应当视为要约。该说明和允诺即使未载入商品房买卖合同，也应当视为合同内容，当事人违反的，应当承担违约责任。"

根据《商品房司法解释》的规定，购房人在识别售房广告中的要约和要约邀请时，应当注意：

（1）对商品房开发范围内的房屋及相关设施做出的具体、确定的说明，若对合同订立与房屋价格有重大影响，则为要约。

上述例如 1 中，售房广告描述小区内的游泳池即为要约。

上述例如 2 中，售房广告描述的 24 米宽的购物街则不是要约，房地产开发商不需要承担违约责任。因为购物街为政府规划道路，而不属于商品房开发范围。而且，商品房销售者并未做虚假描述，只是后来政府改变了规划建设，对房地产开发商来说属于不可抗力。

不光是街道，还有轨道、公园、学校等，都属于商品房开发范围以外的内容，都不是要约。

值得注意的是，对于在售房广告中构成要约的描述，即使没有写入商品房买卖合同中，也已应当视为合同内容，对双方当事人有法律约束力。

（2）其他的宣传广告资料为要约邀请。

广大购房人一定要注意法律的规定，切不要盲目相信广告。

第三，选择合理的救济方式。

只有当房地产开发商的不实广告描述达到使合同目的不能实现，即构成根本违约时，购房人才可以请求解除合同。否则，购房人可以选择赔偿损失、继续履行等方式救济。

在主张赔偿损失时，购房人有举证损害数额的责任。但对于购房人不能证明时，人民法院不宜仅以举证不能为由驳回其请求。具体做法可以参考深圳市中级人民法院的经验：

（1）对实际与要约描述不符部分进行评估，评估的差价部分，按照该部分占出卖人批准销售总面积的比例，由出卖人予以赔偿；

（2）如无法评估，则可按照商品房买卖合同约定的总房价的 1%～2%酌情由出卖人赔偿。[①]

三、商品房认购书相关纠纷

商品房认购书（以下简称"认购书"），是指商品房买卖合同双方当事人在签署商品房预售合同或商品房现房买卖合同所签订的，对合同有关事宜初步确认的文书。

（一）认购书的性质

一般来说，认购书相对于商品房预售合同或商品房买卖合同来说，属于预约合同。预约合同也是合同，对合同当事人有法律约束力。违反该合同的，应承担违约责任。

（二）认购书中的定金罚则

认购书中的定金是为了保证预约双方将来订立本约，因此在性质上属于立约定金。

《商品房司法解释》第 4 条规定："当事人约定以交付定金作为订立主合同担保的，给付定金的一方拒绝订立主合同的，无权要求返还定金；收受定金的一方拒绝订立合同的，应当双倍返还定金。"

根据上述法律规定，若当事人约定以定金作为日后订立商品房预售合同或商品房买卖合同的担保，而日后反悔的，则应当受到定金罚则的约束。

但双方当事人若由于不可抗力，导致日后无法订立合同，则不使用定金罚则。例如，有购房意图的人签订认购书，并约定贷款购房同时交付定金，之后却因国家政策改变导致贷款无法通过审批，不能签订房屋买卖合同，卖房人应当返还定金。再如，认购书签订后，开发项目被政府取消，房地产开发商也无需双倍返还定金。

[①] 深圳市罗湖区人民法院. 房地产案件实体处理规则[M]. 深圳：海天出版社 2006 年版，第 48 页。

四、迟延交付的法律后果

无论是购房人迟延付款,还是卖房人迟延交付房屋,都属于违约行为。

一般来说,在房屋买卖合同中,迟延履行不会构成根本违约,因此守约方可以选择继续履行、支付违约金或损害赔偿金等方式寻求救济。

需要注意的是:

第一,违约金必须在房屋买卖合同中事先约定,否则不能适用违约金。

第二,违约金与损害赔偿金,只能二选一。

对此法律虽未明确规定,但法律规定,若受损害一方主张违约金,则违约金不能弥补损失时,才能主张损害赔偿;若损害一方主张损害赔偿金,应当以实际受到的损害为标准,不能高于损害。若同时主张违约金与损害赔偿金,则容易造成受损害一方因此而获利的结果,不符合合同法的立法宗旨。

五、房屋交付中的法律问题

(一)工程竣工验收合格才能交付

我国法律规定,工程交付之前,不仅建设单位要自行组织验收,还应当交由建筑工程质量监督机构验收,合格后才能交付。

建设工程质量监督机构验收合格后,应当出具竣工验收合格证书,由建设单位报主管部门备案。购房人收房时一定要检查上述证书及备案记录。

(二)未达交房条件而交房的法律责任

房地产开发商未达到交房条件而交房,是购房人造成的损害,应承担相应的民事责任、行政责任,甚至刑事责任。

购房人在不知情的情况下接受了未达交房标准的商品房,可以要求房地产开发商承担相应的违约责任。例如,房屋的实际面积少于合同约定面积的,购房人可以要求房地产开发商进行赔偿。也可以向有关部门投诉,要求开发商承担行政责任或刑事责任。

建设部《商品房销售管理办法》第20条规定:"按套内建筑面积或者建筑面积计价的,当事人应当在合同中载明合同约定面积与产权登记面积发生误差的处理方式。合同未作约定的,按以下原则处理:

(一)面积误差比绝对值在3%以内(含3%)的,据实结算房价款;

(二)面积误差比绝对值超出3%时,买受人有权退房。买受人退房的,房地产开发企业应当在买受人提出退房之日起30日内将买受人已付房价款退还给买受人,同时支付已付房价款利息。买受人不退房的,产权登记面积大于合同约定面积时,面积误差比在3%以内(含3%)部分的房价款由买受人补足;超出3%部分的房价款由房地产开发企业承担,产权归买受人。产权登记面积小于合同约定面积时,面积误差比绝对值在3%以内(含3%)部分的房价款由房地产开发企业返还买受人;绝对值超出3%部分的房价款由房地产开发企业双倍返还买受人。"

六、惩罚性赔偿

惩罚性赔偿（punitive damages），是指由人民法院做出的赔偿数额超出实际损害数额的赔偿。

我国目前规定惩罚性赔偿的法律只有《消费者权益保护法》和《食品安全法》，分别规定了双倍赔偿和十倍赔偿的标准。关于商品房买卖合同的法律中没有类似的规定，因此当房地产开发商有欺诈行为时，人民法院做出的惩罚赔偿的数额不一定是双倍或十倍，而是根据实际案情确定惩罚性赔偿金额。

值得注意的是，无论购房人是不是消费者，即是不是"生活消费需要购买、使用商品或接受服务"的人，只要房地产开发商在订立房屋买卖合同过程中对其有欺诈行为，即可以适用惩罚性赔偿。

【课后思考题】

1. 甲向乙购买一台大型设备，由于疏忽，在合同中未规定检验期。设备运回后，甲即组织人员进行检验，未发现质量有问题，于是投入使用。至第三年，设备出现故障，经反复查找，发现设备关键部位的质量瑕疵。按照该设备的说明书，其质量保证期为5年。下列判断哪些是错误的？（2000年司法考试卷三第50题）

A. 买受人在合理期限内未通知出卖人标的物质量不合格，故标的物质量应视为合格

B. 买受人在收到标的物之日起2年内未通知出卖人标的物有瑕疵，故标的物质量应视为合格

C. 该设备有质量保证期5年的规定，故出卖人仍应承担责任

D. 双方未约定质量检验期限，都存在过错，应分担责任

2. 案情：2007年2月10日，甲公司与乙公司签订一份购买1000台A型微波炉的合同，约定由乙公司3月10日前办理托运手续，货到付款。乙公司如期办理了托运手续，但装货时多装了50台B型微波炉。甲公司于3月13日与丙公司签订合同，将处于运输途中的前述合同项下的1000台A型微波炉转卖给丙公司，约定货物质量检验期为货到后10天内。3月15日，上述货物在运输途中突遇山洪暴发，致使100台A型微波炉受损报废。3月20日货到丙公司。4月15日丙公司以部分货物质量不符合约定为由拒付货款，并要求退货。（2007年司法考试卷四第四题）

问题：丙公司能否拒付货款和要求退货？为什么？

3. 简述买卖合同中双方当事人的义务。

4. 简述买卖合同中标的物毁损、灭失的风险负担。

5. 简述无权处分买卖合同的效力。

第十四章 供用电、水、气、热力合同

【导学案例】

2006年4月25日，甲冷冻食品有限公司为参加在乙展览中心举办的某食品和饮料展览会而与乙展览服务有限公司签了一份《供电协议》。该协议约定：在展览期间由乙展览服务有限公司向甲公司提供30A/220V电源，并保证24小时供电，价款为1800元。签约后，甲冷冻食品有限公司依约定给付了1800元价款。5月29日晚，展览会主办方出于安全考虑，对整个会场内30A/220V电源拉闸断电，导致甲冷冻食品有限公司储存于冰柜内的冰激凌全部融化报废。停电事故发生后，甲冷冻食品有限公司就损失问题与乙展览服务有限公司多次交涉未果，诉至法院。

请问：乙展览服务有限公司对甲冷冻食品有限公司的损失应当赔偿吗？

第一节 供用电、水、气、热力合同概述

一、供用电、水、气、热力合同的概念和特征

供用电、水、气、热力合同，是指从事电、水、气、热力供应的企业依约定将相应数量的电、水、气、热力供应给使用人，使用人支付价款的协议。

实际上，供用电、水、气、热力合同是四种不同的合同，分别以电、水、气、热力的买卖为标的物。因为这四类合同在合同形式、国家管制、标的物的性质等方面具有相同性，因此我国《合同法》将这四种合同规定在一章中，但仅就供用电合同做出规定，其余几种合同参照供用电合同的规定。

例如，公民唐僧想要通电以便夜读经书，则其应与国家电网公司订立一份供用电合同。

供用电、水、气、热力合同的特征有：

第一，该合同的标的物是无形财产。

第二，该合同履行具有连续性。

供用电、水、气、热力合同的履行不是一次性的，供应人持续不断地向使用人提供电、水、气、热力，使用人持续不断地消费上述特殊物品。

作为连续性合同而言，即使其供给或收取费用为分期的，或是分次的，但这些各次分开的给付或费用支付并不作为各个独立的合同，而仍为一个合同。

第三，该合同具有公益性。

电、水、气、热力是人们在现代社会日常生活中不可缺少的物品，因此，我国法律规定这些物品的供应具有公益性。也就是说国家给予供应人一定的补贴，供应人对此类特殊物品的定价应当让绝大多数使用人能用得起。

第四，该合同具有强制缔约性。

因为这类合同的公益性质，所以当用户要求同供应人订立合同时，供应人不得拒绝。

第五，该合同是格式合同。

供应人提供格式合同，以便提高签约效率，降低签约成本。

第二节 供用电合同

一、供用电合同的概念

供用电合同是供电人向用电人供电，用电人支付电费的合同。

一般来说，我国的供用电合同根据其用电人及用电目的不同分为生产经营性供用电合同和生活消费性供用电合同两类。在生产经营性供用电合同的用电人通常为企业，合同双方应就用电的数量、供电质量等进行约定；在电力供应紧张时期，用电人应事先编制计划，向供电人申请。生活消费性供用电合同的用电人通常为自然人。

实践生活中，生活消费性供用电合同中的用电价格通常比生产经营性供用电合同的用电价格低，体现了这类合同的公益性。

二、供用电合同的效力

（一）供电人的义务

第一，按照国家规定和约定安全、及时供电的义务。

供电人若未按照国家规定的供电质量标准和合同约定安全供电，造成用户损失的，应当承担损害赔偿责任。若合同当事人没有对此进行约定，则供电人按照法定的质量标准供电；没有法定质量标准，则按照同类行业标准供电。

除了供电质量以外，供电人还应按照合同约定的供电时间、供电方式和供电地址供电。

第二，中断供电时的预先通知义务。

正常供电是供电人的义务，但是当电力总量不足而需要计划分配，或是供电设施需要检修时，可能必须暂停供电。为避免突然断电给用电人造成意想不到的损失，供电人在停电之前，必须在合理期限内明确通知用电人。

甚至有的地区采取这样的做法，例如医院手术室等特殊用电场所，供电人保证其24小时从不间断供电。

在司法实践中，若供电人未提前通知便停电，且不属于不可抗力，则用电人可追究供电人的违约责任。若给用电人造成损失，供电人则构成违约责任与侵权责任的竞合，用电人可择一而请求赔偿。

第三，事故断电的抢修义务。

事故断电，是指因为不可抗力或异常变故造成供电设施毁坏，使电力无法继续正常供应。遇到此种情况，供电人有及时抢修的法定义务。否则，供电人要对不及时抢修所造成的扩大损失承担赔偿责任。

（二）用电人的义务

第一，支付电费的义务。

供电合同是双务、有偿合同。

第二，安全用电的义务。

用电是一项具有高度危险的事情，用户应当按照国家有关规定和当事人约定安全用电，不能随意拆换用电线路和保险装置，不能随意接拉线，不能自己修理用电设施等，否则发生危险的，供电人对此不负责任。

第三，对正当检修、停电、限电的忍受义务。

供电属于高度危险作业，因各种意外事故而需要对用电设施进行检修或特定时期供电量有限，而造成停电、限电，都是正常现象，用电人对此应当忍受，而不是主张违约。

第四，协助供电人检修供电设施的义务。

【课后思考题】

供用电合同的供电企业基于公益性的性质应当有哪些义务？

第十五章 赠与合同

【导学案例】

恋爱期间甲男赠送给乙女一条钻石项链,两人分手之后,甲向乙索要这条项链,乙拒绝归还。这种情况下应该如何处理呢?

第一节 赠与合同概述

一、赠与合同的概念和特征

赠与合同,是指赠与人将自己的财产无偿给予受赠人,受赠人表示接受赠与的合同。赠与合同为无偿合同的典型代表。

以无偿为特征的赠与,与以有偿为特征的买卖和以身份为特征的继承,共同作为人类社会的三大财产流通方式,促进着经济的发展。1999年以前,我国法律对赠与合同均未做出有关规定。最高人民法院《关于贯彻执行<中华人民共和国民法通则>若干问题的意见(试行)》第128至130条有关处理赠与纠纷的条文,也只是司法机关凭空解释法律未规定的内容。直至1999年《合同法》的出台,才对赠与合同有了专章规定,使得赠与合同有了统一和具体的规范体系。

赠与合同的特征如下:

第一,赠与合同是转移标的物所有权的合同。

赠与合同标的物所有权从赠与人处转移到受赠人处。在这个特征上,赠与合同与买卖合同是相同的。

需要强调的是,赠与合同中的标的物,必须是赠与人有权支配的财产,包括动产或不动产等。同时,赠与人也可就将来可取得之财产予以赠与,例如,赠与人下个月的工资,果农即将收获的果实等。

第二,赠与合同是无偿合同。

这是赠与合同与买卖合同最本质的区别。

虽然合同法规定赠与可以附义务,但此种义务并非为对价。如考上大学时家长赠与孩子电脑,并嘱咐必须"好好学习",此时,"好好学习"为此赠与合同所附义务,然而其与电脑并不对价。

第三，赠与合同是单务合同。

在赠与合同中，仅赠与人负有交付财产的义务，而受赠人并无对待给付义务。

由于赠与合同是单务合同，受赠人无义务，因此赠与人不享有双务合同履行中当事人的履行抗辩权。除此之外，受赠人也无需具有民事行为能力。无民事行为能力人也可以成为受赠人，此情况下赠与合同有效。

第四，赠与合同是非要式合同。

二、赠与合同的性质

在我国学术界，对于赠与合同的性质一直有很大争议。有关赠与合同的性质是诺成合同还是实践合同，学术界有着很大分歧。在《合同法》出台后，主流意见开始倾向于诺成说，本书也采取诺成合同说。即赠与合同的性质为诺成合同，自受赠人表示接受该赠与时生效，不以赠与人交付赠与物为生效条件。

但为了平衡赠与人的利益，保护赠与人的合法权益，《合同法》第186条规定，赠与人在赠与财产权利转移之前可以撤销赠与。关于赠与合同撤销的问题，后面再详细阐述。

三、赠与合同的种类

从我国现行《合同法》有关条文上来看，我国现行的赠与合同主要包括一般赠与合同、附义务赠与合同、公益或道德义务性赠与合同。

（一）一般赠与合同

一般赠与合同又称单纯赠与合同，是指不具有特殊情形的赠与合同。这一类赠与合同法律关系简单，操作容易。

（二）附义务赠与合同

附义务赠与合同，又称**附负担赠与合同**，是指以受赠人对赠与人或第三人承担一定的给付义务为附加条款的赠与合同。

《合同法》190条规定，赠与可以附义务。赠与附义务的，受赠人应当按照约定履行义务。但赠与合同中所附的义务必须合法，否则赠与合同无效。

（三）公益或道德义务性赠与合同

公益或道德义务性赠与合同，又称捐赠或捐助，是指为了社会公益事业或公共目的或其他特定目的，无偿地将其财产给予他人的行为。

我国《合同法》对此类合同有明确规定，这有利于社会公德意识的树立。

第二节 赠与合同的效力

赠与合同为单务合同，仅赠与人一方负担义务和责任，而受赠人仅有接受赠与的权利而不负担任何义务（附随义务除外）。这里仅讲解赠与人的义务与责任。

（一）交付赠与标的物的义务

赠与人的主要义务是将赠与标的物按照合同约定的期限、地点、方式交付给受赠人。赠与物所有权自交付时转移，法律规定另有规定的除外。

例如，根据《物权法》规定，房屋所有权自不动产过户登记时转移。张三将房子赠与李四的话，张三将李四交付房屋钥匙并不代表房屋所有权转移。张三与李四到房地产管理机构办理过户登记时，房屋所有权转移给李四。

（二）不履行给付义务的责任

赠与人不履行给付赠与物的义务，属于违约行为，应当承担违约责任。

但出现下列情况时，赠与人可以免责：

第一，因不可抗力致使赠与人无法履行的。例如，突然发生地震，赠与物毁损灭失的。

第二，因受赠人原因致使赠与人无法履行的。例如，受赠人未按合同约定履行所附义务，赠与人依约定可以不履行。

第三，因赠与人经济状况显著恶化，严重影响其生产经营或者家庭生活而不履行的，即贫困履行抗辩权。

（三）附义务赠与合同中赠与人的瑕疵担保责任

由于赠与合同是无偿合同，所以原则上赠与人对赠与物无瑕疵担保责任。但《合同法》规定了以下两种例外：

第一，在附义务的赠与合同中，赠与物有瑕疵的，赠与人在受赠人的义务限度内承担瑕疵担保责任；超过的部分，赠与人则不再承担。

第二，赠与人故意不告知或故意隐瞒赠与物的瑕疵，或者保证赠与物无瑕疵，造成受赠人损失的，应当承担损害赔偿责任。

但需要注意的是，如果赠与人虽故意不告知瑕疵，但是受赠人已知赠与物有瑕疵时，则不发生因信其无瑕疵而受损害的问题，赠与人不负担瑕疵担保责任。

（四）故意、重大过失下的损害赔偿责任

一般情况下，赠与物造成受赠人损害的，赠与人不承担责任。但由于赠与人故意或重大过失造成的，赠与人应当承担损害赔偿责任。

例如，张三送给李四一个自家闲置的电饭锅，但忘记告诉李四，这个电饭锅的煲汤功能坏了，会引起电线短路。结果李四用这个电饭锅煲汤时，引起电线短路，厨房着火。张三知道电饭锅有重大瑕疵，却忘记告诉李四，应当赔偿由此造成的损害。

第三节 赠与合同的撤销

由于赠与合同的无偿性，赠与人无对价给付而支付利益，受赠人不负担相应对待而获得利益，所以对赠与人的利益需给予特别保护。

又由于法律规定赠与合同自双方协商一致时成立生效，所以赠与人负有交付赠与物的义务，如不交付则应当承担违约责任。这样的责任与赠与人的权利不对等，因此法律又赋予了赠与人在交付赠与物之前享有撤销权。

《合同法》规定赠与人有任意撤销权和法定撤销权。

一、任意撤销权

赠与合同的任意撤销权,是指赠与合同成立后赠与财产所有权转移前,赠与人享有基于自己的单方意思而撤销赠与的权利。

如果赠与财产部分交付完毕,部分尚未交付,赠与人可以撤销未交付的部分,但对已经交付的部分无权撤销。

为了保护国家和社会公共利益,防止赠与人滥用撤销权,法律还规定了三种不得撤销赠与的情况:

第一,具有社会公益的赠与合同不得撤销。例如,救灾、扶贫,为教育、科学、文化、卫生事业、环保事业等公共事业兴建公益设施或者捐款等。

这一规定对我国来说具有现实意义,在《合同法》颁布之前,1998年我国遭受特大洪水灾害,全国人民纷纷捐款捐物。在各种文艺义演、公演上,很多单位和个人都做出了捐赠财产的具体数额的承诺。然而有个别单位和个人,在达到了自己的宣传效果后,拒绝支付已经承诺的捐款,造成了恶劣影响。故《合同法》做此规定。

第二,具有道德义务性质的赠与合同不得撤销。例如资助邻居家的贫困学生。

第三,经过公证的赠与合同不得撤销。

赠与合同为不要式合同,但无论口头或书面的赠与合同,一旦经过公证,则即使在财产交付前,也不得撤销。这是由公证的效力决定的,合同经过国家公证机关的公证,则直接具有申请法院执行的效力。

二、法定撤销权

(一) 概念

赠与合同的法定撤销,是指在具备法定事由时由有撤销权的人撤销赠与。

法定撤销与任意撤销的区别在于:

	任意撤销权	法定撤销权
撤销权主体	赠与人	赠与人或其继承人、法定代理人
撤销事由	赠与人自己决定	法定事由
不能撤销的情形	具有社会公益、道德性质或经公证的赠与	无

法定撤销必须有法定的事由。只要具有法律规定的事由,无论合同是否属于社会公益、道德性质,也无论是否经过公证等,有撤销权的人都可以撤销赠与。

(二) 法定的撤销事由

第一,《合同法》第192条第1款规定:"受赠人有下列情形之一的,赠与人可以撤销赠与:严重侵害赠与人或者赠与人近亲属;对赠与人有扶养义务而不履行;不履行赠与合同约定的义务。

这里的"严重侵害",是指故意侵害赠与人或其近亲属的人身权或财产权的行为。当赠与人是法人时,严重侵害法人的名誉权、荣誉权、知识产权或其他财产权,以及侵害法人的商业秘密等。

这里的"赠与人的近亲属",是指赠与人的配偶、父母、子女、兄弟姐妹、祖父母、外祖父母、孙子女、外孙子女。

这里的"有扶养义务而不履行",是指有扶养义务和扶养能力,却不履行扶养义务。

这里"赠与人的撤销权",自知道或者应当知道撤销原因之日起一年内行使。

第二,《合同法》第193条第1款规定:因受赠人的违法行为致使赠与人死亡或者丧失民事行为能力的,赠与人的继承人或者法定代理人可以撤销赠与。

这里的"违法行为",既包括违反刑法的犯罪行为,也包括违反其他法律的行为。既包括故意实施的违法行为,也包括过失造成的违法行为。

赠与人的继承人或法定代理人行使撤销权,必须将撤销赠与的意思表示通知受赠人,不通知的则不发生撤销的效力。

这里"赠与人的继承人和法定代理人的撤销权"自知道有撤销原因之日起六个月内行使。

(三)撤销的法律后果

撤销权人行使撤销权后,赠与合同溯及既往地归于消灭。赠与财产尚未交付的,赠与人有权拒绝交付。赠与财产已经交付的,赠与人可依照不当得利的规定,向受赠人要求返还。

在附义务的赠与中,受赠人已经基于义务对第三人给付的,该给付不因赠与的撤销而受到影响。赠与财产无法返还的,受赠人应赔偿损失。但当受赠人死亡时,撤销权也随之消亡。

【课后思考题】

某公司在民政部门主办的大型赈灾义演会上,当众宣布向民政部门设立的救灾基金捐赠100万元。事后,该公司迟迟未支付捐款。下列意见哪一项是正确的?(1999年律师考试卷三第3题)

A. 此项捐赠允诺没有法律约束力,但该公司背信行为应受舆论谴责

B. 此项捐赠允诺没有法律约束力,但对于该公司以虚假允诺骗取宣传报道的行为,民政部门可给予行政处罚

C. 此项捐赠允诺有法律约束力,但该公司有权在支付捐款之前予以撤销

D. 此项捐赠允诺有法律约束力,该公司无权撤销,受赠人有权要求支付捐款

第十六章 借款合同

【导学案例】

老王向老李借了十万块钱给儿子小王结婚使用,约定一年之后归还本金和利息105000元。一年之后,老李向老王索要借款,老王以这笔钱是用于小王结婚应由小王归还而拒绝还款。此种情况下,老李该怎么办?

第一节 借款合同概述

一、借款合同的概念和特征

借款合同是指,借款人向贷款人借款,到期返还借款并支付利息的合同。其中向对方借款的一方称为借款人,出借钱款的一方称为贷款人。

我国合同法上的借款合同与传统民法上的借贷合同不同。传统民法上,借贷合同一般分为使用借贷和消费借贷。

使用借贷又称借用合同,是指当事人双方约定,一方将物无偿贷于他方使用,借用人在使用后,依照约定返还该物的合同。例如,孙悟空借铁扇公主的芭蕉扇,灭完火焰山的火,又原封不动地还回去。

消费借贷是指当事人双方约定一方将金钱或其他物品转移于他方,借用人在约定的期限内将同等种类、数量、品质的物返还给贷与人的合同。例如,关羽娶媳妇,钱不够,找大哥刘备借。事后,关羽存了半年的薪水,如数奉还。

本章讲的借款合同是一种消费借贷。

借款合同的特征如下:

第一,借款合同的标的为金钱。借款合同是转移标的钱款所有权的合同。钱是一种特殊的标的物,转移占有即意味着转移了所有权,因此,贷款人将钱款交付给借款人时,钱款所有权即转移给借款人。

第二,借款合同是双务合同。贷款人贷款给借款人并交付钱款的义务。而借款人,无论其是否支付利息,都要承担返还标的物钱款的义务。

二、借款合同的分类

借款合同可以分为金融机构借款合同和民间借款合同两种类型。

金融机构借款合同，是以银行或者其他金融机构为贷款人，以公民、法人或者其他组织为借款人，贷款到期时借款人归还所借资金和利息的合同。这类合同又称为信贷合同或者贷款合同。

自然人之间的借款合同，也称民间借贷，即自然人或法人之间形成的借贷关系。公民或法人将其钱款出借给借款人，借款人到期归还所借资金和利息的合同。值得注意的是，我国现行法律禁止企业之间的金钱借贷，此种企业之间的借贷行为是无效的。

金融机构借款合同与自然人之间的借款合同各有特征，其分别如下表：

	金融机构借款合同	自然人之间的借款合同
贷款人	金融机构	自然人、法人
是否有偿	必须有偿	由双方当事人约定，若未约定或约定不明，视为无偿
是否要式	必须采取书面合同	可以书面，也可以口头
合同性质	诺成合同	实践合同

对上表做以下解读：

第一，是否有偿，即借款人是否要支付利息。在民间借贷中，双方当事人约定了利息，则借款人应当支付；若双方当事人未约定或约定不明，则视为借款人无需支付利息。

第二，利率。金融机构借款合同的利率由中国人民银行提出方案报经国务院批准后实施。金融机构可以在中国人民银行规定的幅度内，以法定利率为基础，自行确定贷款利率。自然人之间的借款合同的利率由双方当事人自行约定，但最高不得超过银行同类贷款利率的四倍。超出部分，不受法律的保护。

另外，自然人之间的借款合同中也不得计算复利，即俗称的"利滚利"。若贷款人将利息计入本金计算复利的，其利率超出银行同类贷款利率的四倍，则超出部分不予保护。

第三，自然人之间的借款合同为实践合同，《合同法》第210条明确规定，自然人之间的借款合同自贷款人提供借款时生效。

这两种合同本章都会介绍。未作特别说明之处适用于上述两种合同。若自然人之间的借款合同有不同规定的，将特别说明。

三、借款合同的内容

根据《合同法》等规定，借款合同的主要条款包括借款种类、借款币种、借款用途、借款数额、借款利率、借款期限和还款方式等。在法律实务操作中，主要注意以下几个方面的问题：

第一，借款种类主要是按照借款方的行业属性、借款用途、资金来源以及运用方式进行划分。针对不同种类的贷款，金融机构和国家政策常实行不同的政策，以体现区别对待、择优扶持的信贷原则。如能源、交通、创汇产品企业、节能减排、降低污染的项目等，国家采取倾斜政策予以大力扶持。因此，属于上述政策倾斜的项目尤其应注意在合同中对借款种类做出明确的约定。但自然人之间的借款合同不强调必须有此项内容。

第二，借款币种：借款合同的标的物除了人民币，还包括一些外币。不同货币种类的借款利率有所不同，故借款合同中应对币种有明确规定。但若未写明币种，也不会导致合同无效。

第三，借款利率在金融机构借款合同中必须约定，而自然人之间的借款合同中由双方当事人协商是否约定。前面已有详细介绍，此处不再赘述。

第四，借款期限在自然人之间的借款合同中经常容易被忽略。这样一旦发生纠纷会比较麻烦。所以当事人，尤其是贷款人一定要重视借款期限的约定。

第二节 借款合同的效力

一、贷款人的权利

第一，要求借款人依约定及时返还借款的本金和利息。借款人迟延返还的，贷款人可以要求其一并支付违约金或者罚息。

第二，有担保的借款合同，贷款人有权在借款人不按期返还借款时，就担保物优先受偿。

第三，在合同执行过程中，贷款人还有权检查、监督借款人的经营管理和财务活动等情况。

二、贷款人的义务

第一，按期、足额提供贷款的义务。贷款人未按照借款合同约定的日期足额提供贷款给借款人造成损失的，应当赔偿损失。

值得注意的是，根据《合同法》第200条规定，借款的利息不得预先在本金中扣除。利息预先在本金中扣除的，借款人有权按照实际借款数额返还并计算利息。

例如，小燕子找皇阿玛借50两银子，约定一年后偿还。皇阿玛让皇后代办，皇后提出利息10%，即5两，并预先扣除，只给了小燕子45两银子。那么小燕子实际借款金额为45两，一年后需要偿还的利息只有4.5两。

第二，保密义务。贷款人有义务对合同订立过程中所掌握的借款人的商业机密及财政状况保密，尤其是金融机构作为贷款人时。这种保密义务有可能从合同成立之前就开始，并延至合同履行完毕之后。

曾有案例，甲得知某地的房产非常便宜，但就剩一套房。为了尽快买到这套房，甲向某银行申请贷款。银行工作人员在审查过程中了解到甲的贷款原因，并向上级领导汇报。领导下班回家就将某地房产非常便宜的信息当做新闻说给妻子听。说者无意，听者有心，其妻子第二天便去将房子买下来了。虽然甲与银行的借款合同尚未订立，但银行领导未履行保密义务，侵害了甲的利益，应承担缔约过失责任。

三、出借人的权利

出借人的权利主要是有权依照约定的时间、数额从贷款人处得到借款。

四、出借人的义务

出借人的义务包括以下几点：第一，按时返还借款本金和利息的义务。这是借款人的主要义务。《合同法》第207条规定，借款人未按照预定的期限返还借款的，应当按照约定或者国家有关规定支付逾期利息。

第二，借款人有依合同约定的用途使用借款的义务。借款用途是影响银行是否将钱款贷给借款人的重要因素之一。《合同法》第203条规定，借款人未按照约定的借款用途使用借款的，贷款人可以停止发放借款、提前收回借款或者解除合同。

第三，借款人应当接受银行检察、监督其使用借款的情况。这是为了保证贷款专款专用，故借款人有配合银行的义务，接受检查，提供有关的财务会计报表、统计资料等必要材料。

第四，借款人若以自己财产担保借款的，到期不能偿还借款及利息，则应以其担保物偿还。

第三节 借款合同法律实务

一、房屋贷款合同

中国社会已经经历了十多年的房产热。受到"居者有其屋"的传统观念的影响，中国人购房的热度短期内不会下降。许多人现在能够接受贷款买房的观念，并与银行签订房屋贷款合同。该合同的性质即金融机构借款合同。

在房产最热的时候，银行纷纷拿出诚意，以优惠的利率来吸引借款人。但银行的利率归根结底只能在中国人民银行规定的幅度内调整。当国家出台相关政策不允许有利率优惠，或二套房、三套房不发放贷款等，可能会让已经界定房屋买卖合同、正等待银行审批贷款的购房人丧失了购房能力，无法履行房屋买卖合同。

一旦房屋出卖仍追究购房人的违约责任时，我们应当这样理解：虽然违约责任是一种无过错责任，在房屋买卖合同出卖人看来，购房人确实未履行合同义务，但购房人不履行确实是由于国家新政策的出台，属于不可抗力，因此不构成违约。

即便如此，由于国家新政策只是直接影响房屋贷款合同，而未直接影响房屋买卖合同，所以为了避免纠纷的发生，当事人最好在房屋买卖合同中约定购房人使用贷款购房，若由于不可抗力无法贷款则可以解除合同。

二、借款合同的撰写

撰写借款合同时，应清楚完整地使用"某某借给某某人民币多少元……""贷款人某某""借款人某某"的字样。

中国文字博大精深，曾有一案，贷款人手写一张"声明"，内容为"今借张某五万元，应于半年后还清。借款人：李某"。除此以外，张某也在"声明"上签字。真实的情况是李某借给张某五万元，李某为贷款人。但由于口语的表达习惯不同，"声明"中的内容正好与真实情况相反。后来，张某发生车祸去世，张某的母亲收拾遗物时发现该"声明"，认为一定是李某欠了张某五万元，并要求其偿还。李某本与张某关系很好，想着这五万元就当丢了，没成想自己还要往外掏五万。归根究底，当事人在表达时一定要注意使用规范的法律用语。

【课后思考题】

公民甲与乙书面约定甲向乙借款5万元，未约定利息，也未约定还款期限。下列说法哪些是正确的？

A. 借款合同自乙向甲提供借款时生效
B. 乙有权随时要求甲返还借款
C. 乙可以要求甲按银行同期同类贷款利率支付利息
D. 经乙催告，甲仍不还款，乙有权主张逾期利息

第十七章 租赁合同

【导学案例】

2006年5月15日,甲公司与乙公司签订了关于某商场的租赁合同,双方约定:甲公司将其在某市一座位于繁华地段的商厦的一楼至二楼的3000平方米的商场租给乙公司经营百货,租期10年,每月每平方米租金50元。2006年10月1日,乙公司开张经营,即日起计算租金;每季度第3个月20日支付季度租金;如延迟支付,每日按季度租金总额的0.5%支付违约金。2007年每个季度的租金,乙公司都迟延1个月支付,因此双方发生纠纷。问题:甲公司可否解除与乙公司的租赁合同?如果该租赁合同解除,甲公司可否要求乙公司支付违约金?

第一节 租赁合同概述

一、租赁合同的概念

租赁合同是出租人将租赁物交付承租人使用、收益,承租人支付租金的合同。租赁合同中交付租赁物供对方使用、收益的一方称为出租人,使用租赁物并支付租金的一方称为承租人。

二、租赁合同的特征

租赁合同的特征表现在以下方面:

1. 租赁合同是转让财产使用权的合同

承租人对租赁物享有占有、使用、收益等权利,但无处分权,无所有权。这是其与买卖、赠与、互易等移转财产所有权合同的区别。

租赁合同中转让的财产必须是有体物、特定物、非消耗物。

2. 租赁合同为有偿、双务合同

租赁合同中出租人有交付出租物的义务,而承租人有支付租金的义务。

3. 租赁合同为诺成合同

租赁合同自出租人与承租人双方意思表示达成一致时成立。

4. 租赁合同为非要式合同

但租赁期在6个月以上的租赁合同应当采取书面形式,但如果当事人未采取书面形式的视为不定期租赁合同。

5. 租赁合同具有临时性

租赁合同不适用于财产的永久性使用。在许多国家和地区的立法上都规定了租赁合同的最长存续期限。

三、租赁合同的分类

（一）动产租赁与不动产租赁

以租赁合同的标的物为标准，可将租赁合同分为动产租赁合同和不动产租赁合同。

以动产为标的物的租赁合同，为动产租赁合同；以不动产为标的物的租赁合同为**不动产租赁合同**。

动产租赁包括一般的动产租赁、船舶租赁、汽车租赁等；不动产租赁在我国主要指房屋租赁，另外土地使用权租赁、承包经营权租赁、宅基地使用权租赁也视为不动产租赁。

这种区分的意义在于，法律一般对不动产租赁有特殊的要求，如登记备案等；而动产租赁则一般没有这些要求。

（二）定期租赁与不定期租赁

以租赁合同是否有固定的期限为标准，可将租赁合同分为定期租赁合同和不定期租赁合同。

定期租赁合同指合同约定有明确期限的租赁。

不定期租赁合同的产生有三种情形：其一为当事人在租赁合同中未约定租赁期限；其二为当事人在租赁合同中将租赁期限约定为 6 个月以上，但未采取书面形式，双方当事人又就租赁期限产生争议的，租赁合同视为不定期租赁合同；其三为租赁期间届满，承租人继续使用租赁物，出租人没有提出异议的，原租赁合同继续有效，但租赁期限为不定期。

这种区分的意义在于，在不定期租赁中，除非法律另有规定，双方当事人均可随时终止合同。

（三）本租和转租

在不动产租赁中，存在本租和转租。

本租，是不动产租赁的初始租赁合同。**转租**，是承租人不退出租赁关系，而将租赁物出租给次承租人使用收益的租赁合同。

我国《合同法》规定，承租人经出租人同意，可以将租赁物转租给第三人。承租人转租的，承租人与出租人之间的租赁合同继续有效，第三人对租赁物造成损失的，承租人应当赔偿损失。承租人未经出租人同意转租的，出租人可以解除合同。

第二节 租赁合同的效力

一、租赁合同的一般效力

（一）出租人的义务

1. 交付租赁物并在租赁期间保持租赁物符合约定的用途的义务

这里的交付包括现实交付、指示交付和简易交付。

2. 对出租物的修缮义务

《合同法》第 220 和 221 条规定:"出租人应当履行租赁物的维修义务,但当事人另有约定的除外。"

出租人未履行维修义务,承租人可以自行维修,维修费用由出租人负担。因维修租赁物影响承租人使用的,应当相应减少租金或者延长租期。

3. 租赁物的瑕疵担保义务

瑕疵担保义务,包括物的瑕疵担保义务和权利的瑕疵担保义务。

物的瑕疵担保义务是指,出租人应担保所交付的租赁物能够为承租人依约正常使用、收益。如果租赁物有使承租人不能为正常使用、收益的瑕疵,出租人即应承担违约责任,承租人得解除合同或者请求减少租金。

权利的瑕疵担保义务是指,出租人应担保不因第三人对承租人主张权利而使承租人不能依约为使用、收益。如因第三人主张权利,致使承租人不能对租赁物使用、收益的,承租人可以要求减少租金或者不支付租金。

4. 出卖租赁物的通知义务

在房屋租赁合同中,因法律赋予承租人一项特别的权利,即对所承租的房屋于出租人出卖时享有优先购买权。

所谓房屋承租人的优先购买权,是指在租赁合同存续期间,当出租人出卖租赁物时,承租人在同等条件下,依法享有优先于其他人购买的权利。法律赋予承租人优先购买权是为了简化法律关系,实现物尽其用。因此,为实现承租人的这一权利,法律规定出租人在出卖房屋时,应当首先通知承租人,承租人享有以同等条件优先购买的权利。

例如:虚竹将灵鹫宫出租给慕容复,二人订立房屋租赁合同,约定租期为 5 年。半年后,虚竹将灵鹫宫出售给段誉,但未将灵鹫宫出售事宜告知慕容复。不久,慕容复以其房屋优先购买权受侵害为由,将虚竹和段誉告上法庭,请求法院判决二人之间灵鹫宫房屋买卖合同无效。这个案例中,由于慕容复为承租人,享有优先购买权,因此虚竹在出卖灵鹫宫之前应先通知慕容复,在同等条件下慕容复享有优先购买灵鹫宫的权利。

另外,根据 2009 年最高人民法院《关于审理城镇房屋租赁合同纠纷案件具体应用法律若干问题的解释》第 21 条规定:出租人出卖租赁房屋未在合理期限内通知承租人或者存在其他侵害承租人优先购买权情形,承租人请求出租人承担赔偿责任的,人民法院应予支持。但请求确认出租人与第三人签订的房屋买卖合同无效的,人民法院不予支持。所以,慕容复仅能以虚竹侵害其优先购买权而要求虚竹承担损害赔偿责任而不能主张虚竹和段誉之间的合同无效。

(二)承租人的义务

1. 支付租金的义务

这是承租人的最重要最基本的义务,如果承租人没有正当理由拒绝支付租金,则出租人有权解除合同。

关于租金的支付期限,《合同法》第 226 条规定:"承租人应当按照约定的期限支付租金。对支付期限没有约定或者约定不明确,依照本法第 61 条的规定仍然不能确定,租赁期间不满一年的,应当在租赁期间届满时支付;租赁期间一年以上的,应当在每届满一年时支付,剩余期间不满一年的，应当在租赁期间届满时支付。"

2. 依约定方法或租赁物的性质使用租赁物的义务

承租人在占有租赁物后，应当依照约定的方法使用租赁物。对使用租赁物的方法没有约定或者约定不明确，当事人可以协议补充，不能达成补充协议的，按照合同有关条款或者交易习惯确定。仍不能确定的，应当按照租赁物的性质使用。

承租人按照约定的方法或者租赁物的性质使用租赁物，致使租赁物受到损耗的，不承担损害赔偿责任，承租人如果未依照约定的方法或者租赁物的性质使用租赁物，致使租赁物受到损失的，出租人可以解除合同并要求赔偿损失。

3. 妥善保管租赁物的义务

承租人作为租赁物的占有人，应当妥善保管租赁物。承租人未尽妥善保管义务，造成租赁物毁损、灭失的，应当承担损害赔偿责任。

承租人应以善良管理人的注意去保管租赁物。租赁物有收益能力的，应保持其收益能力。承租人违背妥善保管租赁物的义务，致使租赁物毁损、灭失的，应对出租人承担损害赔偿责任。

4. 返还租赁物的义务

租赁关系终止后，租赁物仍然存在的，承租人应当返还租赁物。返还的租赁物应当符合按照约定或者租赁物性质使用后的状态。

承租人在租赁期间未经出租人同意，对租赁物进行改建、改装或者增加附着物的，在返还租赁物时，出租人有权要求予以拆除，恢复租赁物的原状。

承租人的上述行为经出租人同意的，可不恢复租赁物的原状，并就因此而使租赁物价值增加的部分，转而请求有益费用的返还。

承租人在返还租赁物时，就其对租赁物所支出的必要费用，也可主张返还。所谓必要费用，是指为维护租赁物所不可缺少的费用。比如租赁物的保管费、机器的养护费、动物的饲养费皆属之。

5. 不作为义务

租赁合同中，承租人的不作为义务主要包括以下内容：

（1）不得随意对租赁物进行改善或者在租赁物上增设他物。

承租人未经出租人同意，即对租赁物进行改善或者增设他物的，出租人可以要求承租人恢复原状或者赔偿损失。

（2）不得随意转租。

所谓**转租**，是指承租人不退出租赁合同关系，而将租赁物出租给次承租人使用、收益。

根据《合同法》的规定，承租人未经出租人同意转租的，出租人可以解除合同。

例如：丘处机将自己终南山上的一套房屋租给小龙女居住，小龙女又擅自将房屋租给杨过居住。杨过是个飞镖爱好者，因练飞镖将该房屋的墙面毁损。在本案中，小龙女未经丘处机同意将房屋转租给杨过，丘处机有权解除与小龙女的租赁合同；租赁合同解除后，杨过对房屋的占有即为无权占有，丘处机可依所有物返还请求权要求小龙女搬出该房屋。另外，关于墙面的毁损，丘处机只能对租赁合同的相对人——小龙女主张违约损害赔偿责任，小龙女承担违约责任后可以向杨过追偿。当然，作为房屋所有人，丘处机还可以按照《侵权责任法》追究杨过的侵权责任。

二、租赁合同的特别效力

（一）租赁权的物权化

租赁权的物权化表现在，虽然租赁合同是债权性合同，但在某些特殊情况下，租赁债权却有对抗第三人的特性，即所谓"**买卖不破租赁**"的特征，学者将这种特征称为"债权的物权化特征"。

也就是说，当租赁物的所有权转移时，租赁合同仍然有效，即新的所有人不能以所有权移转的事实而主张原租赁合同无效。

我国《合同法》第229条的规定，租赁物在租赁期间所有权变动的，承租人的租赁权可以对抗租赁物的新的所有权人，承租人与出租人原来在租赁合同中所作的其他约定，租赁物的新所有权人也应一并遵循。

（二）房屋承租人的优先购买权

房屋租赁合同的承租人的优先购买权，参见出租人的通知义务。

《最高人民法院关于审理城镇房屋租赁合同纠纷案件具体应用法律若干问题的解释》进一步补充规定，出租人与抵押权人协议折价、变卖租赁房屋偿还债务的，应当在合理期限内通知承租人。承租人请求以同等条件优先购买房屋的，人民法院也应予支持。

这里要注意，承租人仅在同等条件下得享有优先购买权。此处的同等条件，要综合考虑价格的多少、付款期限的长短、一次性付清还是分期付款、有无担保等因素。

承租人优先购买权行使的范围也有限定，下列情形之一，承租人主张优先购买房屋的，人民法院则不予支持：（1）房屋共有人行使优先购买权的；（2）出租人将房屋出卖给近亲属，包括父母、子女、兄弟姐妹、祖父母、外祖父母、孙子女、外孙子女的；（3）出租人履行通知义务后，承租人在15日内未明确表示购买的；（4）第三人善意购买租赁房屋并已办理登记手续的。

（三）租赁权的法定让与

《合同法》第234条规定："承租人在房屋租赁期间死亡的，与其生前共同居住的人可以按照原租赁合同租赁该房屋。"这就是关于**租赁权的法定让与**的法条根据。

另外，承租人租赁房屋用于以个体工商户或个人合伙方式从事经营活动，承租人在租赁期间死亡、宣告失踪或者宣告死亡，其共同经营人或其他合伙人请求按照原租赁合同租赁该房屋的，人民法院应予支持。

第三节 租赁合同的期限

无论合同当事人是否在合同中明确约定租赁期限，租赁合同都是有期限的。租赁合同的这一特征是由租赁合同是转移财产使用权的合同的性质决定的。即使是不定期租赁，也不能理解为无期限的永久租赁，而是任意期限的租赁，当事人一方可以随时解除租赁合同。

我国《合同法》规定，租赁合同的最高期限是20年，超过部分无效。

租赁期限6个月以上的，应当采用书面形式，当事人未采用书面形式的，视为不定期租赁。但出租人解除租赁合同的，应当在合理期限之前通知承租人，以保护承租人的利益。

第四节 租赁合同中的风险负担

租赁合同中的风险负担，指的是当由于既不可归责于承租人，又不可归责于出租人的事由致使租赁物部分或全部毁损、灭失时，损失由哪方当事人负担的问题。包括租赁物的风险负担和租金的风险负担两种。

（一）租赁物的风险负担

自罗马法以来，就形成了由物之所有人负担风险的法律观念，亦即"不幸事件只能落在被击中者头上"，这是租赁物风险负担的一般原则。

故此，当不可归责于双方当事人时，租赁物的所有人应负担租赁标的物毁损或灭失的风险。

（二）租金的风险负担

《合同法》第231条明确规定，因不可归责于承租人的事由致使租赁物部分或全部毁损、灭失的，承租人可以要求减少租金或不支付租金；因租赁合同部分或者全部毁损、灭失，致使不能实现合同目的的，承租人可以解除合同。

第五节 租赁合同的解除

租赁合同的解除是租赁合同终止的主要事由之一，指的是租赁合同期限虽未届满，但出现法定或约定情事，而由当事人双方或其中一方解除合同，致使租赁合同因此而终止的情形。

租赁合同还可以因期限届满而终止。

一、出租人的解除权

出租人的解除权包括：

（1）承租人未按照约定的方法或者租赁物的性质使用租赁物，致使租赁物受到损失的，出租人有权解除合同（《合同法》第219条）。

（2）承租人未经出租人同意转租的，出租人可以解除合同（《合同法》第224条）。

（3）承租人无正当理由未支付或者迟延支付租金的，出租人可以要求承租人在合理期限内支付。承租人逾期不支付的，出租人可以解除合同（《合同法》第227条）。

二、承租人的解除权

承租人的解除权包括：

（1）当租赁物由于不可归责于承租人的事由，部分或者全部毁损灭失，致使租赁合同的目的无法实现时，承租人可以解除合同，终止双方当事人间的租赁关系（《合同法》第231条）。

（2）当事人对租赁期限没有约定或者约定不明确，依照《合同法》第61条的规定仍不能确定的，视为不定期租赁。当事人可以随时解除合同，但出租人解除合同时应当在合理期限之前通知承租人(《合同法》第232条)。

(3) 租赁物危及承租人的安全或者健康的,即使承租人订立合同时明知该租赁物质量不合格,承租人仍然可以随时解除合同(《合同法》第233条)。

【思考题】

1. 贾宝玉和林黛玉签订协议,约定贾宝玉租用林黛玉的房屋10年,租金每年1万元,贾宝玉可以转租。第二年,贾宝玉将该房屋转租给薛宝钗,租期3年,租金每年1.5万元。后因林黛玉经营不善,房屋被法院拍卖还债,薛宝钗购得该房屋。现贾宝玉、林黛玉对两份租赁合同的履行产生争议。

请问:本案是否适用"买卖不破租赁"原则?贾宝玉是否有权要求薛宝钗继续履行转租合同?薛宝钗是否有权主张将转租合同的租金变更呢?

2. 丁某将其所有的房屋出租给方某,方某将该房屋转租给唐某。下列哪些表述是正确的?(2011年卷三多选第57题)

A. 丁某在租期内基于房屋所有权可以对方某主张返还请求权,方某可以基于其与丁某的合法的租赁关系主张抗辩权

B. 方某未经丁某同意将房屋转租,并已实际交付给唐某租用,则丁某无权请求唐某返还房屋

C. 如丁某与方某的租赁合同约定,方某未经丁某同意将房屋转租,丁某有权解除租赁合同,则在合同解除后,其有权请求唐某返还房屋

D. 如丁某与方某的租赁合同约定,方某未经丁某同意将房屋转租,丁某有权解除租赁合同,则在合同解除后,在丁某向唐某请求返还房屋时,唐某可以基于与方某的租赁关系进行有效的抗辩

3. 甲公司将自己所有的10台机器出租给了乙公司,乙公司未经其同意,将其低价出售给知情的丙公司,丙公司又将其出租给丁公司。丁公司对上述交易过程完全不了解。下列哪些选项是正确的?(2008年四川司法考试卷三第58题)

A. 丙、丁之间的租赁合同有效

B. 甲公司有权请求丁公司返还机器,并且无须补偿其任何损失

C. 甲公司有权请求丁公司返还机器,但是应补偿其损失

D. 甲公司无权请求丁公司返还机器,但是丁公司应当补偿甲公司的损失

第十八章　融资租赁合同

【导学案例】

某国际租赁公司与某钢铁公司于1997年签订了一份租赁合同，由国际租赁公司从国外购买一套轧钢设备出租给钢铁公司，租期5年，租金共100万美元，货到一个月内，钢铁公司支付20万美元，其余租金从1999年2月至2003年2月分5次付清。租期届满且钢铁公司付清全部租金后，该设备的所有权归钢铁公司。钢铁公司于1997年12月收到该套设备后，经商检局检验，发现部件短少，品质有缺陷，并夹杂旧货，责任属出卖人。钢铁公司向卖方索赔，卖方承认有缺陷，但一直未赔。于是，钢铁公司以租赁公司为被告，向法院起诉。请问，本案应当如何处理？

第一节　融资租赁合同概述

一、融资租赁合同的概念

融资租赁合同，是指出租人根据承租人对租赁物的特定要求和对供货人的选择，出资向供货人购买租赁物，并租给承租人使用，承租人按约定支付租金，在租赁期满时，承租人返还租赁物或者按约定的办法取得租赁物所有权的合同。

根据《合同法》规定，融资租赁合同的内容包括租赁物名称、数量、规格、技术性能、检验方法、租赁期限、租金构成及其支付期限和方式、币种、租赁期间届满租赁物的归属等条款。

融资租赁合同是融资租赁交易的产物。融资租赁交易是第二次世界大战后发展起来的融金融、贸易和租赁为一体的新型信贷方式。这种通过租赁进行的融资活动，颇受当事人各方的青睐。就承租人而言，可以经由融资租赁，用较少的资金解决生产所需；就出租人而言，既可获取丰厚的利润，又有较为可靠的债权保障。

可以说，融资租赁合同是当承租人资金短缺时，由出租人按照其要求为其买下租赁物，承租人分期支付使用费。融资租赁合同中的承租人为融资人。

二、融资租赁合同的特征

（一）融资租赁合同是由两份合同、三方当事人结合构成的新型独立合同

两份合同，即出租人与承租人之间的租赁合同和出租人与出卖人之间的买卖合同，两份合同不能分割；三方当事人，即出租人、承租人和出卖人，承租人选择出卖人和租赁物，出租人向出卖人购买租赁物，出卖人向承租人交付租赁物，承租人向出租人支付租金。

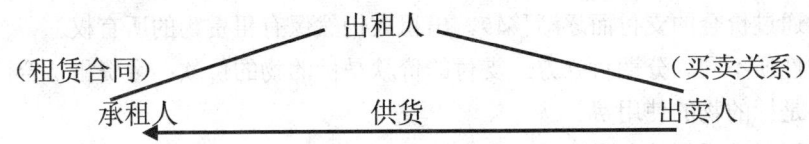

（二）融资租赁合同是融资与融物相结合的合同

与传统租赁合同不同，融资租赁合同的出租人提供的是融资服务，租金的计算主要是考虑货币的时间价值，而传统租赁主要是经营租赁物获取的利润。一项融资租赁交易，出租人达到融资目的，承租人实现了融物目的，供货人实现了货物的销售完成了资金的回笼。

（三）融资租赁合同出租人具有特殊性

一般的租赁合同对出租人的身份并没有特别的限制，但是在融资租赁合同中，出租人应当具有融资租赁业务的资质。这是融资租赁合同主体上的特征。

在我国，考虑到融资租赁交易具有融资性，只有经有关部门批准许可经营的公司，才有从事融资租赁交易、订立融资租赁合同的资格。此类公司在设立的条件、程序、经营活动等方面，法律都有严格的规定。

（四）融资租赁合同中租赁物的所有权和使用权是长期分离的

在融资租赁中，合同生效后之后，租赁物虽然被交付给承租人使用，但是所有权归属于出租人，所有权和使用权长期分离。这是由融资租赁合同所具有的融资和融物的双重功能决定的。

（五）融资租赁合同具有双务性、诺成性、要式性和继续性

融资租赁合同是双务合同，出租人要履行按照承租人的要求购买标的物，并交付承租人使用的义务，而承租人要履行支付租金的义务。

融资租赁合同是诺成合同，其成立和生效并不以标的物的实际支付为要件。

融资租赁合同是要式合同。《合同法》第238条第2款规定："融资租赁合同应当采用书面形式。"之所以要采用书面形式，是因为此类合同内容复杂，且涉及多方当事人，并且合同的标的物一般价值较大。

融资租赁合同也是一种继续性合同。合同义务需要长期、持续履行。

三、融资租赁合同与分期付款买卖的区别

分期付款买卖合同，是指双方当事人在合同中约定，出卖人先交付标的物，买受人分次支付合同的总价款的一种特殊的买卖合同。

融资租赁交易中的承租人享有在租赁期限届满后购买租赁物的选择权，这一点与所有权保留的分期付款买卖中的买受人，在支付最后一期价款后取得买卖标的物的所有权在本质上

是相同的；出租人虽然仍然享有租赁物的所有权，但是，其所有权主要是为了担保租金债权，其在交付租赁物与承租人后，除了担负承租人部分给付或不能给付的危险之外，并不负担其他的风险，这与保留所有权分期付款买卖中的出卖人也没有本质区别。二者的区别主要表现在：

（1）分期付款买卖是买卖的一种特殊形式，仍然符合买卖的基本属性；融资租赁是一种具备买卖合同某些特征的租赁形式，虽然采用了租金的分期支付方式，但本身并不是买卖，也不是分期付款买卖。

（2）分期付款买卖通常与所有权保留相结合，形成所有权的逐渐转移；在融资租赁合同中，所有权并非通过价金的支付而逐渐移转，出租人仍然保有租赁物的所有权。

（3）付款的性质不同。分期付款方式支付的价款是标的物的价款；融资租赁合同中支付的款项是租金，是标的物的使用费。

（4）合同期限届满后物的归属不同。分期付款期限届满，标的物所有权完全转移为买受人；融资租赁期限届满，租赁物原则上归属于出租人，当事人也可以协商归承租人所有。

（5）分期付款买卖仅仅涉及出卖人与买受人双方，一般不会对金融秩序造成影响；融资租赁合同具有融资功能，涉及国家金融秩序与安全，往往被纳入金融监管的范围。

第二节　融资租赁合同的效力

一、出卖人的权利义务

出卖人的权利义务表现在：

（1）出卖人有权向买受人（即出租人）要求支付价款。

（2）出卖人应按照约定向承租人直接交付标的物，并对标的物承担瑕疵担保责任。

（3）承租人无故迟延受领标的物，给出卖人造成损失的，出卖人可以要求买受人赔偿。

二、出租人的权利义务

出租人的权利义务表现在：

（1）出租人应当根据承租人对出卖人、租赁物的选择订立买卖合同，购买符合承租人要求的租赁物。未经承租人同意，出租人不得变更与承租人有关的条款。

租赁物不符合约定或不符合使用目的的，出租人不承担物的瑕疵担保责任，但承租人依赖出租人的技能确定租赁物或者出租人干预选择租赁物的除外。

（2）出租人应当保证承租人对租赁物的占有和使用。出租人应按照买卖合同的要求向出卖人支付价款，并协助承租人实际受领租赁物，以保障承租人的合同利益。出租人有下列情形之一，影响承租人对租赁物的占有和使用的，应承担赔偿损失的责任：

① 无正当理由收回租赁物；

② 无正当理由妨碍、干扰承租人对租赁物的占有和使用；

③ 因出租人的原因导致第三人对租赁物主张权利；

④ 不当影响承租人对租赁物占有、使用的其他情形。

(3) 一般情况下，在出卖人不履行合同义务时，出租人有权向其索赔。在根据出租人、出卖人、承租人的约定由承租人索赔时，出租人有义务协助承租人向出卖人行使索赔权。出租人有下列情形之一，导致承租人对出卖人索赔逾期或者索赔失败的，出租人应承担相应责任：

① 明知租赁物有质量瑕疵而不告知承租人的；
② 承租人行使索赔权时，未及时提供必要协助的；
③ 怠于行使融资租赁合同中约定的只能由出租人行使对出卖人的索赔权的；
④ 怠于行使买卖合同中约定的只能由出租人行使对出卖人的索赔权的。

三、承租人的权利义务

承租人的权利义务表现在：

（1）承租人应按照约定的时间、地点和方式检验并受领租赁物。承租人在下列情形下有权拒绝受领租赁物：

① 租赁物严重不符合约定的；
② 出卖人未在约定的交付期间或者合理期间内交付租赁物，经承租人或者出租人催告，在催告期满后仍未交付的。

承租人拒绝受领租赁物，未及时通知出租人，或者无正当理由拒绝受领租赁物，造成出租人损失的，承租人应承担责任。

（2）承租人应按照约定向出租人支付租金。承租人逾期履行支付租金义务或者迟延履行其他付款义务，出租人有权按照融资租赁合同的约定要求承租人支付逾期利息及相应违约金。

承租人经催告在合理期限内仍不支付租金的，出租人可以要求其支付到期和未到期的全部租金，也可以直接解除合同，收回租赁物。

（3）承租人应妥善保管、使用租赁物，并履行占有物租赁期间的维修义务。承租人占有租赁物期间，租赁物造成第三人人身损害或财产损失的，出租人不承担责任。

（4）承租人占有租赁物期间，租赁物毁损、灭失的风险由承租人承担。出租人有权要求承租人继续支付租金，但当事人另有约定或者法律另有规定的除外。

（5）租赁期间届满，承租人应将租赁物返还给出租人，双方约定租赁期间届满租赁物归承租人所有的除外。因租赁物毁损、灭失或者附合、混同于他物导致承租人不能返还的，承租人应对出租人给予合理补偿。

（6）承租人的**部分返还请求权**。当事人约定租赁期间届满租赁物归承租人所有，承租人已经支付大部分租金，但无力支付剩余租金，出租人因此解除合同收回租赁物的，收回的租赁物的价值超过承租人欠付的租金以及其他费用的，承租人可以要求部分返还。这是融资租赁合同中承租人的一项特殊权利，值得注意。

第三节 租赁期限届满后租赁物的归属

在融资租赁合同履行过程中，租赁物归出租人所有，但长期为承租人占有和使用。当租赁期限届满后，租赁物是归还出租人还是转为承租人所有，这便成为一个问题。

对此,我国《合同法》第250条做出明确规定:"出租人和承租人可以约定租赁期间届满租赁物的归属。对租赁物的归属没有约定或者约定不明确,依照本法第六十一条的规定仍不能确定的,租赁物的所有权归出租人。"据此,在租赁期满后对租赁物归属的处理有以下三种情况:

(1)出租人和承租人可以约定租赁期间届满租赁物的归属。这就是说,在融资租赁合同中,当事人双方可以约定在租赁期间届满时,租赁物的所有权归承租人,也可以约定归出租人所有;归出租人所有的,承租人应当返还租赁物。

(2)租赁期届满时,如果没有关于承租人的选择留购或续租租赁物的约定,或者虽有该约定但承租人不留购又不续租租赁物的,则承租人应按期将租赁物返还出租人。

(3)对租赁物的归属没有约定或者约定不明确,依照本法第61条的规定仍不能确定的,租赁物的所有权归出租人享有。

【课后思考题】

甲公司需要乙公司生产一套精密成套设备,双方找丙公司商议,约定由丙公司购买并直接租给甲公司。甲、乙、丙三方签订如下合同:(1)由丙公司付给乙公司货款500万元;(2)乙公司将精密成套设备代办托运给甲公司;(3)甲公司承租该设备,期限为10年,每年租金80万元。该合同由甲、乙、丙公司的法定代表人签字,甲、乙、丙公司加盖了合同专用章。

合同签订后,乙公司按约定将设备交付给甲公司。甲公司收到设备后,经过调试,开始使用设备,但在使用过程中,闪电击中电线致使设备损坏。根据合同法相关知识回答下列问题:

1. 甲、乙、丙之间的合同属于合同法上的哪种合同?
2. 若乙公司交付的设备质量不符合要求,甲公司可否向乙公司追究违约责任?
3. 甲公司在设备使用过程中,因闪电击中电线而令设备受损,损失应由谁承担?
4. 甲公司在使用过程中部分设备需要维修,该维修费用由谁承担?
5. 租赁期满,设备所有权归属于谁?

第十九章 承揽合同

【导学案例】

甲乙两人约定,乙为甲制作一块牌匾,上书"悬壶济世"四个大字,落款为甲家,甲向乙支付报酬500元。乙辛苦了半个月终于按照甲的要求将牌匾制作出来,交付时甲却发现牌匾的落款写成了丙家。这个牌匾对甲无用。请问:在这种情况下,甲是否还应当支付乙报酬?

第一节 承揽合同概述

一、承揽合同的概念和特征

承揽合同是指承揽人按照定作人的要求完成工作,交付工作成果,定作人给付报酬的合同。

承揽人是指完成工作并将工作成果交付给对方的一方当事人。**定作人**是接受工作成果并向对方给付一定报酬的一方当事人。承揽合同属于典型的提供劳务的合同,它确立了所有类型提供劳务的合同法律适用一般规则。

承揽合同的法律特征如下:

第一,承揽合同标的物的特定性。即承揽合同的标的物为按照定作人的要求完成的工作成果,而不是一般的其他商品。

第二,承揽人完成工作的独立性。

由于承揽合同一般是建立在定作人对承揽人设备技术劳力等能力和条件信任的基础上签订的,所以除非当事人另有约定,承揽人应当以自己的设备、技术和劳力完成主要工作。

但承揽人可将其辅助工作交由第三人完成,并就第三人完成的工作成果向定作人负责。

第三,承揽合同为双务合同、有偿合同、诺成合同以及不要式合同。

二、承揽合同与其他合同的辨析

承揽合同在某些方面与其他一些合同有相似之处,但在主要方面却存在着独特的和明显的区别。例如:

(一)承揽合同与买卖合同

	承揽合同	买卖合同
标的物	特定物	种类物、特定物
监督权	定作人有权	买受人无权

需要说明的是:第一,承揽合同的标的物在合同成立时并不存在,所以标的物只能是特定物;第二,承揽合同中的定作人对承揽人的工作有检验监督权,而买卖合同中的买受人仅对出卖人有请求交付约定标的物的权利。

(二)承揽合同与委托合同

	承揽合同	委托合同
有无偿	有偿	有偿无偿均可
以谁名义行为	以承揽人名义	以委托人名义
费用承担	承揽人承担	委托人承担

(三)承揽合同与劳动合同

两种合同都要求当事人为对方完成一定工作,但劳动合同是一种存在于法人内部的合同关系,在这种合同中,完成工作的一方当事人只能是对方的职工,按照法人内部的规章完成工作。而承揽合同则是由某一法人或者自然人,按照自己的意志独立完成的工作。

	承揽合同	劳动合同
适用法律	《合同法》为主	《劳动合同法》为主
当事人关系	平等民事主体	单位与职工

第二节 承揽合同的效力

一、对承揽人的效力

(一)按照合同约定完成工作

(二)亲自完成工作

该部分内容已经在承揽合同的特征中做了详细的阐述,在此不赘述。

例如,唐僧在女儿国时,和女儿国国王约定,由国王亲手制作一件袈裟,并在取经回来之后以一本经书换取袈裟。而当唐僧取经回来,发现这件新袈裟并非由女儿国国王亲手缝制,而是女儿国太师缝制,则此时唐僧就有权利拒收这件袈裟。但如果这件袈裟大部分是由女儿国国王缝制,而太师只是辅助了一些穿针引线的工作,则唐僧就应以支付一本经书为此袈裟的报酬。

(三)对定作人提供原材料的检验、保管和诚实信用义务

这一义务要求承揽人对原材料应当及时检查,发现不符合要求的应及时通知定作人补齐、

更换或采取其他措施。如果承揽人未对原材料及时检验，则视为原材料合格，在此情况下造成的定作物质量问题或延误工期应由承揽人承担责任。承揽人对于原材料应妥善保管，因保管不善造成损毁或灭失，应由承揽人负赔偿责任。在工作进行的过程中，承揽人应诚实地使用定做人提供的材料，不能私自更换，以次充好，不得更换不需要修理的零部件。

（四）保密义务

承揽人对定作人要求保密的工作，应尽到保密义务，不得擅自留存复制工作成果和技术资料。否则，定作人有权要求赔偿损失、销毁工作成果。

（五）接受检查和监督的义务

承揽人在工作期间有义务接受定作人的检验和监督以保证工作能够按照合同约定完成。但定作人在检查监督期间，不得妨碍承揽人的工作。

（六）通知义务

通知义务是指承揽人有义务及时将承揽工作中的异常情况通知给定作人。在以下情况下，承揽人应该尽到通知义务：定作人提供的原材料不符合要求时；定作人提供的图纸或技术要求不合理时；非因承揽人原因而造成的工作进度减缓或质量问题时等。

（七）交付工作成果的义务

承揽人完成定作人要求的工作并将工作成果交付给定作人，是承揽合同的主要目的。因此，交付工作成果为承揽人的重要义务。承揽人应按照合同约定的数量、质量和期限完成并交付工作成果，对于定作物有附属物的，如备件、配件、维修工具、图纸、技术资料等也应一并交付。在交付工作成果时，承揽人负有转移工作成果所有权的义务，即承揽人将其工作成果交付给定作人时，所有权一并转移。

同时，承揽人应对交付的工作成果承担瑕疵担保责任。即《合同法》第262条规定，承揽人交付的工作成果不符合质量要求的，定作人可以要求承揽人承担修理、重作、减少报酬、赔偿损失等违约责任。

（八）共同承揽人的连带责任

共同承揽人为对同一承揽事务负有共同完成工作义务的多数人，即多数承揽人共同承揽同一工作且彼此之间再无承揽关系的情形。因此，此连带责任不包括承揽人将工作的辅助部分交由第三人完成的次承揽情况，仅指对定作人均负直接完成承揽工作义务的承揽人。此外，共同承揽人关于责任划分的协议仅限于内部约定，除非定作人同意各承揽人的约定对自己有约束力，否则该协议不得对抗定作人。

（九）法定解除权

《合同法》第268条规定，定作人可以随时解除承揽合同，造成承揽人损失的，应当赔偿损失。

二、对定作人的效力

（一）支付报酬和费用的义务

定作人应依合同约定的时间、数额、方式等向承揽人支付报酬。另外，在承揽人提供原材料的承揽合同中，定作人还应向承揽人支付原材料的费用。定作人延期接受工作成果出现保管费用的，定作人还应向承揽人支付保管费用。

《合同法》第263条规定，定作人应当按照约定的期限支付报酬。对支付报酬的期限没有约定或者约定不明确的，依照本法第61条的规定仍不能确定的，定作人应当在承揽人交付工作成果时支付；工作成果部分交付的，定作人应当相应支付。

此外，定作人支付的报酬，不以货币为唯一支付方式，只要双方当事人同意，也可以用其他物代替。

（二）定作人的协助义务

因承揽工作的性质，承揽人完成约定的义务需要定作人的协助。定作人有按照约定提供原材料、零配件、图纸、技术资料等的义务。如果合同中约定由定作人提供，定作人应该按照合同约定的数量、质量、时间等提供。同时，当承揽人尽到通知义务，提醒定作人应履行某些义务，如及时更换、补齐有瑕疵的材料或图纸时，定作人应及时履行。

定作人不履行协助义务的，承揽人有权利解除合同，不必承担因此造成承揽工作无法完成的责任。造成承揽人损失的，承揽人有权要求定作人赔偿。

（三）接受工作成果的义务

定作人应按照合同规定的时间地点和方式验收并接受承揽人完成的工作成果。按照我国《合同法》的规定，定作人有权随时解除合同，但对于解除合同给承揽人造成损失的，应赔偿承揽人因此所有的损失。

（四）定作人的任意解除权

当定作人不再需要承揽合同中的工作成果时，为了减少定作人不必要的损失，《合同法》第268条规定，定作人可以随时解除承揽合同，但因此造成承揽人损失的，应当赔偿损失。

（五）定作人的法定解除权

承揽人有下列情形时，定作人可以解除合同；若造成定作人损失的，可以请求赔偿：

第一，承揽人未经定作人同意而将承揽合同的主要工作交由第三人完成；第二，承揽人未按照合同约定时间完成工作而使工作成果对定作人已无意义；第三，承揽人工作中存在问题，经定作人检验监督提出问题而承揽人拒不更改；定作人未尽到协助义务，经承揽人通知仍不履行等。

三、承揽合同的特殊效力——承揽人的留置权

《合同法》第264条规定，定作人未向承揽人支付报酬或者材料等价款的，承揽人对完成的工作成果享有留置权，但当事人另有约定的除外。

承揽人行使其留置权有两个前提：

第一，支付期限届满后，定作人无正当理由拒不支付报酬或材料等价款。定作人不支付报酬或费用，并不是因为承揽人的原因，如承揽工作成果不符合合同要求等造成的。第二，承揽人对工作成果的占有必须合法。如承揽人已经将工作成果交付给定作人，所有权已经转移，则承揽人不能行使留置权。

例如，唐僧到女儿国时，和女儿国国王约定，请国王帮他再做一件袈裟，并约定取经归来之后用一本经文换取新的袈裟。而当他取经成功之后，忘记到女儿国取袈裟，则女儿国国王就拥有了留置唐僧这件袈裟的权利。

第三节 承揽合同中的风险负担

风险负担是指非因当事人的原因而使标的物意外灭失或者损毁，造成损失的承担问题。

在承揽合同中涉及的标的物主要是工作成果和原材料的意外灭失损毁所造成的损失由谁承担，以及报酬的风险负担，即债务履行不能。

一、原材料的风险负担

承揽工作的原材料如果是由承揽人提供的，则在其转化为工作成果交付之前，与定作人无关，原材料的损毁灭失的风险当然由承揽人承担。

承揽工作的原材料如果是由定作人的提供的，从交付主义的精神出发，以交付为标准。即在交付给承揽人之前，由定作人承担，在交付给承揽人之后，由承揽人承担。根据最高法院对于承揽合同的司法解释的理解适用，对于定作人来说，虽然原材料的所有权仍属于他，但他实际上已经丧失了对原材料的控制权，无法采取相应的措施来预防风险的出现，仍要定作人承担原材料的风险，有违公平。同时，虽然承揽人对由定作人提供的原材料不享有所有权，但通过原材料转化为工作成果的方式可以取得报酬，实质上也是从定作人提供的原材料中获得利益，根据风险与利益相一致原则，由其承担对定作人提供的原材料的风险负担并不丧失公平性。另外，此种情况下由承揽人负担原材料的风险，有助于承揽人加强对原材料的保管，防止因保管不当导致原材料损毁灭失。

二、工作成果的风险负担

承揽合同中工作成果的风险负担，是指承揽人已完成的工作成果一旦由于不归于双方当事人的事由损毁灭失，工作成果本身所遭受的损失由谁来承受。根据我国《合同法》的规定，承揽合同工作成果的风险负担，应以交付为标准确定。在交付前由承揽人承担，交付后由定作人承担。

定作人领受延迟，实际上是一种违约行为，风险应由定作人承担。

三、报酬的风险负担

承揽合同中报酬的风险负担，即债务履行不能的风险负担，指承揽人已经完成的工作成果一旦由于不可归责于双方当事人的事由损毁灭失，致使承揽人无法交付工作成果或者无法转移工作成果所有权，定作人应该向承揽人支付报酬。与工作成果的风险负担应有所区分。

在材料由承揽人提供的情况下，工作成果交付前由承揽人负担，交付后或领受延迟后由定作人负担。

在材料由定作人提供的情况下，劳务的风险在领受前由承揽人负担，即承揽人不得请求报酬；在领受后或者领受延迟后，风险由定作人负担，即定作人仍应支付报酬。这是贯彻了天灾归物权人负担的思想。

当事人另有约定的除外。

第四节　承揽合同法律实务问题

原材料是承揽合同中常见的内容之一，也是完成工作成果的前提。但往往容易被当事人忽略。在法律实务中，需要注意以下问题：

第一，根据《合同法》第 255 条、256 条规定，承揽人提供材料的，承揽人应该按照与定作人的约定或定作人的要求提供材料，并接受定作人的检验。

定作人提供材料的，承揽人应该使用定作人提供的材料，并对定作人提供的材料进行检验，发现不符合约定应及时通知定作人检验、补齐或者采取其他补救措施。

承揽人对定作人提供的材料不得擅自更换。

第二，定作人须对承揽人完成工作的数量、质量等方面是否符合合同约定加以检验。

验收的标准和方法，是承揽合同的重要组成部分，对于双方当事人正确履行合同具有重要意义，因此，最好在合同中明确约定验收的标准和方法。

【课后思考题】

王先生提供了五块铁板给某铁匠铺要求定制一个铁箱，开始制作后，王先生来到铁匠铺检查，觉得样式不够满意，遂要求铁匠铺停止制作。此时老铁匠已经使用了两块铁板。老铁匠认为这是无理要求，仍继续使用王先生提供的剩余的三块铁板，按原定要求样式完成了铁箱。至此，王先生应如何处理？

第二十章 建设工程合同

【导学案例】

甲公司与乙公司签订一份《铁路承发包合同》,约定乙公司将全长22公里的道路发包给甲公司施工。合同签订后,甲公司在经乙公司同意后,与丙公司订立一份铁路施工合同书,约定甲公司将其承包范围内的一段路基附属工程发包给丙公司。丙公司承包后又将与甲公司签订合同的工程发包给丁公司。

在建设过程中,因丁公司的施工质量不合要求,乙公司要求甲公司承担赔偿责任。而甲公司却认为应由丙公司承担责任。

问题:该施工的质量问题,乙公司有权要求谁承担责任?

第一节 建设工程合同概述

一、建设工程合同的概念

建设工程合同,是指承包人进行工程建设,发包人支付价款的合同。具体规定在《合同法》第369条第1款。

二、建设工程合同的法律特征

建设工程合同的法律特征有:

第一,合同主体的限定性。

建设工程的质量关系到生命安全和公共利益,因此对于承包人的资质有必要做出限制。《建筑法》对建设工程合同的承包人资质及分级管理做了规定,经过批准的持有相应资质证书的勘察、设计和施工单位只能在其资质等级许可的范围内承揽工程,并成为建设工程合同的主体。[①]不具备相应资质条件的承包人签订的建设工程合同属于无效合同。

第二,合同标的物特殊性。

建设工程合同的标的物仅限于基本建设工程,即作为基本建设工程的各类建筑物、地下设施附属设施的建筑,以及对线路、管道、设备进行的安装建设。

[①] 《中华人民共和国建筑法》第12条、第13条。

第三，较强的国家管理性。

建设工程合同的标的物为基本建设工程，属于不动产，建设工程的质量关系到生命安全和公共利益，因此在建设工程合同的订立和履行上，具有强烈的国家干预色彩。

除了《合同法》《建筑法》之外，还有《建设工程勘察设计合同条例》《建设工程施工合同解释》等行政法规和司法解释等对建设工程合同进行调整。

第四，要式合同。

由于建设工程合同具有较强的国家管理性，因此必然需要采取书面形式才能使监管成为可能，同时，由于建设工程合同涉及面广并且履行周期长，当事人之间也需要以书面合同形式明确各自的权利义务以避免纷争。

需要注意的是，建设工程合同没有采用书面形式，不能就此认为合同一定不成立或者无效，如果一方当事人已经履行了主要合同义务，对方当事人也接受的，建设工程合同也成立。

第二节　建设工程合同的订立

一、建设工程合同订立的程序

由于建设工程涉及生命安全和公共利益，在合同订立上，为了能够鼓励竞争、促进公平交易、确保工程质量，《建筑法》第19条要求建筑工程依法实行招标发包，对不适于招标发包的可以直接发包。

对于国家确定的重大建设工程，如基本建设中的大型建设项目，这类建设工程合同的订立，需要受严格的国家计划约束，要按照国家计划和相关批准文件方能有效成立。

国家重大建设工程，在履行了批准程序后，当事人才能按照国家投资计划和可行性研究报告订立建设工程合同，否则，其擅自订立的合同，因违反法律的强制性规定而无效。

二、建设工程承包合同的订立

建设工程发包和承包是从不同主体的视角对同一民事行为的描述。**建设工程承包合同**，是指建设工程的发包方与承包方之间，或者发包方与勘察人、设计人、施工人之间，为建设某一工程项目而签订的规定双方权利的协议。根据《合同法》第272条第1款的规定，建设工程承包合同主要采取两种形式：

第一，发包方与承包方就整个建设工程从勘察、设计到施工签订总承包协议，由承包方对整个建设工程负责。这里的承包方可以是一家单位，对于大型工程或结构复杂的工程，也可由两个以上的承包单位共同与发包方签订总承包合同。

第二，发包方分别与勘察人、设计人、施工人签订勘察、设计、施工合同，实行平行发包。各承包方分别对建设工程的勘察、设计、建筑、安装阶段的质量、工期、工程造价等与发包方产生债权、债务关系。

三、建设工程分包合同的订立

（一）建设工程的分包与转包

建设工程的分包，是指工程的承包方（包括勘察人、设计人和施工人）经发包方同意后，依法将其承包的部分工程交给第三人完成的行为。**建设工程的转包**，是指施工单位以营利为目的，将承包的工程转包给其他的施工单位，不对工程承担任何法律责任的行为。承包人非法转包建设工程的行为无效。

（二）分包的适用条件

（1）工程分包必须经过发包人的同意。发包人对分包的同意方式一般有两种：一是在建设工程总承包合同中明确约定了分包的内容，即在合同中事先约定了分包事项，承包方的分包征得了发包方的同意并写入了承包合同；二是在总承包合同中没有规定分包的，在合同签订之后，部分工程需要分包给其他单位完成的，需要取得发包方的认可。

（2）被分包的工程只能是承包人、勘察人、设计人、施工人承包的部分工作，禁止承包单位将其承包的全部建设工程转包给他人，禁止承包单位将其承包的全部工程肢解以后以分包的名义分别转包给他人。

对于采取总承包形式进行施工的，总承包人还必须自行完成建设工程主体结构的施工，而不能将施工工程的主体部分分包给他人承担，这与其他承包合同中只要求承包人完成部分工作，其余均可分包给他人完成是有区别的。

（3）分包人必须具备相应资质，并且只能分包一次。

第三节 建设工程合同的种类

一、建设勘察、设计合同

勘察、设计合同，是指工程的发包人或者承包人与勘察人、设计人之间订立的，由勘察人、设计人完成一定的勘察设计工作，发包人或承包人支付相应价款的合同。

勘察、设计合同的主要内容包括：提交勘察或者设计基础资料、设计文件的期限；勘察、设计的质量要求；勘察、设计费用；其他协作条件等。

二、建设施工合同

施工合同，是指发包方（建设单位）和承包方（施工人）为完成商定的施工工程，明确相互权利义务的协议。

根据施工合同的规定，施工单位应完成建设单位交给的施工任务，建设单位应按照规定提供必要条件并支付工程价款。

建设施工合同的内容应包括：工程范围、建设工期、中间交工工程的开工和竣工时间、工程质量、工程造价、技术资料交付时间、材料和设备的供应责任、竣工验收以及质量保修范围和质量保证期等。

其中的竣工验收应写明验收单位、验收标准,并交付竣工验收凭据。只有这些都齐全,才算施工人完成工程。

三、建设工程监理合同

建设工程监理合同,是指建设单位与取得了监理资质证书的监理公司、监理事务所等监理单位签订的,为委托监理单位承担监理业务而明确双方权利义务关系的协议。

监理单位必须是独立于施工人以外的第三人。

建设工程监理合同的内容应包含:工程名称、工程地点、监理职责以及监理费用及支付方式等内容。

第四节 建设工程合同的效力

一、发包人的义务和责任

(一)发包人的义务

1. 工程的验收义务

《合同法》第279条规定了建设工程竣工后,应由发包人进行验收。具体验收的依据包括施工图纸及说明书、国家颁发的施工验收规范和建设工程质量检验标准。

2. 支付价款并接收建设工程

发包人在对建设工程验收合格后,应按照合同的约定,扣除一定的保证金后,将剩余工程的价款按照约定方式支付给承包人。发包人应与承包人办理移交手续,正式接收该项建设工程。需要注意的是,按照法释〔2004〕14号第2条的规定,即使建设工程合同无效,但是只要建设工程竣工验收合格的,承包人请求参照合同约定支付工程价款的,应予支持。按照法释〔2004〕14号第3条的规定,建设工程施工合同无效,并且建设工程竣工验收不合格的,如果修复后的建设工程竣工验收合格,发包人请求承包人承担修复费用的,应予支持;修复后的建设工程竣工验收不合格,承包人请求支付工程价款的,不予支持。

(二)发包人的责任

1. 发包人未按照约定时间和要求提供相关材料、资料等情况下的责任

第一,顺延工程日期的责任。

第二,赔偿停工、窝工等损失。发包人不按照约定时间提供原材料、设备、场地等,会引起承包人施工现场的停工或者窝工,导致承包人遭受额外的损失的,发包人应当对受到的实际损失予以赔偿。

2. 因发包人的原因导致工程停建、缓建的责任

工程停建、缓建后,承包人按合同约定投入的人员、物资等需要重新做出调整,这会给承包人带来额外的损失和费用,发包人应按照承包人的实际损失予以赔偿。

3. 发包人对勘察人、设计人的责任

发包人违反合同约定,单方更改勘察、设计内容,会使勘察人、设计人支出额外的工作

量,从而使得勘察、设计费用不合理增加,这种情况下,发包人应按照勘察人、设计人实际消耗的工作量增付费用。

二、承包人的义务和连带责任

(一)承包人的义务

1. 接收发包人监督检查的义务

发包人检查的主要内容包括工程进度和工程质量。发包人不能滥用监督检查权,不能因发包人的检查影响工程的正常作业。如果检查影响到工程的正常作业,承包人有权在说明理由的基础上拒绝。

2. 承包人在工程隐蔽前的通知义务

在一项整体的建设工程中,有许多中间工程,尤其是一些需要隐蔽的工程,如为一项整体工程而铺设的自来水、煤气等地下管线工程。对这些隐蔽工程的检查一般要先于主体工程,因为如果与主体工程一同检查,则需要重新开挖,揭去隐蔽工程的泥土等覆盖物,必然会增加不必要的费用。在隐蔽工程隐蔽之前,承包人应及时通知发包人进行检查,承包人没有及时通知发包人,对发包人造成的损失,由承包人承担。

(二)承包人的连带责任

建设工程合同签订后,合同履约过程中,总承包人将其承建的部分建设工程非法转包给第三人,第三人又将其承建的部分建设工程违法分包给实际施工人的,承包合同和分包合同均因违反法律的强制性规定而归于无效,总承包人和第三人对于其欠付实际施工人的工程款项全部承担连带赔偿责任,只有发包人在其欠付的工程款项范围内承担连带赔偿责任。

《最高人民法院关于审理建设工程施工合同纠纷案件适用法律问题的解释》第4条规定:"承包人非法转包、违法分包建设工程或者没有资质的实际施工人借用有资质的建筑施工企业名义与他人签订建设工程施工合同的行为无效。人民法院可以根据民法通则第134条规定,收缴当事人已经取得的非法所得。"第26条规定:"实际施工人以转包人、违法分包人为被告起诉的,人民法院应当依法受理。实际施工人以发包人为被告主张权利的,人民法院可以追加转包人或者违法分包人为本案当事人。发包人只在欠付工程价款范围内对实际施工人承担责任。"

第五节 建设工程合同中的法定担保

一、概念

建筑工程承包合同中的法定担保,规定在我国《合同法》第286条:"发包人未按照约定支付价款的,承包人可以催告发包人在合理期限内支付价款。发包人逾期不支付的,除按照建设工程的性质不宜折价、拍卖的以外,承包人可以与发包人协议将该工程折价,也可以申请人民法院将该工程依法拍卖。建设工程的价款就该工程折价或者拍卖的价款优先受偿。"

最高人民法院于2002年6月20日发布法释〔2002〕16号《关于建设工程价款优先受偿权问题的批复》，对合同法第286条的适用做出司法解释，内容如下：

（1）该优先受偿权的效力优于抵押权和其他债权，但不能对抗已交付购买商品房的全部或者大部分款项的消费者；

（2）优先受偿权的受偿债权范围即建筑工程价款仅包括承包人的实际支出费用，不包括因发包人违约所致损失；

（3）行使优先权的期限为六个月，自建设工程竣工之日或者建设工程合同约定的竣工之日起计算。

二、行使条件

建设工程合同中的承包人行使法定担保权需要满足如下条件：

（1）需是以工程为合同完成物的建设工程合同

广义上的建设工程合同，包括建设工程施工合同、建设工程设计合同、建设工程勘察合同，其中设计合同与勘察合同的完成物仅为设计成果与勘察成果，并不是工程本身，不属于第286条规定的"工程"范畴，因此只有建设工程施工合同的承包人才可行使这一权利。

（2）需工程属可折价、拍卖的性质

只有依照法律规定或依其性质不能产生收益的公有物与公用物才不可折价、拍卖，如城市公共绿化、市政工程等。此外，在性质上不能折价或拍卖的还包括单独的设备安装或装修装饰工程。如与发包人单独签订有施工合同的空调、电梯等专业工程承包人或室内装饰装修工程承包人等，在工程完成后，如发包人违约，该承包人应不能对该部分工程行使法定担保权，因其承包的工程在性质上与主体工程已不可分割，如允许承包人将该部分工程单独拍卖，一来在经济上极其不利益，二来也可能损害其他权利人的利益。

（3）承包人需履行催告义务

对发包人未依约履行支付价款义务的行为，承包人并不能直接行使法定担保权，应在进行催告并给予发包人合理履行期限之后才能行使该权利。催告的方式不限，合理期限应根据合同的具体情况进行判断。

三、承包人法定担保权的行使方式

承包人行使法定抵押权有两种方式：一是与发包人协议折价；二是向法院申请拍卖。与发包人协议折价的方式基于当事人意思自治，与担保法规定相同，但向法院申请拍卖的方式则完全不同于担保法关于抵押权行使的规定。依担保法，在未能协商一致的情况下，抵押权人行使抵押权须通过诉讼方式为之，而承包人法定担保权的行使则无需经过诉讼，承包人可直接申请法院进行拍卖。该规定的出发点是为了简化承包人行使权利的程序，避免因旷日持久的诉讼而致承包人损失扩大。

【课后思考题】

1. 简述建设工程合同的法律特征。
2. 简述建设工程分包的适用条件。

3. 简述建设工程合同中发包人的义务和责任。
4. 简述建设工程合同中承包人的义务和责任。
5. 简述建设工程合同中承包人的法定担保的行使条件。

第二十一章 运输合同

【导学案例】

猪八戒开的贸易公司与孙悟空开的运输公司签订货运合同,约定由运输公司将贸易公司的 30 吨苹果运送到甲市的一家公司。运输公司运输途中遇到了山洪暴发,30 吨苹果全部毁损。

问题:30 吨苹果的货物损失和运费损失由谁承担?

第一节 运输合同概述

一、运输合同的概念

根据《合同法》第 288 条的规定,**运输合同**,是指承运人将旅客或者货物从起运点运输到约定地点,旅客、托运人或者收货人支付票款或者运输费用的合同。

二、运输合同的法律特征

第一,运输合同是以运送行为作为标的,目的是运送旅客或者货物。

第二,运输合同一般是诺成合同,合同另有约定的除外。旅客运输合同自承运人向旅客交付客票时成立,货物运输合同自托运人与承运人达成运输协议时成立。

第三,运输合同一般是双务、有偿合同。运输合同中双方互负对待给付义务,承运人应将旅客或者货物按照约定安全送达,旅客、托运人或者收货人应支付票款或者运输费用。

第四,运输合同多为格式合同,一般情况下,运输合同的条件是由承运人预先明确的,作为运输合同具体表现形式的客票、货运单或者提单也都是统一印制的,符合格式合同的特点。

三、运输合同的种类

根据运输对象的不同,运输合同分为客运合同和货运合同。

根据运输方式的不同,运输合同分为单一运输合同和多式联运合同。

根据运输工具的不同,运输合同可分为铁路运输合同、公路运输合同、水路运输合同、航空运输合同以及管道运输合同。

第二节 客运合同

一、客运合同概述

客运合同,是指承运人将旅客从起运地运送到约定地点,旅客支付票款的合同。客运合同的法律特征体现为:

第一,在客运合同中,旅客既是合同的一方当事人,又是运送对象。

第二,客运合同通常采用票证形式,客票可以作为客运合同成立的重要证据,除当事人另有约定或者另有交易习惯外,客运合同一般自承运人向旅客交付客票时成立。

第三,客运合同包括运送旅客行李的内容。承运人在运送旅客的同时,随同运送旅客一定数量的行李,对于超过规定数量的旅客的行李,旅客须凭客票办理托运。

二、客运合同的订立和客票

客运合同自承运人向旅客交付客票时成立,但在一些特殊情况下,需要按照当事人之间的约定或者交易习惯确定合同成立的时间。

例如,在旅客先乘坐上运输工具然后再补票的情况下,上车补票后承运人向旅客交付客票的行为,不再是合同成立的标志。这里,旅客欲乘坐交通工具是要约,承运人允许其乘坐是承诺,自旅客乘上运输工具之时起,客运合同即已经成立,只是此时的客运合同是缺乏客票这一书面凭证而已,旅客上车后补票的行为,取得了书面化的客运合同凭证。

这里需要注意的是,客运合同可口头可书面,口头的居多。客票虽然有客运合同的主要内容,但只是客运合同的凭证,而不是客运合同。

三、客运合同的效力

(一)旅客的义务

1. 票款支付义务

旅客应当支付票款。旅客无票乘坐、超程乘坐、越级乘坐或者持失效客票乘坐的,应当补交票款,承运人有权按照规定加收票款;旅客不交付票款的,承运人可以拒绝运送。

需要注意的是,补交票款,是旅客接受客运服务所应当交付的费用,而加收票款则是在旅客故意不支付服务费用而接受服务时承运人额外收取的费用,具有惩罚色彩。加收票款首先要有旅客故意逃避应付费用,其次要符合关于加收票款的规定。

2. 附随义务

旅客不得随身携带或者在行李中夹带易燃、易爆、有毒、有腐蚀性、有放射性以及有可能危及运送工具上的人身和财产安全的危险物品或者其他违禁物品。

旅客违反规定随身携带或者在行李中夹带危险物品或者其他违禁物品的,承运人有权将违禁物品卸下、销毁或者送交有关部门,旅客坚持携带或者夹带违禁物品的,承运人有权拒绝运输。

（二）承运人的义务

1. 运送义务

承运人应当按照约定的时间、班次提供运送服务。

客票是客运合同的重要证据，其上载明的内容也是合同的内容，因此，承运人应当按照客票载明的时间及班次运送旅客，承运人迟延的，旅客可以要求安排改乘其他班次或者退票（《合同法》第 299 条）。

旅客因自己的原因不能按照客票记载的时间乘坐的，应当在约定的时间内办理退票或者变更手续，逾期办理的，承运人可以不退票款并且不再承担运送义务（《合同法》第 295 条）。

承运人应当按照约定或者通常的运送路线，以及约定的运输工具将旅客运送至约定地点，承运人擅自变更而降低服务标准的，应当根据旅客的要求退票或者减收票款。提高服务标准的，不应当加收票款（《合同法》第 300 条）。

旅客按照约定限量携带的行李，承运人应当提供运送服务，但超量行李不在此列（《合同法》第 296 条）。

2. 附随义务

第一，重要事项通知义务。

承运人应当向旅客及时告知有关不能正常运送的重要事由和安全运输应当注意的事项（《合同法》第 298 条）。

有关不能正常运输的重要事项，是指因承运人的原因或天气等原因使运输时间延迟，或运输合同约定的车次、航班取消等影响旅客按照约定时间到达目的地的事项。

在发生此类事项时，承运人应当及时通知旅客，使旅客根据情况对旅行做出适当的调整，承运人不及时告知，给旅客造成损失的，应当承担赔偿责任。安全运输应当注意的事项，是指运输中为保障旅客的人身、财产安全，需要提醒旅客注意的事项。承运人没有告知旅客有关安全运输注意事项，致使旅客在运输过程中受到损害的，应当承担赔偿责任。

第二，救助义务。

承运人在运输过程中，应当尽力救助患有紧急病情、分娩、遇险的旅客（《合同法》第 301 条）。需要注意的是，救助义务仅仅是针对在运输过程中发生急病、分娩、遇险等紧急情况。

第三，旅客人身安全保护义务。

承运人应当对运输过程中旅客的伤亡承担赔偿责任，但伤亡是旅客自身健康原因造成的或者承运人证明伤亡是旅客故意、重大过失造成的除外。

这里的旅客包括按照规定免票、持优待票或者经承运人许可搭乘的无票乘客，但是不包括未经过承运人许可乘车的无票人员。

由此可知，承运人对旅客伤亡赔偿责任的免责事由有三项：一是旅客故意；二是旅客重大过失；三是旅客自身的健康原因。因此，承运人对旅客人身伤亡承担无过错责任。

第四，旅客行李安全保护义务。

承运人在运输过程中应采取必要措施，保护旅客自带行李的安全。运送过程中旅客自带物品毁损、灭失，承运人有过错的，应当承担赔偿责任（《合同法》第 303 条第 1 款）。

（三）承运人违约责任的归责原则和免责情形

对客运合同承运人运输过程中出现的旅客人身损害，实行无过错责任原则，这不仅是国际通例，也是我国采纳的原则。《合同法》第302条的规定："承运人应当对运输过程中旅客的伤亡承担损害赔偿责任，但伤亡是旅客自身健康原因造成的或者承运人证明伤亡是旅客故意、重大过失造成的除外。前款规定适用于按照规定免票、持优待票或者经承运人许可搭乘的无票旅客。"

对客运合同中旅客自带物品的损害，实行过错责任原则。依据《合同法》第303条的规定："在运输过程中旅客自带物品毁损、灭失，承运人有过错的，应当承担损害赔偿责任"。旅客自带物品处于旅客的控制之下，旅客本人对之负有关注和保护义务，并不处于承运人的义务范围之内，如旅客自己未尽到注意义务导致被盗或者有其他损失，承运人不承担责任。但承运人负有安全运送义务，由于承运人原因导致的旅客物品损失，如紧急刹车导致行李架上旅客行李跌落，应承担赔偿责任。基于承运人的安全保障义务，如果对旅客的自带物品的损失存在过错，如打开车门放犯罪嫌疑人下车而不是将车开到公安部门，则应在其能够防止或者制止损害的范围内承担相应补充赔偿责任。

客运合同中对于旅客托运行李的损失，实行无过错责任原则。《合同法》第303条第2款规定："旅客托运的行李损毁、灭失的，适用货物运输的有关规定。"依据《合同法》第311条："承运人对运输过程中货物的损毁、灭失承担损害赔偿责任，但承运人证明货物的损毁、灭失是因不可抗力、货物本身的自然性质或者合理损耗以及托运人、收货人的过错造成的，不承担损害赔偿责任。"

实践中，航空客运运输是航空公司与旅客之间达成的运输合同。我国学术界和实务界在探讨航班延误下责任承担问题时，通常依据发生的原因将其划分为合理的航班延误和不合理的航班延误，并且一致认为承运人仅在不合理的航班延误情况之下才承担其相应的民事法律责任。

对于如何划分合理延误与不合理延误，各界普遍的看法是，超出承运人能力范围而造成的航班延误属于合理延误，如雷雨、台风、军事活动、特殊保障、重大事件、自然灾害等；而对于航材配给、机械维修、空勤任务超时、航油供给、飞机调配、机供品供给等因素所产生的航班延误，应当属于不合理延误，是承运人应当预见并可以采取有效措施避免的。

四、变更和解除

（一）因旅客自身原因导致的变更或解除

客运合同成立后，在承运开始前，旅客一方因自己的原因不能按照客票记载的时间乘坐的，可以在法定或者约定的时间内变更或者解除合同，这种变更或解除是旅客自愿变更或解除。

客运合同中，旅客能否变更合同，与其乘坐的运输工具及所购票的种类有较大关系。例如，在航空客运合同中，如果旅客购买的是全价机票，在一定时间内，可在机场免费签转其他航班，即对原客运合同的变更；如果旅客购买的是打折机票，则按民航运输的有关规定，不得签转，旅客如提前到达机场，或延误了航班，要改乘其他航班，只能重新购买机票。

（二）因承运人原因导致的变更或解除

1. 因承运人的迟延运输导致的客运合同变更或解除

（1）变更合同。在承运人迟延履行合同时，应当根据旅客的要求安排改乘其他班次。这种变更是一种非自愿的变更，是承运人继续履行原合同规定的义务，以保障旅客接受运输服务到达目的地的合同目的实现。

（2）解除合同。在承运人迟延运输的情况下，旅客可以要求解除运输合同，由承运人原价退还旅客支付的票款，承运人不得另外收取费用。在迟延运输的情况下，旅客具有变更合同或者解除合同的选择权。

2. 承运人擅自变更运输工具引起的合同变更

客运合同订立后，承运人单方变更运输工具的，应视为一种违约行为，对此，《合同法》第300条做出了规定：

（1）承运人擅自变更运输工具而降低服务标准的，旅客有权要求退票或者减收票款。

（2）承运人变更运输工具，提高服务标准的，无权向旅客加收票款。

第三节 货运合同

一、货运合同概述

（一）货运合同的概念

货运合同，是指承运人将托运人交付运输的货物运送到约定地点，托运人支付运费的合同。

（二）货运合同的法律特征

货运合同属于运输合同的一种，除了具有运输合同的一般特征外，货运合同还具有如下法律特征：

（1）货运合同往往涉及第三人。

货运合同由托运人与承运人双方订立，托运人与承运人为合同的当事人，但托运人既可以为自己的利益托运货物，也可以为第三人的利益托运货物。托运人既可以自己为收货人，也可以指定第三人为收货人。

（2）货运合同以将货物交付给收货人为履行完毕。

货运合同中，承运人将货物运输到目的地，其义务还没有履行完毕，只有将货物交付给收货人后，其义务才算履行完毕。

二、货运合同的订立与交付货物

货运合同一般以托运人提出运输货物的请求为要约，承运人同意运输为承诺，合同即告成立。

托运人托运货物时，需要办理托运手续。根据《合同法》第304条第1款的规定，"托运人办理货物运输,应当向承运人准确表明收货人的名称或者姓名或者凭指示的收货人,货物的名称、性质、重量、数量,收货地点等有关货物运输的必要情况"。因此,托运人办理货物运输时,应当如实填报托运单,其在托运单中必须申报的事项有:收货人的名称或姓名,收货地点,货物的性质、重量、数量以及其他有关货物运输的情况。一般而言,货运合同为诺成合同,托运人办理托运手续,承运人签字认可后,货运合同即告成立。

需要注意的是,货运合同的订立与交付货物具有不同的法律效力。货运合同的订立意味着货运合同对当事人产生法律上的拘束力;而交付货物则意味着标的物风险的转移。

三、货运合同的效力

(一)托运人的义务

1. 运费支付义务

托运人应当按照约定支付运费,这是托运人的主给付义务。托运人或者收货人不支付运费、保管费以及其他运输费用的,除当事人另有约定外,承运人对相应的运输货物享有留置权。

2. 附随义务

(1)说明义务。托运人办理货物运输,应当准确表明收货人的名称或者姓名或者凭指示的收货人,货物的名称、性质、重量、数量,收货地点等有关货物运输的必要情况(《合同法第304条第1款》)。

(2)办理行政审批义务。货物运输需要办理审批、检验等手续的,托运人应当将办理完有关手续的文件提交承运人(《合同法第305条》)。托运人没有取得批准、检验手续的,承运人可以拒绝运输。

(3)包装义务。托运人应该按照约定的方式包装货物,对包装方式没有约定或者约定不明确,依照《合同法》第61条的规定不能达成补充协议并且按照合同有关条款或者交易习惯仍不能确定的,应当按照通用的方式包装,没有通用方式的,应当采用足以保护标的物的包装方式。

3. 指示权

在承运人将货物交付收货人之前,托运人可以要求承运人中止运输、返还货物、变更到达地点或者将货物交给其他收货人,但应当赔偿承运人因此而受到的损失。

(二)承运人的义务

1. 运送义务

承运人应当按照约定的时间或者合理期间内,按照约定的或者通常的运输线路将货物安全运送到约定地点(《合同法》第290条、291条),承运人按约定接受托运人交付的承运货物的,应按照规定向托运人签发提单或者其他运输单证。

承运人应当按照托运人的指示进行运输,在承运人将货物交付收货人之前,托运人可以要求承运人中止运输、返还货物、变更到达地或者将货物交给其他收货人,但承运人因此受到损失的,可以向托运人主张损害赔偿。

承运人履行运送义务,应当将货物交付给收货人或者托运人。货物运送到达后,承运人知道收货人的,应当及时通知收货人,收货人应当及时收货,承运人应当将货物交付收货等有权收取货物的人。收货人逾期提货的，应当向承运人支付保管费等费用。收货人不明或者收货人无正当理由拒绝受领货物的，承运人可以提存货物。

承运人不知道收货人的，在货物到达目的地后，承运人应当通知托运人在合理期限内就运输货物的处分做出指示，在托运人未在合理期限内给以指示或者指示事实上不能执行时，承运人也可以按规定将货物提存。承运人提存货物后，运输关系即告消灭，货物毁损、灭失的风险由收货人承担。

2. 附随义务

承运人应当安全运送货物，采取各种措施妥善保管运输的货物，保证将货物安全送达目的地并交付给收货人。承运人没有妥善保管运输货物而承担的责任为无过错责任，承运人不能证明自己没有过错而免责，但《合同法》规定了三种免责情形：（1）不可抗力；（2）货物本身的自然性质或者合理损耗；（3）托运人、收货人的过错。如自己填错到货地点、装货中夹带易于引起货物变化的物质等。

3. 留置权

托运人或者收货人不支付运费、保管费以及其他运输费用的，承运人对相应的运输货物享有留置权，但当事人另有约定的除外（《合同法》第 315 条）。承运人对货物进行留置，托运人或者收货人在规定的宽限期内仍不履行其义务时，承运人可以依法将留置的货物变卖，并从变价款项中优先受偿。

（三）收货人的义务

1. 收货人及时提货及支付逾期提货费用

收货人应当及时提货，收货人逾期提货的，应当向承运人支付保管费等费用（《合同法》第 309 条）。收货人提货时，应当按照约定的期限检验货物。

2. 支付托运人未付或者少付的运费或者其他费用

如果货运合同约定由收货人在到站支付或者托运人未支付货款时，收货人应当支付货款。收货人还应当支付运输中发生的其他应当支付的费用。

四、网购快递中的问题

（一）合同当事人的认定问题

网购中，在卖方不包邮的情况下，快递费需要买方支付给卖方，但是货物运输合同是卖方与快递公司签订，也就是说，卖方和快递公司是运输合同的双方当事人，而买方不是。根据合同的相对性原则，如果快递公司在货物运输过程中存在由于自身过错致使货物毁损等问题，买方由于自己不是合同当事人，无权追究快递公司的违约责任，只能找卖方对自己承担责任。如果卖方态度不积极，买方权利难以获得顺畅的保障。

（二）快递费的数额问题

出于竞争的目的，多数快递公司会给老顾客提供一些优惠措施。例如，一般情况下应收 10 元快递费，由于卖方发货量大并且与快递公司之间存在长期的合作关系，所以快递公司只收取作为老顾客的卖方 5 元钱，在卖方不为买方提供包邮的情况下，卖方却向买方收取标准价 10 元的快递费，由此自己从中多赚取了 5 元的差价，这对买方来说是不公平的。

（三）买方出快递费却不能选择快递公司问题

如前所述，快递公司与不同的卖方店家之间存在着长期合作关系，在网购中，很多时候卖家都选定了特定的快递公司运输出售的商品给买方，这就导致了买方出快递费却不能选择快递公司进而去决定运输合同的内容。

（四）验货与签收的问题

卖方与快递公司之间的运输合同约定好了收货方应当先验货再签收，但实践中买方收到货物后，如果不先签收，快递公司就不允许买方打开包裹。

买方如果仍然坚持拒不签收，快递公司就会退货给卖方。这种情况下，卖方还需要重新发货给买方，运费有可能还需要买方承担，对买方不公平。

第四节 多式联运合同

一、多式联运合同概述

多式联运合同，是指多式联运经营人负责通过衔接运送，用同一凭证将货物运送到指定地点，托运人支付各承运人运输费用而订立的协议。

多式联运是与单一运输及其单式联运相对而言的一种运输方式，是近年来迅速发展起来的，实行"一次托运、一次收费、一票到底、一次保险、全程负责"的"一条龙"服务的综合性运输。实行联运，可以使交通工具得到综合利用，使各个运输环节紧密结合在一起，从而有效完成运输任务。

二、多式联运合同的订立

多式联运的托运人在办理多式联运手续时，在交付货物、支付运费的同时，还应填写相关联运单据，多式联运单据是确认当事人权利义务的重要依据，也是确定当事人联运合同关系的凭证，并且对多式联运的全程运输具有指示作用。因此，在实践中，对多式联运单据的填写和签发应当持谨慎和认真的态度。

三、多式联运合同的效力

（一）多式联运经营人的义务

1. 履行或组织履行多式联运合同

多式联运经营人，是指本人或者委托他人以本人名义与托运人订立多式联运合同的人。多式联运经营人可以分为两类：一类是自己拥有运输工具，并且直接参加了运输合同的履行；另一类是自己不拥有运输工具或者不经营运输工具，也不直接从事运输活动，而是在签订多式联运合同后，通过双边合同与各运输方式承运人单独签订各区段运输合同，组织其他承运人进行运输。多式联运经营人可以与参与多式联运的各区段承运人就多式联运合同的各区段运输约定相互之间的责任，但该约定不影响多式联运经营人对全程运输承担的义务。

2. 签发多式联运单据

多式联运单据是证明多式联运合同存在及多式联运经营人接管货物并按合同条款提交货

物的证据。多式联运经营人收到托运人交付的货物时,应当签发多式联运单据,按照托运人的要求,多式联运单据可以是可转让单据,也可以是不可转让单据。

3. 对货物的毁损、灭失承担损害赔偿责任

多式联运中货物的毁损、灭失发生于多式联运的某一运输区段的,多式联运经营人的赔偿责任和责任限额,适用调整该区段运输方式的有关法律规定;货物毁损、灭失发生的运输区段不能确定的,依照《合同法》第17章规定承担损害赔偿责任(《合同法》第321条)。这就是目前国际通行的多式联运经营人的"网状责任制"。例如,托运人与多式联运经营人签订了一项从北京到纽约的多式联运合同。全程运输分为三个区段,首先是从北京至天津的公路运输,其次是从天津到旧金山的国际海运,最后是从旧金山到纽约的铁路运输,如果货物的毁损、灭失能够确定发生在中国的公路运输区段,则多式联运经营人的赔偿责任和责任限额就按中国公路运输方面的法律或行政法规办理;如果货物的毁损、灭失发生在国际海运区段则按照《海商法》的有关规定进行赔偿;如果发生在美国的铁路运输区段,就应按照美国的铁路法规定进行办理。

(二)托运人的义务

托运人的主给付义务是支付运费,此外,因托运人托运货物时的过错造成多式联运经营人损失的,即使托运人已经转让多式联运单据,托运人仍让应当承担损害赔偿责任。

【课后思考题】

1. 根据合同法的规定,承运人对运输过程中发生的下列哪些旅客伤亡事件不承担赔偿责任?(2004年司法考试卷三第57题)

    A. 一旅客因制止扒窃行为被歹徒刺伤

    B. 一旅客在客车正常行驶过程中突发心脏病身亡

    C. 一失恋旅客在行车途中吞服安眠药过量致死

    D. 一免票乘车婴儿在行车途中因急刹车受伤

2. 简述货运合同中托运人的义务。

3. 简述多式联运经营人的义务。

第二十二章 技术合同

【导学案例】

甲研究所与刘某签订了一份技术开发合同，约定由刘某为甲研究所开发一套软件。3个月后，刘某按约定交付了技术成果，甲研究所未按约定支付报酬。由于没有约定技术成果的归属，双方发生争执。面对此种情况，应如何解决？

第一节 技术合同概述

一、技术合同的概念和特征

技术合同是当事人就技术开发、转让、咨询或者服务订立的确立互相之间权利义务关系的合同。技术合同包括技术开发合同、技术转让合同、技术咨询合同和技术服务合同的总称。

技术合同与一般合同相比，有其自身特点。技术合同的法律特征为：

第一，技术合同的标的是技术成果。技术成果是凝聚着人类智慧的创造性劳动成果，与其他合同的标的物——一般的商品或劳务相比，是一种特殊的商品。

第二，技术合同标的的价格没有统一、现成的计算标准。其计算比一般商品价格按成本加平均利润的方法更为复杂，须考虑市场需求、风险责任、同类技术的状况、成本高低及经济效益等诸多因素。

第三，技术合同的主体具有特定性。技术合同的当事人，通常至少一方是能够利用自己的技术力量从事技术开发、技术转让、技术服务和咨询的法人、自然人或者其他组织。

第四，技术合同的履行比较特殊。首先，技术合同的履行形式是技术许可或是提供技术服务，而不是交货；其次，一些技术合同的订立是基于当事人相互间的一定信赖，因而具有一定的人身性，其履行很难由第三人代替；其三，技术合同履行中的通知、协助、保密等义务因技术合同的秘密性以及履行技术合同主要是技术实施的特性而显得尤其重要。

第五，技术合同受多方法律调整。由于技术合同是技术成果的交易关系在法律上的反映，因此技术合同属于合同法的调整范围。同时，由于技术合同标的物——技术成果的特殊性，技术合同还受其他与保护技术成果有关的法律规范的调整，如专利法、技术秘密法、反不正当竞争法等。

第六，技术合同为双务合同和有偿合同。

第二节　技术合同订立技巧

一、技术合同订立的基本原则

技术合同应以促进科学技术进步为目的。我国法律既采取必要的措施保障技术合同当事人在合法的范围内行使自己的权利，又不允许当事人滥用这种权利来损害国家利益和社会公共利益。《合同法》第322条规定，订立技术合同应当有利于科学技术进步，加速科学技术成果的转化、应用和推广。《合同法》第329条还规定，非法垄断技术、妨碍科技进步或者侵害他人技术成果的技术合同无效。

二、技术合同的内容

（一）技术合同的一般条款

技术合同的内容由当事人约定，一般包括以下条款：项目名称；标的的内容、范围和要求；合同履行的计划、进度、期限、地点、地域和方式；技术情报资料和资料的保密；风险责任的承担；技术成果的归属和收益的分成方法；验收标准和方法；价款、报酬或者使用费用及其支付方式；违约金或者损失赔偿的计算方法；解决争议的办法；名词和术语的解释。

与履行合同有关的技术背景资料、可行性论证和技术评价报告、项目任务书和计划书、技术标准、技术规范、原始设计和工艺文件，以及其他技术文档，按照双方当事人的约定可以作为合同的组成部分。

技术合同设计专利的，应当注明发明创造的名称、专利申请人和专利权人、申请日期、申请号、专利号以及专利的有效期限。

（二）技术合同的价款、报酬或者使用费

技术合同的价款、报酬或者使用费的支付方式由当事人约定，可以采取一次总算、分期支付，也可以采取提成支付或者提成支付加预付入门费的方式。

约定提成支付的，可以按照产品价格、实施专利和使用技术秘密后新增的产值、利润或者产品销售额的一定比例提成，也可以按照约定的方式计算。提成植入的比例可以采取固定比例、逐年递增比例或者逐年递减比例。约定提成交付的，当事人应当在合同中约定查阅有关会计账目的办法。

（三）职务技术成果与非职务技术成果的权力归属和转让

职务技术成果是执行法人或者其他组织的工作任务，或者主要是利用法人或者其他组织的物质技术条件所完成的技术成果。职务技术成果的使用权、转让权属于法人或者其他组织的，法人或者其他组织可以就该项职务技术成果订立技术合同。法人或者其他组织从使用或者转让该项职务技术成果所取得的收益中提起一定比例，对完成该项职务技术成果的个人给予奖励或者报酬。法人或者其他组织订立技术合同转让职务技术成果时，职务技术成果的完成人享有以同等条件优先受让的权利。

非职务技术成果的使用权、转让权属于完成技术成果的个人，该个人可以就该项非职务技术成果订立技术合同。完成技术成果的个人在有关技术成果文件上写明自己是技术成果完成者的权利和取得荣誉证书、奖励的权利。

第三节　技术开发合同

一、技术开发合同概述

（一）技术开发合同的概念

技术开发合同，是指当事人之间就新技术、新产品、新工艺和新材料及其系统的研究开发所订立的合同。

技术开发合同是双方当事人在基础研究的前提下，利用已有的理论基础、技术情报资料等，研究开发出可直接用于生产、能够作为商品进行流通的新技术成果而进行的相互协作的法律形式。因此，只进行基础理论研究的合作协议不属于技术开发合同。同时，《合同法》第330条第4款规定，当事人之间就具有产业应用价值的科技成果实施转化订立的合同，参照技术开发合同的规定。

（二）技术开发合同的特征

技术开发合同的标的物是具有创造性的技术成果，即新技术、新产品、新工艺、新材料及其系统。这种新技术成果是当事人在订立合同时尚未掌握的、并不存在的，只有经研发方的创造性科技活动才能取得。

（三）技术开发合同的性质

技术开发合同是双务合同、有偿合同、诺成合同以及要式合同。

因技术开发合同属于技术合同，所以当然为双务合同和有偿合同。

同时，技术开发合同双方当事人意思表示一致即可成立，并不以一方当事人义务的实际履行为合同的成立要件，故技术开发合同为诺成合同。

此外，由于技术开发合同事关技术成果的研发，履行时间较长，当事人之间权利义务关系复杂，所以《合同法》第330条第3款规定，技术开发合同应采取书面形式。

（四）技术开发合同的分类

技术开发合同可区分为委托开发合同与合作开发合同两类。

委托开发合同，是指当事人一方即委托方委托另一方即研究开发方进行技术研究开发的合同。

合作开发合同，是指当事人各方就共同进行技术研究开发所订立的合同。

二、技术开发合同的效力

（一）委托开发合同的效力

在委托开发合同中，合同的效力包括委托人的义务和研究开发人员的义务。

1. 委托人的义务：按照合同约定支付研究开发费用和报酬；提供技术资料、原始数据；完成协作事项；接收研究开发成果。

委托人违反约定造成研究开发工作停滞、延误或者失败的，应当承担违约责任。

（2）研究开发人员的义务：按照约定亲自制订和实施开发计划；合理使用研究开发经费；按期完成研究开发工作，交付研究开发成果，提供有关的技术资料和必要的技术指导，帮助委托人掌握研究开发成果。

研究开发人员违反约定造成研究开发工作停滞、延后或者失败的，应当承担违约责任。

（二）合作开发合同的效力

在合作开发合同中，合同的效力及于双方当事人，其义务有：按照约定进行投资，包括技术投资；分工参与研究开发工作；协助配合研究开发工作。

合作开发合同当事人违反约定造成研究开发工作停滞、延后或者失败的，应当承担违约责任。

（三）技术开发合同中的风险负担

技术开发合同中的风险，主要是指在履行技术开发合同过程中，遭遇人类目前尚无法克服的技术难关，导致开发工作全部或者部分失败。因为技术开发合同的成果为创造性的新成果，此成果的取得本身就具有相当的难度，隐藏着开发不出的风险。如果尽管开发研究方尽了自己最大的努力，仍因技术上的难度过大而未能取得合同约定的预期效果时，其风险负担规则应考虑到这一特点。

《合同法》规定，当事人双方有约定的，依其约定；没有约定或者约定不明确的，依照第61条规定的确定规则解决；由此仍不能确定的，由当事人双方合理分担风险。

（四）技术开发合同终止的特别事由

《合同法》第337条规定，因作为技术开发合同的标的的技术已经由他人公开，致使技术开发合同的履行没有意义的，当事人可以解除合同。这就是有关技术开发合同终止的特别事由的规定。

技术开发合同标的的技术已经由他人公开，包括两种情况：第一，他人已经开发出此项技术并申请专利；第二，他人已经开发出此项技术，虽未申请专利但已被人们普遍掌握。

以上情况属于不可归责于双方当事人的事由，为技术开发合同中的固有风险，因此给当事人造成的损失，有约定的依约定；没有约定的，由当事人各方合理分担。

三、技术成果的归属

委托开发完成的发明创造成果，除当事人另有约定的外，申请专利的权利属于研究开发人。研究开发人取得专利的，委托人可以免费实施该专利。研究开发人转让专利申请权的，委托人享有以同等条件优先受让的权利。

合同开发完成的发明创造成果，除当事人另有约定外，申请专利的权利属于合作开发的当事人共有。一方当事人转让其共有的专利申请权的，其他各方当事人享有以同等条件优先受让的权利。合作开发的当事人一方声明放弃共有的专利申请权的，可以由另一方单独申请或者由其他各方共同申请。申请人取得专利权的，放弃专利申请权的一方可以免费实施该专利。合作开发的当事人一方不同意申请专利的，另一方或者其他合作方不得申请专利。

委托开发或者合作开发完成的技术秘密成果的使用权、转让权和利益的分配方法，由当事人约定。没有预定或者约定不明确的，依《合同法》第61条的规定仍不能确定的，当事人均有使用和转让的权利,但委托开发的研究开发人员不得在向委托人交付工作成果之前,将研究开发成果转让给第三人。

第四节 技术转让合同

一、技术转让合同概述

(一)技术转让合同的概念

技术转让合同,是指当事人就专利转让、专利申请权转让、技术秘密转让和专利实施许可所订立的合同。

(二)技术转让合同的特征

技术转让合同的标的是现有的技术成果。这一点是技术转让合同和技术开发合同的主要区别。

(三)技术转让合同的性质

技术转让合同为双务合同、有偿合同、诺成合同和要式合同。在性质上,技术转让合同和技术开发合同是相同的。

(四)技术转让合同的分类

技术转让合同包括专利权转让合同、专利申请权转让合同、专利实施许可合同、技术秘密转让合同以及技术引进转让合同。

专利权转让合同,是指专利权人作为让与人将其发明创造专利的所有权或者持有权移交受让人,受让人支付约定价款所订立的合同。

专利申请权转让合同,是指让与人将其特定的发明创造申请专利的权利移交给受让人,受让人支付约定价款订立的合同。

专利实施许可合同,是指专利权人或者其授权人作为让与人许可受让人在约定的范围内实施专利,受让人支付约定使用费用所订立的合同。

技术秘密转让合同,是指让与人将拥有的技术秘密成果提供给受让人,明确互相之间技术秘密成果的使用权、转让权,受让人支付约定使用费用所订立的合同。

技术引进合同,是指中国境内的公民、法人和其他组织从境外的自然人、法人和其他组织引进先进技术或者技术使用权,并向境外一方支付价款或使用费用或由境外的一方以其技术来为中国境内一方完成任务,由境内一方接受劳动成果并支付报酬的合同。

(五)技术转让合同的使用范围

《合同法》第343条规定,技术转让合同可以约定让与人和受让人实施专利或者使用技术秘密的范围,但是不得限制技术竞争和技术发展。这一规定即技术转让合同的使用范围,包含了当事人合法使用作为合同标的物技术的行为界限和活动领域。

在专利技术许可或专有技术转让的情况下,合同首先应当明确,受让方取得的是普通使用权、排他使用权还是独占使用权。

除此之外,合同中还可以规定转让方对受让方实施专利技术和使用专有技术的限制,如期间范围、使用地区范围、实施方式的范围等。

虽然法律许可当事人在合同中约定一定的使用范围，但并不意味着当事人可以滥用此项权利，以不合理的限制性条款妨碍技术竞争和技术发展，否则，属于"非法垄断技术，妨碍技术进步"的内容而致使合同无效。

二、技术转让合同的效力

（一）一般效力

1. 技术转让合同中让与人的义务

技术转让合同的让与人应保证自己是所提供的技术的合法拥有者，并保证所提供的技术完整、无误、有效，能够达到约定的目标。

让与人未按照约定转让技术的，应当返还部分或者全部使用费，并应当承担违约责任；实施专利或者使用技术秘密超越约定范围的，违反约定擅自许可第三人实施该项专利或者使用该项技术秘密的，应当停止违约行为，承担违约责任；违反约定的保密义务的，应当承担违约责任。

2. 技术转让合同中受让人的义务

技术转让合同的受让人应当按照约定的范围和期限，对让与人提供的技术中尚未公开的秘密部分，承担保密义务。

受让人应当按照约定支付使用费用。

受让人未按照约定支付使用费用的，应当补交使用费用并按照约定支付违约金；不补交或支付违约金的，应当停止实施专利或者使用技术秘密，交还技术资料，承担违约责任；实施专利或者技术秘密超越约定范围的，违反约定擅自许可第三人实施该项专利或者使用该项技术秘密的，应当停止违约行为，承担违约责任。违反约定的保密义务的，应当承担违约责任。

受让人按照约定实施专利、使用技术秘密侵害他人合法权益的，由让与人承担责任，但当事人另有约定的除外。

3. 后续改进技术成果的权益分配

当事人可以按照互利原则，在技术转让合同中约定实施专利、使用技术秘密后续改进的技术成果的分享办法，没有约定或者约定不明确的，依照《合同法》第61条的规定仍不但能确定的，一方后续改进的技术成果，其他各方无权分享。

（二）特殊效力

1. 专利实施许可合同的效力

在专利实施许可合同中，双方当事人应分别承担以下义务：

一方面，许可方的义务是，许可方应依照合同约定，许可受让方在约定的范围、期限内实施技术专利。许可方应当保证其对专利技术享有许可他人使用的权利，并保证受让方依照合同约定使用技术不会损害第三人的权利。若合同中约定专利实施许可为排他实施许可，则许可方不得在已经许可受让方实施专利的范围内，就同一专利和第三人订立专利实施许可合同；若合同中约定专利实施许可为独占实施许可，许可方和任何第三人都不得在已经许可受让方实施专利的范围内实施该专利。许可方还负有在合同有效期内维持其权利的义务，并应当办理法律规定的必要手续，交付与实施技术有关的资料，提供必要的技术指导等。

另一方面，受让方的义务为，受让方应当依照合同约定的范围、方式使用技术，未经许可方同意，不得允许第三人使用技术。同时，支付使用费是受让方的主要义务，使用费可以理解为受让方对专利权人转让其专利使用权的报酬。此外，在实践中，受让方往往还负有专利实施的义务，如在一定时间内将专利产品投入生产；在一定范围内生产专利产品并做相应的推销工作等。如果许可方希望使受让方承担实施义务，须与受让方在合同中达成明确的协议。

2. 技术秘密转让合同的效力

在技术秘密转让合同中，双方当事人应分别承担以下义务：

第一，转让方应当按照合同约定提供技术资料，进行技术指导；保证技术的实用性和可靠性；承担合同约定的保密义务。转让方未按照合同约定转让技术的，除返还部分或者全部费用外，还应赔偿损失。转让方超过一定期限未提供合同约定的非专利权技术成果的，受让方有权解除合同，转让方同样应当返还使用费用，并赔偿损失。违反合同约定的保密义务，泄露技术秘密，使受让方遭受损失的，受让方有权解除合同，并要求转让方赔偿。

第二，受让方的义务为，在合同约定的范围内使用技术；按照合同约定支付使用费用；承担合同约定的保密义务。

第五节 技术咨询合同和技术服务合同

一、技术咨询合同和技术服务合同概述

（一）技术咨询合同

1. 技术咨询合同的概念

技术咨询合同，是指就特定技术项目提供可行性论证、技术预测、专题技术调查、分析评价报告等所订立的合同。

2. 技术咨询合同的效力

技术咨询合同委托人的主要义务是：按照约定阐明咨询的问题，提供技术资料背景材料以及相关技术资料、数据；接受委托人的工作成果，支付报酬。

委托人未按照约定提供必要的资料和数据，影响工作进度和质量，不接受或者逾期接受工作成果的，支付的报酬不得追回，未支付的报酬应当支付。

委托人按照受托人符合约定要求的咨询报告和意见做出决策所造成的损失，由委托人承担，但当事人另有约定的除外。

技术咨询合同受托人的主要义务是：按照约定的期限完成咨询报告或者解答问题；提出的咨询报告应当达到约定的要求。

受托人未按照约定期限提供咨询报告或者提出的咨询报告不符合约定的，应当承担减收或者免收报酬等违约责任。

（二）技术服务合同

1. 技术服务合同的概念

技术服务合同，是指当事人一方以技术知识为另一方解决特定技术问题所订立的合同。

不包括建设工程合同和承揽合同。

2. 技术服务合同的效力

技术服务合同委托人的主要义务有：按照约定提供工作条件，完成配合事项；接受工作成果并支付报酬。

委托人不履行合同义务或者履行合同义务不符合约定，影响工作进度和质量，不接受或者逾期接受工作成果的，支付的报酬不得追回，未支付的报酬应当支付。

技术服务合同受托人的主要义务有：按照约定完成服务项目，解决技术问题，保证工作质量，并传授解决技术问题的知识。

受托人未按照合同约定完成服务工作的，应当承担免收报酬等违约责任。

二、技术咨询合同和技术服务合同的成果归属

在技术咨询合同、技术服务合同履行过程中，受托人利用委托人提供的技术资料和工作条件完成的新技术成果，属于受托人。委托人利用受托人的工作成果完成的新技术成果，属于委托人。当事人另有约定的，依约定。

三、技术中介合同和技术培训合同的法律适用

技术中介合同，是指当事人一方以知识技术、技术、经验和信息为另一方与第三人订立技术合同进行联系、介绍、组织工业化开发并对履行合同提供服务所订立的合同。技术中介合同其实就是技术居间合同，《合同法》有关居间合同的规定对其有适用余地。

技术培训合同，是指当事人一方委托另一方对指定的专业技术人员进行特定项目的技术指导和专业训练所订立的合同。不包括职业培训、文化学习和按照行业、单位计划进行的职工业余教育。

【课后思考题】

A盗取了B的技术秘密成果，并以自己的名义卖给了不知情的某公司，该公司依据此技术成果进行了生产。B发现后，应采取哪些措施补救？

第二十三章　保管合同

【导学案例】

　　沙和尚叫猪八戒陪同其到银行取款，取出5000元后，两人一起到商场购物。到商场后，沙和尚见很多人正在抢购某种商品，就让猪八戒替他保管好自己装钱的包，自己前去抢购。猪八戒拿着沙和尚装钱的包在商场里东张西望看美女，对包未加注意，结果沙和尚回来后发现包不见了。二人到处寻找也没找到。沙和尚对猪八戒说："我们兄弟归兄弟，你给我看东西却不负责任将包弄丢，应赔偿我5000元。"猪八戒则回应说："替你看东西，只是出于兄弟情谊，也不是我故意丢失的，不能赔偿。"二人为此发生纠纷。

　　问题：本案如何处理？

第一节　保管合同概述

一、保管合同的概念

　　保管合同，是指保管人保管寄存人交付的保管物，并返还该物的合同。具体规定在《合同法》第365条。在保管法律关系中，保管物品的当事人是保管人，其所保管的物品为保管物，交付物品保管的当事人为寄存人。

　　保管合同具有如下法律特征：

　　第一，保管合同为实践合同。保管合同以物品的保管为目的，除非当事人另有约定，寄存人交付保管物给保管人，是保管合同的成立和生效要件。

　　第二，保管合同为不要式合同。法律行政法规并没有对保管合同规定必须采取特殊形式，所以保管合同为不要式合同。

　　第三，保管合同既可以是无偿合同，也可以是有偿合同，依当事人的约定而定。根据《合同法》第366条的规定，当事人对保管费没有约定或者约定不明确，依照《合同法》第61条的规定不能确定的，为无偿保管。

　　第四，保管合同可以为单务合同，也可以为双务合同。在无偿保管的情形下，为单务合同，而在有偿保管的情形下为双务合同。

　　第五，保管合同为继续性合同。保管人必须在一定的期间内持续性地为寄存人提供保管保管物的劳务。

二、保管合同与类似合同的辨析

（一）保管合同与加工承揽合同

保管合同与加工承揽合同的相似之处在于：保管合同以保管保管物为标的；而加工承揽合同的标的是完成一定的工作成果。加工承揽合同中的保管义务并不是决定合同目的的主要义务，而仅仅是为了完成交付工作成果而存在的手段性的附带义务。

（二）保管合同与委托合同

保管合同与委托合同都属于提供一定服务的合同，但是二者的区别在于：保管合同中保管人提供的服务仅限于保管保管物，而委托合同中受托人所提供的服务内容范围十分广泛，视委托合同的不同约定而定。

（三）保管合同与租赁合同

一般情况下，保管合同与租赁合同不会产生混淆。但在特殊情况下也会产生混淆。二者的区别在于：首先，保管合同的标的是对保管物的保存，而租赁合同的标的是对特定物的使用；其次，保管合同中保管人负有妥善保管标的物的义务，保管人在保管期间内，要对他人侵害保管物的行为进行制止，保管到期后负有向寄存人返还保管物的义务；而租赁合同中，出租人只要保证租赁物本身的安全即可，在租赁期间，他人对租赁物的侵害，出租人不负有保护义务。

第二节 保管合同的效力

一、保管人的义务

（一）给付保管凭证的义务

根据《合同法》第 368 条的规定，除非另有交易习惯之外，寄存人向保管人交付保管物的，保管人应当给付保管凭证。保管凭证的给付，是证明保管关系存在的凭证，但不是保管合同成立的要件。

（二）保管保管物的义务

保管合同的根本目的是保管保管物，因此，该义务也是保管人的主要义务，具体体现在两方面：

1. 妥善保管保管物的义务

对保管人保管保管物的方法和场所，当事人之间有约定的，从约定。无约定或者约定不明的，应依保管物的性质、合同的目的以及诚实信用原则确定。

保管人违反妥善保管保管物的义务，致使保管物毁损灭失的，保管人应承担违约责任。

如果保管物的毁损灭失是由于保管人自身的侵权行为导致的，还会发生侵权责任与违约责任的竞合。

当保管为无偿保管时，由于保管人的保管行为并未收取相关的费用，因此为兼顾双方当事人的利益，无偿保管中，仅仅在保管人有重大过失时，才对保管物的毁损灭失承担赔偿责任。

2. 亲自保管保管物的义务

除当事人另有约定外，保管人不得擅自将保管物转给第三人代为保管。

保管人将保管物擅自转给第三人代为保管，即使保管物因意外而毁损灭失的，仍不能免除保管人的赔偿责任。

在当事人对转托第三人保管另有约定的情况下，保管人应对第三人的选任和指示负责，如果在选任和指示上存在过失的，应对寄存人承担赔偿责任。

（三）不得使用或许可他人使用保管物的义务

保管人虽然事实上占有和控制着保管物，但是无权使用保管物，也无权许可第三人使用保管物，这也是保管合同与借用合同的重要区别点。

但是，经过寄存人同意的使用或者基于保管物的特殊性质，必须进行一定的使用才能为妥善保管的情形除外。保管人擅自使用或者擅自许可他人使用保管物的，无论主观上有无过错，都应当向寄存人支付相应的报酬，报酬可以比照租金的标准进行计算。

（四）危险通知义务

当保管物受到危险，如发生意外毁损灭失或者保管物被申请扣押等情形时，保管人应当及时将危险通知给寄存人，以便于寄存人及时知悉保管物的情况采取妥善的行动。

（五）返还保管物的义务

保管合同期限届满或者寄存人提前领取保管物时，保管人应当及时返还保管物。

保管合同没有约定保管期限的，保管人可以随时返还保管物，寄存人也可以随时要求返还保管物。保管合同约定了保管期限，保管人非因不可抗拒的事由不得提前返还保管物，寄存人在期限届满前可以随时要求返还，但应当赔偿保管人因此而造成的损失。

保管人返还的物品包括原物以及原物在保管期间所生的孳息。

二、寄存人的义务

（一）支付保管费和偿还必要费用的义务

在有偿保管的情形下，寄存人应当按照约定向保管人支付保管费。在无偿保管中，寄存人不负支付保管费的义务。

就保管人因保管保管物所支出的必要费用，寄存人应当予以偿还。

对于寄存人没有合理理由拒绝支付保管费和必要费用的，保管人可以对保管物行使留置权。

（二）特定情形下的告知义务

寄存人交付保管人保管的保管物存在瑕疵或者按照保管物的性质需要采取特殊措施实施保管的，寄存人对保管人负有告知义务。由于寄存人未履行就保管物的特殊情况进行告知的义务致使保管物遭受损失的，保管人不承担损害赔偿责任。

（三）特定情形下的声明义务

当寄存人寄存的物品为货币、有价证券或者其他贵重物品时，应向保管人履行告知义务，并经由保管人的验收和封存。

根据《合同法》第375条的规定，寄存人未尽告知义务的，保管人仅须按照一般物品的价值予以赔偿。

因此在实践中，作为寄存人在将贵重物品送交保管人保管时，务必事先进行声明，并请保管人对物品进行验收后封存，以避免纠纷发生后自己仅仅获得一般物品价值的赔偿额。

【课后思考题】

1. 简述保管合同的法律特征。
2. 简述保管合同中保管人的义务。

第二十四章 仓储合同

【导学案例】

乙绒毛厂于 2001 年 11 月 3 日向甲仓库存储白绵羊绒 198 包，甲仓库收货后，向乙绒毛厂出具收货单，收货单除载明存储货物重量外，还注明 20 公斤/197 包、15 公斤/1 包及送货单位名称。2002 年 6 月 22 日，乙绒毛厂到甲仓库处提货，甲仓库向乙绒毛厂收取仓储费 619 元，但拒绝发货。乙绒毛厂因催讨未果，诉至法院。

请问：甲仓库拒绝发货有法律依据吗？

一、仓储合同的概念与特征

仓储合同，又称仓储保管合同，是指保管人储存存货人的仓储物并签发仓单，存货人支付仓储费的合同。仓储合同是一种特殊的保管合同。

民商分立的国家将仓储合同规定在商法典中，但在民商合一的国家，仓储合同有可能规定在保管合同之中。而我国《合同法》在规定了保管合同后，又将仓储合同作为独立的类型加以规定，这不仅考虑到了仓储合同与保管合同的相似性，同时也注意到了两者的区别。

仓储合同除具有一般保管合同的特征外，还具有以下特征：

第一，仓储合同的保管人必须具备从事仓储业务的资质。

保管人可以是法人，也可以是个体工商户，但必须是经工商行政管理部门核准登记，取得从事仓储业务资格的人。

第二，仓储合同的保管人必须具有能够妥善保管仓储物的仓储设备。

例如保管冷冻生鲜肉时，保管人应当有冷库。

但值得注意的是，仓储不一定归保管人所有，保管人具有使用权即可。

第三，仓储合同的标的物是动产。

不动产不能作为仓储物。因为仓储合同中存货人必须将其对仓储物的占有转移给保管人，并放置在保管人的仓储设备中。

实践中，也有替他人看管不动产的情形，由于不涉及仓储设备，所以应当将这种情况认定为委托合同。

第四，仓储合同是诺成合同。

《合同法》第 382 条规定："仓储合同自成立时生效。"这与保管合同不同。

第五，仓储合同为有偿合同。

即使当事人未在合同中约定报酬或仓储费用，保管人仍可就自己给付的劳务请求存货人支付报酬。这与保管合同不同。

第六，仓储合同为不要式合同。

需要说明的是，保管人签发的仓单，不是仓储合同，而是提取仓储物的凭证。而且仓储合同成立后，保管人才负有签发仓单的义务。

可见，在我国，仓储合同和保管合同的关系是（见下表）：

	仓储合同	保管合同
保管人资质	经工商登记取得相应资质	无要求
是否有偿	有偿	依约定，可以无偿
合同性质	诺成合同	实践合同

二、仓储合同的效力

（一）保管人的义务

第一，对仓储物进行验收的义务。

《合同法》第384条规定："保管人应当按照约定对入库仓储物进行验收。"验收是保管人对货物的数量、规格、品质等进行检验，以确定符合合同约定。

验收的方式和标准，双方当事人有约定的依约定；没有约定或约定不明的，由保管人视情况决定。

保管人验收时如发现有不符合合同约定的，应当及时通知存货人；若未通知的，则推定验收合格。一旦验收合格，之后仓储物在品种、数量、质量等方面与合同约定不符的，由保管人承担损害赔偿责任。

第二，给付仓单的义务。

《合同法》第385条规定："存货人交付仓储物的，保管人应当给付仓单。"

仓单是指由保管人在收到仓储物时向存货人签发的，表明已收到一定数量仓储物的法律文书。仓单只能由保管人签发，签发的时间为收到仓储物之后。

仓单的法律效力有：第一，仓单持有人对仓储物享有交付请求权。无论是存货人本人还是其他第三人，保管人在善意情况下"见单交货"，即使第三人是非法取得仓单，保管人也不对"见单交货"给他人造成的损失承担责任。第二，仓单上记载的事项，直接决定当事人的权利和义务。第三，仓单可以进行转让。存货人获得仓单后，如果打算出卖其存入仓库中的物品，不必现实地交付物品，只须转让仓单即可，仓单受让人凭借仓单即可证明其对仓储物的所有权。

第三，妥善保管的义务。

保管人占有仓储物，就对其负有妥善保管义务。由于仓储合同是有偿合同，相比于保管合同而言，前者的保管人负有更高的注意义务。

在储存期间，因保管人保管不善造成仓储物毁损、灭失的，保管人应当承担损害赔偿责任。但因仓储物的性质、包装不符合约定或者超过有效储存期造成仓储物变质、损坏的，保管人不承担损害赔偿责任。例如，存货人未告知保管人货物需要干燥环境，后连着三天下雨，保管人未对货物采取必要措施,导致货物发霉,保管人不承担责任。

第四,容忍存货人检查仓储物或者提取样品的义务。

《合同法》第388条规定"保管人根据存货人或者仓单持有人的要求,应当同意其检查仓储物或者提取样品。"

第五,危险通知义务。

根据《合同法》第389条、390条的规定,保管人对入库仓储物发现有变质或者其他损坏的,应当及时通知存货人或者仓单持有人;若危及其他仓储物的安全和正常保管的,应当催告存货人或者仓单持有人做出必要的处置;若情况紧急,保管人可以做出必要的处置,但事后应当将该情况及时通知存货人或者仓单持有人。

(二)存货人的义务

第一,支付保管人报酬。

仓储合同是有偿合同,存货人必须支付报酬。

若存货人为按约定支付保管费、报酬以及其他有关费用之前,仓储保管人有权留置其仓储物。

第二,如实告知保管人仓储物的真实情况。

若存货人未提前如实告知保管人仓储物的性质或瑕疵,例如易燃易爆等,而使仓储保管人遭受损失的,存货人应承担损害赔偿责任。

第三,及时提取仓储物。

根据《合同法》第393条规定,储存期间届满存货人或者仓单持有人不提取仓储物的,保管人可以催告其在合理期限内提取,逾期不提取的,保管人可以提存仓储物。

【课后思考题】

仓储合同本质上属于保管合同,与保管合同相比,仓储合同具有哪些特征?

第二十五章 委托合同

【导学案例】

甲与乙是好友,甲给付乙2000元,委托乙在A商场代为购买一部手机,手机型号为X。乙综合考察了该商场和其他专卖店后,认为A商场和B专卖店的该款手机品质均有保证。由于B专卖店有熟人关系,为照顾熟人生意,乙最终在B专卖店以自己名义,用1500元买下X型号手机。问:乙的行为是否妥当?

第一节 委托合同概述

一、委托合同的概念及其沿革

委托合同又称委任合同,是指委托人和受托人约定,由受托人处理委托人事务的合同。委托人是委托他方处理事务的一方,受托人是允诺为他方处理事务的一方。

委托合同最早出现于古巴比伦《汉谟拉比法典》中,是一种比较古老的合同类型。在早期罗马法中委托、代理关系并不发达,直至帝政时期出现了委托、代理的法律规定,但并不区分委托和代理的关系,而将二者视为一体,认为委托合同必然包含代理权的授予。法国民法典承袭了这一理论。自德国民法典以后,各国立法才严格区分委托合同和代理,一般在总则中专门规定代理制度,而在债编中规定委托合同。我国现行法律对委托和代理进行了区分。

二、委托合同的特征

委托合同具有如下特征:

第一,委托合同的目的是为他人处理事务。

委托合同是一种典型的以当事人特定的社会技能提供劳务以完成一定任务的合同。委托合同的目的是处理或者管理委托人的事务。合同订立后,受托人在委托的权限内所实施的行为,等同于委托人自己的行为。受托人办理受托事务的费用由委托人承担。

委托的事务可以是有法律意义的事务,也可以是非法律事务。例如,可以委托律师代理诉讼,也可以委托睡在上铺的同学帮忙打壶开水。当委托的事务为有法律意义的事务时,受托人应当以委托人的名义进行。

委托人既可以委托受托人处理一项或数项事务，也可以委托受托人处理相关的一切事务。

第二，委托合同是基于双方当事人相互信任的合同。

一旦信任不再，委托合同的双方当事人都可以解除合同。

第三，委托合同可以是无偿的，也可以是有偿的。

委托合同的有偿或者无偿，以当事双方的约定为准。

但值得注意的是，报酬不能与处理委托事务的费用相混淆。根据《合同法》的规定，对于受托人处理委托事务的费用，委托人应当预付，或者受托人垫付后由委托人偿还（包括费用和利息）。委托人的此项义务并不构成委托合同关系中受托人处理委托事务的对价，因此不能据此认定为有偿合同，只能判定为双务合同。

第四，委托合同是诺成合同、不要式合同。

委托合同自双方当事人意思表示达成一致时合同成立，委托合同的形式也无特定要求，可以书面形式，也可以口头形式等。

三、委托合同与相关制度、合同的区别

（一）委托合同与代理关系

两者的区别如下：

	委托合同	代理关系
共同点	均是为他人处理事务	
事务的性质	法律事务或非法律事务	法律事务
与第三人的关系	委托合同本身不涉及第三人	处理代理事务对外涉及第三人
法律性质	双方法律行为	单方法律行为，即单方授权产生代理关系

委托合同关系与代理关系有时相伴而生；有时有委托而无代理，例如张同学委托他上铺的李同学帮忙打壶开水；有时有代理而无委托，例如王小与其法定代理人王父之间有代理关系，但无需委托。

（二）委托合同与雇佣合同

	委托合同	雇佣合同
标的	为委托人完成事务	为雇主提供劳务
独立性	处理事务的具体方法可由受托人灵活掌握	必须严格服从雇主的指示
有偿性	可以有偿，可以无偿	有偿

在委托合同中，受托人只要最终完成委托事务即可，完成过程中的具体方法可以灵活掌握，除非委托人有特殊要求。而雇员在完成事务的过程中，必须严格按照雇主的指示。

（三）委托合同与承揽合同

	委托合同	承揽合同
标的	为委托人完成事务	交付的工作成果
有偿性	可以有偿，可以无偿	有偿
名义	以委托人名义	以承揽人自己的名义
风险负担	委托人承担	承揽人对工作成果不符合质量要求、保管不善造成的损失等承担责任

第二节　委托合同的效力

一、受托人的义务与责任

（一）依委托人的指示处理委托事务

在委托合同中，受托人的基本义务是依委托人的指示处理委托事务。受托人依委托人指示处理委托事务具有以下含义：

一般情况下，受托人不得变更委托人的指示。但在情势紧急时可以变更委托人的指示，妥善处理委托事务。这一例外规定，旨在以委托人和受托人之间的相互信赖关系为依托，开辟特殊情况下实现委托合同目的的新途径。

（二）亲自处理委托事务

为防止出现受托人有负委托人信任致委托人利益受损的情形，《合同法》规定受托人应亲自处理委托事务。

但经委托人同意，受托人可以转委托。**转委托**，又称复委托，是指受托人经委托人同意，将委托人委托的部分或全部事务转由第三人处理，在委托人与第三人之间直接发生委托合同关系的行为。在转委托关系中，该被委托的第三人叫次受托人。

在转委托中，委托人、受托人和次受托人之间的权利义务如下：

第一，委托人应向该次受托人支付报酬、发布指示、预付费用等。

第二，受托人负有按照委托人的指示选任合适的次受托人以及恰当指示次受托人的义务。

但紧急情况下，受托人为了委托人的利益未经委托人同意所进行的转委托，应当在法律效果上视同委托人同意的转委托。

例如，受托人在为委托人与他人签约的前一天受了重伤，而该约定对委托人而言又至关重要，为不损及委托人的利益，受托人委托另外的人替自己去签约。这时视为委托人同意，但受托人应及时将这一情形告知委托人。

第三，次受托人负有依原委托内容和指示行为的义务，其直接向委托人负责。

（三）报告处理情况

受托人应当按照委托人的要求，随时或定期报告委托事务的处理情况。

若委托人没有要求受托人汇报，但有报告的必要时，例如进行有障碍、情势变更等，受托人也应随时汇报。

委托事务终了或者委托合同终止时，受托人应当主动将处理委托事务的始末经过和处理结果报告给委托人，并提交必要的证明文件，如各种账目、收支计算情况等。

因受托人怠于报告给委托人造成损害的，由受托人承担。

（四）财产转交

受托人因处理委托事务所取得的财产，包括金钱、物品及其孳息、权利等，不论是以委托人名义取得的还是以受托人自己名义取得的，也不管是由次受托人取得的，还是由受托人自己在处理事务时直接取得的，应当转交给委托人。

（五）受托人的赔偿责任

1. 因违反注意义务的损害赔偿责任

在有偿的委托合同里，受托人应尽善良管理人的注意义务，若欠缺此注意，即为有过错。对于委托人因此所受的损害，应负赔偿责任。

在无偿的委托合同里，受托人仅就故意或重大过失而给委托人带来的损失负责任。

2. 因越权的损害赔偿责任

受托人超越授权而处理事务时，若给委托人造成损失，则不论有无过错，均应承担损害赔偿责任。

3. 转委托中的责任

第一，受托人选任不慎或指示有误而给委托人造成损失的，受托人应当承担赔偿责任。

第二，受托人擅自转委托给委托人造成损失的，受托人应对第三人的行为向委托人承担责任。

4. 因未及时报告的损害赔偿责任

受托人在紧急情况下变更指示后，负有向委托人报告的义务。否则给委托人造成损失的，受托人应负赔偿责任。

5. 连带责任

委托人委托两个或两个以上的受托人共同处理一件或一系列委托事务，若其中一个受托人或数个受托人违反受托人的义务给委托人带来损失的，委托人可以向所有受托人或其中任何一个要求赔偿。受托人之间为连带责任。

如果其中的一个或数个受托人未与其他受托人协商而实施的行为，损害了委托人利益的，无过错的受托人可以在承担连带责任后，向实施行为的受托人行使追偿权。

二、委托人的义务与责任

（一）支付费用的义务

不论委托合同是否有偿，委托人都有支付处理委托事务所产生的必要费用的义务。委托人履行支付费用的义务有两种方式，一是预付费用，二是偿还受托人垫付的费用。

（二）支付报酬的义务

委托人有按照合同约定向受托人支付报酬的义务。

（三）赔偿责任

受托人处理委托事务时，因不可归责于自己的事由受到损失的，可以向委托人要求赔偿损失。

第三节　间接代理制度

代理分为直接代理与间接代理。我国开始只承认**直接代理**，即代理人必须是以被代理人的名义为民事法律行为。但由于实践中大量存在外贸代理现象，也就是外贸进出口公司作为代理人以自己的名义进行交易，而不以被代理人名义，所以后来《合同法》中也承认了间接代理。

间接代理，系指代理人以自己的名义，为本人计算而为民事法律行为。间接代理中，代理人可能会表示自己是代理人的身份但不明示委托人是谁，也可能根本不披露自己是代理人的情况。

有学者将我国的间接代理等同于"隐名"代理（undisclosed principal），实际上后者更多是出自英美法系的表述，两者并非完全等同的制度。

一、间接代理制度的特征

间接代理的特征主要是与直接代理相区别，因此我们通过表格表示：

	间接代理	直接代理
以何名义	受托人	委托人
法律效果归属	先归代理人，代理人再转给委托人	归委托人

二、我国现行《合同法》对间接代理制度的相关规定

在我国，间接代理制度的出现具有浓厚的实践主义色彩，经历了一个从不认同到认同的艰难历程。现行《合同法》的相关规定考察了外贸代理中的实践经验，同时借鉴了《国际货物销售代理公约》（Convention on Agency in the International Sale of Goods）中的相关规定，对间接代理制度主要规定了以下内容。

（一）委托人的介入权

1. 委托人的自动介入

委托人的自动介入，是指受托人以自己的名义，在委托人的授权范围内与第三人订立的合同，第三人在订立合同时知道受托人与委托人之间有间接代理关系的，只是不知道委托人是谁，那么该合同直接约束委托人和第三人。

例1：宋江为本单位购置大量文具，文具店老板见买的文具多，就问宋江："自己用这么多文具啊？"宋江说："不，这是给单位买的。"但没说自己在什么单位。文具店老板明知宋江只是受委托帮单位买文具，因此该买卖合同直接约束宋江的单位和文具店。

但如果有确切证据证明该合同只约束受托人和第三人的，不发生委托人的自动介入。

2. 委托人的主动介入

委托人的主动介入，是指当受托人因第三人的原因对委托人不履行义务，受托人应当向委托人披露第三人，委托人因此可以行使受托人对第三人的权利。

应注意的是，如果第三人知道该委托人，就不会与受托人订立合同的，不产生委托人的介入权。

例2：在例1中宋江的单位为某政府机构，但文具店老板与该机构有过纠纷，发誓老死不相往来，若知道宋江是给该机构买文具，老板肯定不卖。那么该机构不能主动介入买卖合同。

（二）第三人的抗辩权

在委托人行使介入权直接对第三人主张权利时，第三人也可以向委托人主张自己对受托人的抗辩。

例3：在例1中，宋江与文具店约定第二天付款，第三天送货上门，但第三天没有送货上门。宋江所在的政府机构可以行使介入权，要求文具店送货。但文具店这时也可以对政府机构抗辩，理由是宋江没有按约定付款。

（三）第三人的选择权

第三人的选择权，是指在间接代理中，当受托人因委托人的原因对第三人不履行义务，受托人应当向第三人披露委托人，第三人可以选择将受托人或者委托人作为相对人主张其权利。

第三人被赋予此项选择权，是与委托人的介入权的对应，充分体现了《合同法》对委托人与第三人之间利益的平衡。

应注意的是，第三人一旦确定了选择的相对人，便不得再变更。

第三人若选择向委托人主张权利的，委托人可以向第三人主张其对受托人的抗辩以及受托人对第三人的抗辩。

（四）受托人的披露义务

受托人的披露义务发生在以下情形：

第一，当受托人因第三人的原因不履行合同义务时，受托人应向委托人披露第三人。

第二，在受托人因委托人的原因对第三人不履行合同义务时，受托人应向第三人披露委托人。

第四节　委托合同的终止

委托合同的终止有两种原因：

第一，因任意解除权而终止。

委托合同是基于委托人与受托人之间的相互信赖而签订的合同，一旦信赖不再，双方当事人可以随时解除合同。

例如，原告委托一位知名律师代理自己的民事诉讼，但后来发现这位律师虽然精通刑事诉讼，但对民事案件不甚了解，原告可以随时终止对该律师的委托。

需要注意的是，因解除委托合同给对方当事人造成损失的，应当赔偿损失，除非是由于可归责于受损一方的事由造成的损失。

第二，法定原因的终止。

委托人或受托人死亡、丧失民事行为能力或者破产的，委托合同终止。但当事人另有约定或根据委托事务的性质不宜终止的除外。

【课后思考题】

1. 试述委托合同当事人的义务。

2. 2007年8月,某服装批发商贾某委托在某地开货运信息部的田某找车将一车服装从某地运回北京。因贾某要货比较急,田某找到不是很熟悉的司机高某,并以贾某的名义与贾某签订了一份货物运输合同,合同中约定托运方为贾某,承运方为高某,中介方为田某,田某代替贾某在协议上签名。高某将自己的驾驶证、行驶证、身份证复印后,连同家中电话号码留给了田某,田某将贾某传真过去的提货手续交给高某,后高某在厂家提货后一直下落不明。经查,高某留下的驾驶证、行驶证、身份证及家中号码都是虚假的。贾某要求田某赔偿损失,后双方协商赔偿未果,贾某将田某起诉到法院。①

问题:本案中贾某与田某是何法律关系,田某是否应赔偿贾某的损失?

3. 李某受单位委派到某国考察,王某听说后,委托李某代买一种该国产的名贵药材。李某考察归来后将所买的价值1500元的药送至王某家中。但王某的儿子告诉李某,其父已于不久前去世,这药本来就是给他治病的,现在父亲已去世,药也就不要了,请李某自己处理。李某非常生气,认为不管王某是否活着,这药王家都应该收下。②

问题:

(1)李某的行为的法律后果到底应由谁来承担?

(2)药是否应由王家出钱买下?为什么?

---

① 张明著:《合同纠纷50个法庭诉讼实战策略》,北京:中国法制出版社,2011年版,第173页。
② 邓辉、许步国主编:《合同法学》,北京:中国民主法制出版社,2006年版,第412页。

第二十六章 行纪合同

【导学案例】

甲委托乙代为出售一部旧的摄像机,双方约定,摄像机的价格为5000元,售出后,由甲付给乙800元报酬。谁知多日一直无人问津。又几日后,乙正好需要购买一台摄像机,发现甲委托其卖出的摄像机性能不错,于是以5000元的价格购买这部摄像机。甲知道后,认为是乙自己买的摄像机所以不应再向乙支付800元报酬。问:甲是否应向乙支付报酬?

第一节 行纪合同概述

一、行纪合同的概念及其沿革

根据《合同法》第414条规定,行纪合同又称信托合同,是指行纪人以自己的名义为委托人从事贸易活动,委托人支付报酬的合同。行纪人是以自己名义为他方办理业务的一方,委托人是委托他方办理业务并支付其报酬的一方。

真正意义上的行纪合同是随着信托业务的发展而产生的。在欧洲中世纪,由于国际贸易的兴起,出现了专门从事受他人委托以办理商品购入、贩卖或其他交易事务并收取一定佣金的经纪人,行纪制度已较为发达。现代各国大都有关于行纪合同的规定,但对行纪合同的认识略有不同。

在我国,行纪业务出现于汉代,至民国时期的《民法典》即设专章对行纪加以规定。新中国成立后,因成立国营信托公司和贸易货栈经营行纪业务,行纪业曾趋衰微,直至改革开放后才又兴盛起来。然而,在我国20世纪80年代所颁布实施的三部合同法中并无关于行纪合同的规定,阻碍了行纪业在我国的发展,因此,现行的合同法在分则部分设专章对行纪合同加以规定,使行纪人和委托人都有法可循。

二、行纪合同的特征

行纪合同具有如下特征:

第一,行纪合同中行纪人一方主体资格具有限定性。

在我国,行纪合同的委托人可以是自然人,也可以是法人或其他组织,并无太多限制,但行纪人只能是经批准经营行纪业务的法人、自然人或其他组织。

第二，行纪合同的标的是行纪人为委托人进行一定的民事行为。

行纪合同中行纪人为委托人提供服务，须通过为民事行为实现。该民事行为的实施是委托人与行纪人订立行纪合同的目的所在，该民事行为即为行纪合同的标的。若未为约定的民事行为，则合同未履行。

第三，行纪人以自己的名义为委托人办理业务。

行纪人在为委托人办理业务时须以自己的名义，由此实施的民事行为的权利、义务主体均为自己。

第四，行纪人为委托人的利益办理业务。

行纪人为民事行为时应充分考虑委托人的利益，并将结果归属于委托人。

行纪人为委托人所购、售的物品或委托人交给行纪人的价款或行纪人出卖所得价金，虽在行纪人的支配之下，但其所有权归委托人。

这些财产若非因行纪人原因而发生毁损、灭失的，风险也由委托人承担。

第五，行纪合同是双务、有偿合同、诺成合同和不要式合同。

三、行纪合同与相关法律制度的关系

（一）行纪合同与信托制度

信托制度是指委托人基于对受托人的信任，将其财产权委托给受托人，由受托人按委托人的意愿以自己的名义，为受益人的利益或者特定目的，进行管理或者处分的一种法律制度。

信托法律关系中包含信托人（财产授予人）、受托人和信托受益人三方当事人，委托人交付受托人管理或处分的财产为信托财产。信托制度源于英国中世纪的用益物权制度，其实质是一种管理财产的法律关系。

	行纪合同	信托制度
共同点	受托人按照委托人的要求以自己的名义实施与财产相关的民事行为	
法律性质	合同关系	财产管理关系
当事人	行纪人和委托人	信托人、受托人和信托受益人
利益归属和风险承担人	委托人	受益人
介入权	行纪人依委托人指示处理事务，在不违背委托人指示的情况下享有介入权	受托人实施信托事务一般不受委托人或受益人的指示，享有广泛的自由决定权，但原则上没有介入权

（二）行纪合同与委托合同

行纪合同与委托合同两者具有较多的共同之处，因此，许多国家的立法都明确规定，行纪合同除另有规定的，适用委托合同的有关规定。我国《合同法》第423条也做了类似规定。两者的区别如下：

	行纪合同	委托合同
共同点	均为提供服务的合同；均以双方的相互信任为前提；均由委托人委托他人处理一定事务等	
主体资格	行纪人一方必须是经批准经营行纪业务的法人、自然人或者其他组织	对受托人没有特别的资格限制
事务的性质	特定的事务，仅限于买卖等贸易行为，一般为民事行为	既可以是民事行为也可以是事实行为
名义	只能以自己名义	可以自己名义或委托人名义
有偿性	有偿	有偿或无偿

（三）行纪合同与承揽合同

	行纪合同	承揽合同
共同点	一方当事人为另一方当事人处理一定事务	
标的	民事行为	工作成果
标的物	限于动产及有价证券	动产、不动产

第二节 行纪合同的效力

一、行纪人的义务与行纪人的介入权

（一）负担行纪费用的义务

行纪费用，是指行纪人在处理委托事务时所支出的费用。

根据我国现行《合同法》第415条规定："行纪人处理委托事务支出的费用，由行纪人负担，但当事人另有约定的除外。"其实，在行纪实践中，双方多把行纪费用包含在报酬之内，并不再对行纪费用单独进行计算。

（二）妥善保管委托物的义务

根据《合同法》第416条规定，行纪合同为有偿合同，行纪人占有委托物的，行纪人对物的保管应尽善良管理人的注意，妥善保管委托物。

对于物的意外灭失，只要行纪人已尽到善良管理人的注意，可不负责任。

（三）合理处分委托物的义务

根据《合同法》第417条规定，委托物交付给行纪人时有瑕疵或者容易腐烂、变质的，经委托人同意，行纪人可以处分该物；和委托人不能及时取得联系的，行纪人可以合理处分。

行纪人违反对委托物的合理处分义务的，应承担违约责任，给委托人造成损害的，应予以赔偿。

（四）依委托人的指示处理事务的义务

对于委托人所指定的卖出价格或买入价格，行纪人有遵从指示的义务。以下三种为例外情况：

第一，行纪人以低于指定价格卖出或者高于指定价格买进的。

《合同法》第418条第1款规定，行纪人低于委托人指定的价格卖出或者高于委托人指定的价格买入的，应当经委托人同意。未经委托人同意，行纪人补偿其差额的，该买卖对委托人发生效力。

该款规定表明：(1) 委托人做出的关于价格的指示是训示式指示，而不是希望性的。(2) 委托人关于低卖或高买的同意，可以在行纪行为之前，也可以在之后。(3) 如果未经委托人同意，行纪人也未补偿其差额的，则该买卖对委托人不生效力，由行纪人承担相应的责任。(4) 如果虽未经委托人同意，但行纪人同意补偿其差额的，该买卖对委托人发生效力。

例1，西门庆知道武大郎专业从事烧饼买卖行纪业务，一日，来到武大郎烧饼店告知武大郎让其代买"狗不理烧饼"100个，单价每个两三元都行。三日后，武大郎来到天津"狗不理食品店"购买了"狗不理烧饼"100个，每个单价三元五毛。西门庆事后得知。如果西门庆表示同意，则该买卖对西门庆发生效力；如果西门庆不同意，武大郎也不愿意补偿每个烧饼五毛的差价，那这笔买卖对西门庆不发生效力，武大郎自己承担这次买卖的后果；如果西门庆不同意该价格，但是武大郎愿意补偿每个烧饼五毛的差价，该买卖对西门庆发生效力。

第二，行纪人以高于指定价格卖出或低于指定价格买进委托物的。

《合同法》第418条第2款规定："行纪人高于委托人指定的价格卖出或者低于委托人指定的价格买入的，可以按照约定增加报酬。没有约定或者约定不明确，依照本法第六十一条的规定仍不能确定的，该利益属于委托人。"

该款表明：(1) 委托人关于价格的指定是训示性的。(2) 有约定的，则行纪人可以按照约定增加报酬。如果事先就增加报酬无约定，且未协议补充或根据其他方式仍无法确定的，所增加的利益归于委托人享有。

例2，在例1的"狗不理烧饼"买卖中，经过讨价还价最终以每个一元五毛成交，若此前武大郎跟西门庆约定成交价低于二元的，可以依据成交差价总额的2%增加报酬，则武大郎可请求增加一元的报酬；若此前并无增加报酬的相关约定，事后西门庆也不愿意就增加报酬补充协议，则成交差价的利益归西门庆所有。

第三，委托人对价格有特别指示的。

如果委托人对于委托物的价格做了特别指定，即严格性的指定，不允许行纪人予以变更，行纪人只能依委托人指定的价格卖出或买进委托物。

例3，在例1的"狗不理烧饼"买卖中，西门庆明确告知武大郎，只能是二元一个，不能贵也不能便宜，则武大郎只能以二元一个的单价购买这100个烧饼。

（五）介入权

根据《合同法》第419条第1款规定，行纪人的介入权，也称行纪人的自约权，是指行纪人卖出或者买入具有市场定价的商品，除委托人有相反的意思表示的以外，行纪人自己可以作为买受人或者出卖人。

根据《合同法》第419条第2款规定，行纪人行使介入权后，委托人和行纪人之间产生了合同关系，但行纪人仍然可以要求委托人按照合同约定支付报酬。

回顾导学案例，乙作为行纪人有权自己作为买受人购买甲的摄像机，该行为不影响行纪合同的效力。甲有义务按照合同约定向乙支付800元的报酬。

（六）留置权

根据《合同法》第 422 条规定，行纪人完成或者部分完成委托事务，委托人应当向其支付相应的报酬而逾期不支付的，行纪人对委托物享有留置权，但当事人另有约定的除外。

此处的留置权系担保物权，适用民法中关于留置权的有关规定。

二、委托人的义务

（一）支付报酬的义务

行纪人完成或者部分完成委托事务的，可向委托人请求支付报酬。

报酬系行纪人实行行纪行为的对价，数额由双方当事人约定，习惯上多以其所交易的价额依一定比率提取，例如证券交易。

一般认为，委托人支付报酬以行纪行为的履行为条件。[①]行纪人仅仅与第三人订立了合同，是不能请求报酬的，因为行纪人自己的过失致使不能向委托人交付委托卖出物的价金或买进的物品的，行纪人丧失报酬请求权。如果行纪人和第三人间订立的合同因有瑕疵或其他法定原因，如受欺诈、胁迫、乘人之危等，而导致该合同被撤销的，应相当于行纪人未履行行纪行为，自然不得请求报酬。但在第三人违约，而第三人对债务的不履行，做出了损害赔偿，或者对方同意其用其他物替代履行的，产生履行后果，行纪人可将行纪行为的结果转交委托人，并得以请求报酬。

因不可归责于行纪人的事由发生，致使行纪人不能完成行纪行为的，如果行纪人已部分履行，且该部分履行相对于全部委托事务来说可以独立存在，则行纪人有权就委托事务完成的部分请求委托人支付报酬。

若虽然仅完成了部分委托事务，但委托人的经济目的已完全达到的，行纪人得请求支付全部报酬。

如果委托事务的不完成或不能全部完成，是委托人自己所造成的，行纪人仍得请求委托人支付报酬。

（二）及时受领义务

行纪人按照约定买入委托物的，委托人应当及时受领。

根据《合同法》第 420 条第 1 款规定，经行纪人催告，委托人无正当理由拒绝受领的，行纪人可以依照提存的相关规定提存委托物。

（三）及时取回或处分义务

委托物不能卖出或者委托人撤回出卖时，委托人应及时将委托物取回或处分。

根据《合同法》第 420 条第 2 款规定，经行纪人催告，委托人不取回或者不处分该物的，行纪人可以依照提存的相关规定提存委托物。

【课后习题】

1. 简述行纪合同的概念和特征。
2. 简述行纪合同与信托、委托、承揽合同的区别。

[①] 史尚宽. 债法各论 [M]. 北京：中国政法大学出版社，2000 年，第 499 页。

3. 甲乙两公司签订合同约定，甲公司委托乙公司代销 10 万部移动电话，约定每部电话以单价 600 元的价格销售。为保持甲方产品廉价的形象，双方在合同中约定，乙方不得擅自提价销售。双方还约定，总共支付 10 万元酬金。合同签订以后，甲公司将 10 万部移动电话交给乙公司。前 6 个月，乙公司按单价 650 元的价格共售出 5 万部电话，多获利 25 万元，并要求甲按比例增加酬金。甲表示反对。除此之外，乙还丢失了 1000 部电话，并通知甲，剩余的所有电话自己已经购买。甲以乙违约为由通知乙撤回剩余的所有电话。双方的通知同时到达。请问：

（1）甲乙之间的合同是什么性质的合同？
（2）乙公司能否按增加的利益的比例要求报酬？
（3）丢失 1000 部电话的责任由谁承担？乙公司能否就丢失的 1000 部电话主张报酬？
（4）乙公司可以购买剩余的所有电话吗？

第二十七章　居间合同

【导学案例】

甲委托乙帮助联系苹果的买主，约定每卖100斤向乙支付报酬20元。乙联系某罐头厂，该罐头厂与甲谈判时却发现甲的邻居丙的苹果质量更好，便终止了与甲的谈判购买了丙的苹果。事后乙请求甲支付相应的报酬，甲认为苹果没有卖出所以不应该支付报酬。乙提出甲即使不支付报酬也应该支付乙为联系罐头厂而支付的差旅费、电话费。甲认为该笔费用乙应该让丙支付。问：乙可否要求甲支付报酬和差旅费及电话费？

第一节　居间合同概述

一、居间合同的概念及其沿革

居间合同是居间人向委托人报告订立合同的机会或者提供订立合同的媒介服务，委托人支付报酬的合同（《合同法》第424条）。在居间合同中，提供、报告订阅机会或提供交易媒介的一方为居间人，给付报酬的一方为委托人。

居间活动是一种古老的商业活动，居间人是促进交易双方成交并从中取得报酬的中间人。居间人早在古希腊时代即已出现，彼时并无资格限制，任何人均可自由从事居间活动。至中世纪时期，居间人带有了公职的性质，非居间人团体成员不得从事居间活动。其后，居间活动都带有"官营性质"，对于未经允许私自从事居间者，要处以严罚，加以禁止。至现代各国民商法体制下，例如德国、日本、比利时等国大都采用自由营业主义。在我国古代，居间人被称为"互郎"，是促进双方成交而从中取酬的中间人。在古汉语中，"互"写作"牙"，后讹传为"牙"，因此，民间将居间人称为"牙行"或"牙纪"。民国时期民法对居间也采用自由营业主义。

根据居间人所受委托内容的不同，居间业务可分为报告居间和媒介居间。

报告居间是指居间人仅为委托人报告订约机会的居间。媒介居间是指居间人为委托人为订约媒介的居间。

无论何种居间，居间人都只是居于交易双方当事人之间起介绍、协助作用的中间人。在大陆法国家的立法上，采用民商分立的国家一般以商法调整媒介居间，以民法调整报告居间。我国为民商合一国家，《合同法》就媒介居间和报告居间一并调整。

二、居间合同的特征

（一）居间合同是一方当事人为他方报告订约机会或为订约媒介的合同

报告订约的机会的居间，即报告居间；为双方当事人介绍订立合同，即媒介居间。

（二）居间合同为有偿合同

居间人以从事收取报酬的居间活动为常业，居间合同中的委托人需向居间人给付一定的报酬，作为对居间人服务活动的报偿。

（三）居间合同的委托人一方的给付义务的履行有不确定性

居间人的活动达到居间目的时，委托人才负给付报酬的义务。

然而，居间人的活动能否达到目的，委托人与第三人之间能否交易成功，不能完全由居间人的意志决定，具有不确定性。

（四）居间合同为诺成合同和不要式合同

居间合同自双方当事人意思表示一致时合同成立。居间合同的形式也无特定要求。这与委托合同是一致的。

三、居间合同与委托合同、行纪合同的区别

	居间合同	委托合同	行纪合同
共同点	一方受他方委托为他方办理一定事务的合同		
是否参与委托人与第三人之间的关系	不参与	可以自己名义也可以委托人名义参与	以自己的名义直接参与
报酬给付	有居间结果时才得请求支付，当为订约媒介居间时可从委托人和其相对人双方处取得报酬	原则上无偿	从委托人一方取得报酬
事务处理结果	不存在移交问题	委托人取得事务处理结果	委托人取得事务处理结果

第二节 居间合同的效力

一、居间人的义务

（一）报告订约机会或媒介订约的义务

在报告居间中，居间人对于订约事项，应就其所知，据实地报告给委托人。居间人对于相对人而言，并不负有报告委托人有关情况的义务。

在媒介居间中，居间人应将有关订约的事项据实报告给各方当事人。无论居间人是同时接受合同当事人双方的委托，还是仅接受委托人一方委托的，居间人都负有向双方报告的义务。

（二）忠实和尽力义务

居间人的忠实义务包括以下几方面的要求：

第一，居间人应将所知道的有关订约的情况或商业信息如实告知给委托人。《合同法》第 425 条规定："居间人应当就有关订立合同的事项向委托人如实报告。居间人故意隐瞒与订立合同有关的重要事实或者提供虚假情况，损害委托人利益的，不得要求支付报酬并应当承担损害赔偿责任。"

第二，不得对订立合同实施不利影响，影响合同的订立或者损害到委托人的利益。

第三，居间人对于所提供的信息、成交机会以及后来订约情况，负有向其他人保密的义务。

对于居间人的尽力义务，应依照诚实信用原则来解释、判断居间人是否有尽力义务及其范围大小。报告居间人的任务在于报告订约机会给委托人；媒介居间人的任务除向委托人报告订约信息外，应尽力促使将来可能订约的当事人双方达成合意等。

（三）负担居间活动费用的义务

居间人在居间活动中，为委托人了解相关的订约信息、商业信息及有关人的资信状况、信誉度、知名度等情况，发生的费用支出，在没有事先明确约定由哪一方负担的情况下，应当由居间人承担。因为在一般情况下，居间人支出的居间活动的费用都已计算在居间报酬内。

值得注意的是，居间人促成合同成立时，居间合同的费用才由居间人负担；若居间人未促成合同成立，则可以要求委托人支付从事居间活动支出的必要费用。

二、委托人的义务

（一）支付报酬的义务

对于委托人支付报酬的义务，当前各个国家和地区主要采用约定报酬制，即报酬额的多少原则上依委托人与居间人的合同约定。

为避免约定报酬制产生有失公平、触犯公认的伦理价值等一系列社会问题，其他国家和地区一般创设以下三种制度作为纠正机制：一是约定报酬酌减制度。当约定报酬额大大超过居间人所提供的劳务的价值致显失公平时，法院可以根据委托人的申请酌情降低报酬额。二是婚姻居间约定报酬无效制度。根据德国民法典、瑞士债务法和我国台湾地区民事相关的规定，当事人就婚姻居间约定报酬的，约定无效。三是法定报酬制。其他国家和地区立法极少就居间报酬规定法定报酬标准，但有时为了贯彻某项社会政策，也偶尔用之。

结合《合同法》关于居间报酬的规定以及居间实践，就居间报酬的给付，应注意以下问题：

第一，关于居间报酬的一般规定。居间人促成合同成立的，委托人应当按照约定支付报酬。

对居间人的报酬没有约定或者约定不明确，依照本法第六十一条的规定仍不能确定的，根据居间人的劳务合理确定（《合同法》第 426 条第 1 款）。

第二，报酬权利人的确定。当委托人就同种事务委托数个居间人时，报酬的确定应分如下情况：

（1）若属报告居间，先向委托人报告订约信息并促成其订立合同者，享有收取居间报酬的权利。

（2）若为媒介居间，如果委托人与相对人之间所成立的合同可归功于某个居间人时，此居间人享有收取居间报酬的权利，其他居间人无此项权利。如果是数居间人同心协力，致使不能确定其中哪个居间人为当事人与相对人交易的达成起了决定性作用时，居间报酬的权利人要分情况而定：其一，如果委托人以数居间人为一整体，只给予一次报酬，则各居间人平均分配该报酬；其二，如果委托人对各居间人分别委托同一事项，居间人也独立地开展产生居间结果的活动时，居间人各得请求报酬；其三，如果各居间人就同一事项分别受同一委托人的委托，但在为居间行为时，各居间人相互结合，为共同的媒介，那么各居间人只能共同地受一次报酬。

　　（3）若交易双方各自委托居间人，双方委托的这两个居间人又共同协力促成委托人和交易相对人订立合同，则委托人和交易相对人分别对自己所委托的居间人支付居间报酬。

　　第三，居间报酬义务人的确定。在报告居间中，居间报酬由委托人负担；在媒介居间中，居间报酬由达成交易的双方当事人平均负担，即由委托人和交易相对人平均负担。但合同另有约定或者另有习惯的除外。

（二）支付必要居间费用的义务

　　当居间人已尽了报告或媒介义务，但仍不能使合同成立，达不到委托人的预期目的时，其他国家和地区的立法都认为此时的居间费用不得请求委托人偿还，但我国《合同法》第427条规定，居间人未促成合同成立的，可以要求委托人支付从事居间活动支出的必要费用。

【课后习题】

1. 简述居间合同与行纪合同、委托合同的区别。

2. 2008年下半年，原产权人甲到多家房屋中介公司挂牌销售房屋。2008年10月22日，A公司（系房地产经纪有限公司）带乙看了该房屋；11月23日，B公司（系房地产顾问公司）带乙之妻丙看了该房屋；11月27日，C公司带乙看了该房屋，并于同日与乙签订了《房地产求购确认书》。该《确认书》第24条约定，乙在验看过该房地产后六个月内，乙或其委托人、代理人、代表人、承办人等与乙有关联的人，利用C公司提供的信息、机会等条件但未通过C公司而与第三方达成买卖交易的，乙应按照与出卖方就该房地产买卖达成的实际成交价的1%，向C公司支付违约金。当时C公司对该房屋报价165万元，而B公司报价145万元，并积极与卖方协商价格。11月30日，在B公司居间下，乙与卖方签订了房屋买卖合同，成交价138万元。后买卖双方办理了过户手续，乙向B公司支付佣金1.38万元。

　　问：乙是否利用了C公司提供的信息、机会，是否构成违约？

第二十八章　物业服务合同

【导学案例】

某小区物业为了住户安全,每个楼道口都安装了安全门,并给每家免费配备了三张门卡,并开通了门禁权限。到了第二年交物业费的时候,为了让业主按时交费,物业公司通知,若不按时交纳物业费,将暂停门卡的权限。暂停后,业主可到物业公司重新开通,每次开通后可使用三天。若三天后还未交纳物业费,将再次暂停。有的业主对此非常不满,认为物业公司剥夺了自己回到自己家的权利,其做法是不合法的。

请问:物业公司的做法有法律依据吗?

一、物业服务合同的概念和特征

物业服务合同,是指业主通过选聘物业服务企业或其他管理人对房屋及配套的设施设备和相关场地提供维修、养护、管理等服务,并维护相关区域内的卫生和秩序,业主支付相应物业费的合同。

物业服务企业通过业主或业主大会的选聘,或房地产开发商选聘后经业主同意来确定,其业主也可以成立业主大会,授权业主委员会代表业主行使权利。业主大会由物业区域内的全体业主组成,是业主自治管理组织。业主委员会由业主大会从全体业主中选举产生,代表业主对物业实施自治管理。业主大会和业主委员会都不是必须存在的组织。

业主可以自行管理建筑物及其附属设施,也可以委托物业服务企业或者其他管理人管理。

物业服务合同有以下法律特点:

第一,物业服务合同中物业企业的主要职能是为业主提供服务,而不是对业主进行管理。

2003年我国出台《物业管理条例》,将物业企业的角色定位为管理。2007年,根据《物权法》的有关规定,将"物业管理企业"改为"物业服务企业",重新对物业企业进行了定位。

第二,物业服务合同签订后应及时到政府主管部门备案。

物业服务合同内容涉及群众日常生活和社会正常秩序,需要政府适度监督、指导。

第三,物业服务合同的标的是物业服务企业提供的劳务。

第四,物业服务合同是要式合同。

由于物业服务合同内容较复杂,因此《物业管理条例》规定物业服务合同必须采用书面形式。

第五,物业服务合同中的条款大多为格式条款。

业主一方为多数不特定的人,但居住在同一物业范围内,在物业服务方面,通常希望达到相同或类似的目的。格式条款效率更高，能够降低签约成本。

第六，物业服务合同是双务合同、有偿合同、诺成合同。

二、物业服务合同的性质

物业服务合同是以为业主提供服务为主要内容的合同。虽然《合同法》中未规定，但《物权法》中已有明确规定，所以它是一种有名合同。

对于物业服务合同的性质，我国现行法律上并无明文规定，笔者认为它是一种全新的服务性合同，不同于委托合同、承揽合同等。

物业服务合同与几类有名合同比较相似，现做区别如下：

第一，与委托合同相比，委托合同的法律后果归委托人，物业服务合同中由物业服务企业为其行为承担法律后果；另外，委托合同中受托人按委托人的指示处理事务，而物业服务合同中物业服务企业有自主决定权，业主只能监督。

第二，与承揽合同相比，承揽合同的标的是劳动成果，物业服务合同的标的是劳务。

三、物业合同的分类

广义的物业服务合同可以分为两类，一是前期物业服务合同，二是普通物业服务合同。前期物业服务合同，是房地产建设单位在交付房屋之前，与其委托的物业服务企业签订的合同。本章主要讨论的是普通物业服务合同，也是狭义的物业服务合同。

四、物业服务合同的效力

（一）物业服务企业的权利

第一，依法制定管理办法。

若要业主自觉遵守管理办法，该办法首先应得到业主的认可。物业服务企业可将拟定的管理办法进行公示，广泛征集业主们的意见和建议，甚至组织讨论。一旦制定管理办法的程序公开透明了，业主就更易接受其条款的制约。

第二，依照法律和管理办法对物业进行管理。

第三，收取服务费用。

实际生活中，物业费收取过程中经常会遇到拖欠、拒缴物业费的情况。原因多种多样，有的是因为物业公司前期的服务、管理不到位，给业主造成不便，却未及时解决；也有的是业务无故拖欠、拒缴。

要解决这一问题，必须双管齐下，首先，物业服务企业应先做好本职工作。转变观念，正确认识自身的服务性质，让业主切身体会到物业存在的必要性和优越性。其次，若业主出现无故拖欠、拒缴物业费的违约情形，物业服务企业可采取暂停其部分物业设施使用权等办法进行抗辩。

例如，目前大多数新兴物业都安装了门禁、车禁、打卡电梯等，并为业主配备一卡通。当业主不依约定履行缴费义务时，物业服务企业可暂时关闭其一卡通。本章导学案例中就是这种情况，物业公司的做法没有问题，因为业主有按时交纳物业服务费的义务。若业主未履行义务，物业公司可以行使抗辩权。

第四，要求业主委员会协助管理。

业主委员会不是物业服务管理中的必备组织，但若已存在，则可最大限度发挥其普选产生的优势，利用其能量。

（二）业主的权利

第一，按照约定接受物业服务企业提供的服务。

在中国，大多数物业服务企业都是房地产开发商直接选定的，业主入住后继续接受其服务。但根据合同自由原则，业主有选择为之提供物业服务的相对方。若不满意物业服务，业主有权更换。

第二，提议召开业主大会会议，并就物业管理有关事项提出建议。

业主大会根据业主的意愿成立，不是必设组织。

第三，提出制定和修改业主公约、业主大会议事规则的建议。

现实生活中，业主公约是房产开发商选定的物业服务企业在受访阶段就制定完成，由业主签署。业主为了能顺利购房，无论同意与否都签字认可。这就可能成为纠纷的隐患，日后引发矛盾。

第四，参加业主大会会议，行使投票权。

第五，选举业主委员会委员，并享有被选举权。

第六，监督业主委员会的工作。

第七，监督物业服务企业履行物业服务合同。

第八，知晓和监督物业共用部位、设备和相关场地等的使用情况和维修专项资金的使用情况。

若无业主大会或业主委员会，业主在物业服务合同中处于较弱势的地位，难以行使监督权。这就要求物业服务企业采取主动公示结合被动接受质询的方式。对于不便公示的事项，可用邮寄信件来解决，让业主做到心中有数。至少将监督的主动权交给业主。

（三）物业服务企业的义务

根据权利义务的相对性，上述业主的权利，相应地也是物业服务企业的义务。例如，业主有接受物业服务企业提供服务的权利，则物业企业就有提供服务的义务。此处不再赘述，下面只列明未提及的部分义务。

第一，接受行政主管部门监督指导。

《物业管理条例》第四十九条规定，县级以上地方人民政府房地产行政主管部门应当及时处理业主、业主委员会、物业使用人和物业服务企业在物业管理活动中的投诉。物业服务企业接受县级以上房产部门的监督指导。

第二，物业服务合同结束时，向业主交还资产。

物业服务企业使用的物业管理用房属于全体业主共有，物业服务合同结束时，应及时交还给业主。除此以外，物业管理档案、结余的物业管理费、公共收入形成的财产等，都应一并交还。若有新的物业服务企业接手，原物业服务企业应依法进行交接。

（四）业主的义务

第一，遵守业主公约及物业管理相关的规章制度。

第二，按照规定缴纳专项维修资金。

专项维修资金，全称为"住宅专项维修资金"，是指用于除去应由建设单位或施工单位承担的，住宅共用部位及共用设施设备保修期满后大修、中修及更新、改造的资金。其涉及的维修范围包括住宅的基础、承重墙体、梁柱、楼板、屋顶等共用部位，和电梯、消防设施、下水管、非经营性停车场、公益性文体设施等共用设施设备，不得挪作他用。

虽然在没有业主大会之前，住宅专项维修资金由物业所在地县级以上建设主管部门代管。但该项资金的所有权一直属于业主所有。无论是政府主管、部门代管，还是业主大会代管，住宅专项维修资金管理试行专户存储、专款专用、所有权人决策、政府监督的原则。

业主入住房屋时就应当缴纳专项维修资金。但现实中容易出现的问题是，真正发生需要动用该项资金的情形时，钱却不能到位。这是因为，为了防止该项资金被滥用，法律规定只有经过业主大会或物业企业申请，提交相关使用建议，政府审批后才能动用该项资金，且通常审查比较严格。也存在主管部门图省事，不到实地考察，拖着不批的情况。这就给业主造成"交钱容易、用钱时难"、物业损坏长期不修复的感觉，给纠纷埋下隐患。建议政府主管部门，既然不放权，就切实履行职责。

第三，按时交纳物业服务费用。

虽然业主有交纳物业服务费用的义务，但若物业服务企业首先未依法依约履行义务，则业主有权行使抗辩权，少交或不交物业费。待物业服务企业履行义务后，业主再根据履行情况补交物业费。

五、物业服务企业违约的构成要件

物业服务企业违约与一般违约行为的构成要件一致：第一，不履行或不完全履行合同义务；第二，违约行为对对方当事人造成了损害结果；第三，违约行为和损害结果之间有因果关系。

但现实中有时难以认定。例如，王某在消防通道乱堆杂物，物业人员未及时清理。一天发生火灾，消防车无法通过，造成了其邻居李某损失。虽然是王某堵的消防通道，但物业服务企业未履行其维护物业环境安全的义务，属于不作为，李颖承担部分赔偿责任。当然，王某也应承担部分赔偿责任。

六、物业服务合同纠纷法律实务

（一）物业服务合同纠纷特点

第一，合同双方当事人对抗度高。受多年物业管理的业主一般不愿与"管理者"发生纠纷。同时，物业公司为了能及时收取物业费也不愿得罪业主。所以，如果发生了物业纠纷就通常是难解决的问题。

第二，合同双方通常都有不同程度的违约行为。在物业服务合同纠纷中，不是物业服务企业没有履行好合同义务，就是业主拒缴物业费用。而且，这两者常常难以辨识先后顺序，说不清谁对谁错。应验了那句"清官难断家务事"。

第三，共同诉讼占大多数。

第四，业主搜集证据难。业主不注意对日常生活中发生的事情进行取证，通常其个人能力也不允许。物业服务企业一方不愿提供对自己不利的证据。

（二）物业服务合同纠纷发生原因

第一，物业服务内容不及时公开。有些物业服务的存在感弱，业主不了解物业服务企业的工作。例如，环境的干净整洁靠物业每天的清理，但业主感受不深。可一旦不清理，问题就凸显。

第二，物业问题与房产问题交叉。业主入住后，房地产开发商就撤出，日后出现本应房地产开发商负责的问题，业主不清楚应当由谁负责，只好抓住物业。

第三，装修过程中易发纠纷。为了保证整体建筑的完整性、安全性，物业服务公司对业主的装修一般都有限制，并把提前交纳保证金作为控制的手段之一。业主不交或少交，物业服务企业就不让装修车辆或人员进入物业范围。但装修完毕之后，关于装修保证金退多少、何时退就成了一个难题。

（三）解决物业服务合同纠纷的对策建议

针对物业服务合同及相关纠纷的特点、发生原因，笔者提出如下建议：

第一，向业主公开物业服务企业的工作及收支明细。作为购买服务的合同当事人，有权利了解服务内容。

第二，物业服务企业找准自身定位，加强服务意识。

第三，尝试由房地产开发商开辟物业服务业务，一条龙服务，从头到尾负责物业的质量、维修。这样能增加业主的安全感和信任感。

【课后思考题】

物业公司与业主之间的关系是服务与被服务的关系，还是管理与被管理的关系？为什么？

第二十九章 旅游服务合同

【导学案例】

张三做导游多年，一直想自己开一个旅行社，但苦于没有资金。听朋友推荐，张三在微信上申请了一个公众号，宣传提供旅游服务，该公众号通过了微信的审核。李四无意中发现张三的微信，与张三签订了一个旅游服务合同，约定张三提供去马尔代夫的旅游，李四支付相关费用和报酬。后因为张三没能按约定帮李四办好相关手续，导致李四无法按时出游。后李四诉至人民法院，要求张三承担旅游服务合同的违约责任。张三主张，自己没有旅游经营资格，合同无效。

请问：张三与李四之间的合同效力如何？

一、旅游服务合同的概念和特征

旅游服务合同，是指旅游经营者提供旅游服务，旅客支付费用的合同。

旅游经营者，是指以自己的名义经营旅游业务，向公众提供旅游服务的人。法律未对旅游经营者进行主体资格的限制。因为，虽然旅游经营者多为旅行社，但实践中也存在未经旅游主管部门批准就自行从事旅游经营的人，而且旅游纠纷多发生在未经主管部门批准的旅游经营者身上。所以，不对旅游经营者进行主体资格限制，有利于保护旅客的合法权益。

近些年，我国旅游市场蓬勃发展，旅游服务合同纠纷数量大增，但关于旅游服务合同的法律规定还比较薄弱。2013年10月1日起才正式施行《中华人民共和国旅游法》，其中第五章对旅游服务合同做了相关规定。

目前市场上最多的旅游服务合同是包价旅游合同。**包价旅游合同**，是指旅游者在旅游活动开始前便将费用预付给旅行社，旅行社为旅游者安排相应的旅途吃住行等活动的合同。

旅游服务合同的特征如下：

第一，旅游服务合同的主体特殊。

2009年实施的《旅行社条例》第二条规定，**旅行社**，是指从事招徕、组织、接待旅游者等活动，为旅游者提供相关旅游服务，开展国内、入境、出境旅游业务的企业法人。第六条规定，旅行社应具备如下三项条件：（一）有固定的经营场所；（二）有必要的营业设施；（三）有不少于30万元的注册资本。

第二，旅游服务合同的标的是集合性服务。

旅游经营者提供的服务包括定制旅游计划，安排食宿、交通、参观游览等，在食宿、交通、游览等服务中，旅游经营者只是联络者、安排者，实际的服务提供者是饭店、宾馆、运输者或景区经营者等。也就是说，旅客享受这些服务的前提是，分别与上述人订立相关的合同。

有观点认为旅游住宿、旅游运输等事项不属于旅游服务合同的内容，但笔者认为，根据旅游经营者在旅客的委托下，挑选住宿、运输等服务的提供者，并收取相关费用，该行为属旅游服务合同内容，所以，旅游经营者在住宿、运输等服务的提供者的选任问题上对旅客负责。只有这样规定，旅客在这些服务项目上遇到违约或侵权纠纷时，才能要求旅游经营者承担法律责任。

第三，旅游服务合同中的条款大多为格式条款。

旅客一方为多数不特定的人，有享受旅游服务的共同目的，只不过目的地、享受服务的类型有区别。服务类型就是我们俗称的"跟团"、"自由行"、"自驾游"等。旅游经营者根据不同目的地、服务类型，预先安排日程，供旅客选择。

第四，旅游服务合同是兼具多种法律关系的复合合同。

类似于建设工程合同包括勘察、设计、施工等法律关系一样，旅游服务合同包括设计、导游等法律关系。

第五，旅游服务合同是双务合同、有偿合同、诺成合同、不要式合同。

二、旅游服务合同的性质

有观点认为旅游服务合同具有买卖合同的特征，因为旅游经营者向旅客销售包括食宿行等成套的综合性旅游计划。笔者认为，按照此逻辑，许多有偿合同都可以理解为买卖合同，例如承运人向旅客销售运输计划的运输合同。因此，恕笔者不同意该观点。

还有观点认为旅游服务合同是委托合同。笔者也未敢苟同，理由是：第一，委托合同的法律后果归委托人，旅游服务合同中由旅游经营者为其行为承担法律后果；第二，委托合同中受托人按委托人的指示处理事务，而旅游服务合同中通常是旅游经营者先自行安排旅游计划，旅客再从中挑选适合自己的线路。综上，旅游服务合同不是委托合同。笔者认为旅游服务合同属于提供服务的非典型合同。

三、旅游服务合同的效力

（一）旅游经营者的义务

第一，提供安全合理的服务项目。

旅游经营者应选择具有合法资质、无重大投诉或重大安全事故的、国家允许经营的旅游项目提供者，保证所设计的旅行是合理、可行的，依据的信息是及时、准确的。

第二，安全保障义务。

安全保障义务来源于德国，最早的观点是有先行为义务存在时，就应对不作为造成损害进行救济。发展到今天，安全保障义务，是指行为人因先行行为而负有的防止危险发生的义务。行为人的相对方有合理的理由相信行为人。

在旅游服务合同中，旅游经营者对旅游活动有更强的控制力；旅游者选择旅游经营者的重要原因是，旅游经营者有发现潜在危险的能力且值得信赖；最后，从收益与风险的关系来说，安全保障义务是旅游经营者应当承担的安全成本。

司法实践中的难点是，如何界定安全保障义务的管辖范围。笔者认为，必须具体情况具体分析。既要严格控制安全保障义务的法定适用情形，也应参照善良管理人的标准，不能过分要求旅游者具备专业的旅游知识。否则，结果就是人人自危。

第三，告知、警示义务。

告知、警示义务是法定义务。旅游经营者应告知、警示旅游者在履行过程中可能遇到的危险，旅行社减免责的情形，以及旅游目的地的相关法律、风俗、禁忌等。除此以外，旅游经营者还应当提示旅游者购买人身意外伤害保险。

告知、警示义务自旅游服务合同订立时起，至合同履行完毕时止。

第四，保密义务。

旅游经营者不得擅自泄露旅游者个人信息，否则无论旅游经营者主观上是否有过错都应当承担法律责任。

第五，救助义务。

旅游服务合同履行过程中，无论是在旅行社安排的活动期间，还是旅游者自行安排活动期间，旅行社都负有安全提示、救助等义务。

第六，协助旅游者维护自身合法权益。

在旅游服务合同履行过程中，由公共交通经营者给旅游者造成的损害，由公共交通经营者承担赔偿责任，但旅游经营者有协助旅游者索赔的义务。

第七，亲自处理委托事务。

这既是旅行社的权利，也是其义务。

（二）旅游经营者的权利

第一，根据专业知识安排旅游活动。

第二，收集旅游者必要个人信息。

（三）旅游者的义务

第一，支付旅游费用。

第二，配合义务。

旅游者应按照要求提供个人真实健康信息，听从旅游经营者、旅游辅助者专业的活动建议。若由于其自身原因导致报价旅游合同不能履行，或给其自身造成人身、财产损失的，旅行社不承担责任。

若旅游者在旅游活动或解决纠纷过程中，有损害旅行社、旅行辅助人等合法权益的行为时，还应当依法承担赔偿责任。

（四）旅游者的权利

旅游者拥有一般消费者拥有的所有权利，包括知情权、自主选择权、公平交易权、依法求偿权、结社权、获取知识权、受尊重权、监督权等。

值得注意的是，旅游者的依法求偿权中有一项较之一般消费者的特殊规定，即旅行社具备履行旅游服务合同的条件，但经旅游者要求仍拒绝履行，造成旅游者人身损害、滞留等严重后果的，旅游者可以要求旅行社支付旅游费用1～3倍的赔偿金。

四、包价旅游服务合同的内容

根据《旅游法》第五十八条的规定，包价旅游服务合同应采取书面形式，包括以下内容：

第一，旅行社、旅游者的基本信息。

第二，旅游行程安排。

旅行社应当在旅行开始前向旅游者提供旅游行程单，旅游行程单是包价旅游合同的组成部分。旅游行程单中应当包含第二项至下列第八项之间的所有内容，旅行社应当提前详细告知旅游者。

若旅游行程中包括委托其他旅行社为旅游者提供服务的，签订合同的旅行社应在合同中载明其他旅行社的基本信息。

第三，旅游团成团的最低人数。

第四，交通、住宿、餐饮等旅游服务安排和标准。

第五，游览、娱乐等项目的具体内容和时间。

第六，自由活动时间安排。

第七，旅游费用及其交纳的期限和方式。

第八，违约责任和解决纠纷的方式。

第九，法律、法规规定和双方约定的其他事项。

五、旅游服务合同的变更、转让和解除

（一）旅游服务合同的变更

在旅游服务合同履行过程中，旅行社和旅游者在不同情形中都有变更合同的权利，具体请见下表。

变更权利人	变更原因	增减费用的处理
旅行社、旅游者	不可抗力，或已尽合理注意义务仍不能避免而影响行程的	增加费用由旅游者承担，减少费用退还旅游者
旅游者	想变更报价旅游合同行程安排的	增加费用由旅游者承担，减少费用退还旅游者

需要注意的是，因旅行社针对上述突发状况采取安全措施而支出的费用，以及因上述状况滞留增加的返程费用，由旅行社与旅游者分担。

（二）旅游者转让旅游服务合同的情形

包价旅游服务合同中的旅游者在旅行开始前，有权将自身在该合同中的权利义务转让给第三人，但因此增加的费用由旅游者和第三人承担。

（三）旅行社解除旅游服务合同的情形

依照《旅游法》的规定，旅行社可以解除合同的情形包括：

第一，依据旅游服务合同的约定，因组团旅游的旅游者人数未达约定人数，组团社有权解除合同。

第二，旅行者患传染病等疾病，可能危害其他旅游者健康和安全的。

第三，旅游者携带危害公共安全的物品且不同意交有关部门处理的。

第四，旅游者从事违法或违反社会公德的活动的。

第五，旅游者从事严重影响其他旅游者权益的活动，且不听劝阻、不能制止的。

第六，因不可抗力，或旅行社、旅游辅助人已尽合理注意义务仍不能避免的原因影响旅游行程的。

第七，法律规定的其他情形。

旅行社因以上原因解除旅游服务合同的，应当做到：

第一，旅行社扣除必要费用后，将余款退还给旅游者。但旅游者给旅行社造成损失的，应依法赔偿。

第二，旅行社在行程中解除合同的，应协助旅游者返回出发地或旅游者指定的合理地点，费用由旅游者承担。

（四）旅游者解除合同的情形

因不可抗力，或旅行社、旅游辅助人已尽合理注意义务仍不能避免的原因影响旅游行程的，旅游者又不愿变更合同，或不愿承担因变更合同增加的费用的，可以解除合同。

六、旅游服务合同纠纷

（一）旅游服务合同纠纷的概念和特点

旅游服务合同纠纷是指，旅游者与旅游经营者、旅游辅助服务者之间因旅游发生的合同纠纷或者侵权纠纷。

根据最高人民法院《关于审理旅游纠纷案件适用法律若干问题的规定》第一条第三项，**旅游辅助服务者**是指，与旅游经营者存在合同关系，协助旅游经营者履行旅游服务合同义务，实际提供交通、游览、住宿、餐饮、娱乐等旅游服务的人。

旅游服务合同纠纷具有以下特点：

第一，旅游服务合同纠纷发生的前提是旅游者与旅游经营者之间存在旅游服务合同关系。

第二，旅游服务合同纠纷涉及的主体除了旅游服务合同当事人以外，还可能涉及旅游辅助服务者。

第三，易发生违约责任与侵权责任竞合的问题。

（二）旅游服务合同纠纷法律实务

司法实践中，旅游服务合同比较容易涉及以下法律实务问题：

1. 突破了合同的相对性

旅游服务合同中旅客一方当事人为单位、家庭等集体的，发生合同纠纷，除集体可以提起诉讼外，集体中的旅游者个人也可以个人名义提起旅游服务合同纠纷诉讼。

2. 组团旅行社依法解除合同应提前告知，并退还已收取的全部费用

依照法律规定和合同的约定，因组团旅游的旅游者人数未达约定人数，组团社有权解除合同，但组团社应履行通知义务。境内旅游应至少提前 7 日通知旅游者，出境旅游应至少提前 30 日通知。

3. 正确处理违约与侵权的竞合问题

人民法院在审理旅游服务合同纠纷案件时，首先就应当对当事人的诉讼请求进行甄别，是违约，还是侵权？或是违约与侵权的竞合？若是违约与侵权竞合，则应告知当事人择一而诉。

当事人在选择追究违约责任或侵权责任的时候要考虑的因素包括：

第一，证据的多少。

追究违约责任，原告一般只需要证明被告违约，并给自己造成损害即可。其中违约比较容易证明，例如，旅游经营者依约负有安全保障义务，若旅客人身财产在住宿、交通等过程受到损害，就证明旅游经营者未尽到该义务，构成违约。

追究侵权责任，原告则需要证明被告行为违法，被告有过错，以及被告的行为给原告造成了损害。

第二，赔偿数额的大小。

一般来说，违约责任的赔偿数额较之侵权责任的数额要小。因为，若是旅客人身受到损害，基于违约责任就不能提出精神损害赔偿，而侵权责任则可以。

4. 旅游经营者擅自转让旅游服务合同，旅游者可请求人民法院解除旅游服务合同并追究旅游经营者的违约责任

现实中大量存在这样的情况，出发地的旅行社将旅游者送至目的地后，将旅游活动的控制权移交给目的地的旅行社，即地接社。两地的旅行社按照双方之间的约定分配利益。这样做的好处是，地接社往往更了解当地情况，可以给旅游者提供更好的服务，同时也降低了旅游成本。但潜在的危险是，一旦发生纠纷，两个旅行社可能互相推脱，旅游者难以维权。在此类情形中，当事人需要注意：

第一，准备与旅游者签订旅游服务合同的旅行社有告知的先合同义务，讲明一旦签订合同则存在移交的情况，若旅游者可以接受则签订合同。

第二，旅游者同意后，与之签订旅游服务合同的旅行社可以委托其他有资质的地接社提供旅游服务，但旅行社与地接社必须签订书面的委托合同，并且向地接社支付不低于服务成本的费用。

若与旅游者签订旅游服务合同的旅行社不向地接社支付相关费用的话，那么地接社为了收回成本或获取利益，就必须"宰客"，或通过带领游客购物而收取商家的回扣，这都将大大降低旅游者的旅行舒适度，并且也是违反《旅游法》的。

第三，旅游者在地接社的带领下出现人身、财产的损失，可以依法选择向与其签订旅游服务合同的旅行社追究违约责任或侵权责任，也可以依法向地接社追究侵权责任。

如果有侵权行为成立的证据的话，旅游者最好选择追究侵权责任，因为这样可以要求与之签订旅游服务合同的旅行社与地接社承担连带责任；若追究违约责任，那么根据合同的相对性，责任承担者就只能是与旅游者签订旅游服务合同的旅行社。

例如，从西天取经回来后，猪八戒在高老庄开了个旅行社。一天玉兔来到旅行社，想去女儿国旅游。签完旅游服务合同猪八戒就带着玉兔到了女儿国。突然高家打来电话，说小姐生病，猪八戒急着赶回去，便把玉兔交给了女儿国当地的旅行社。玉兔非常不满。游玩过程中，由于女儿国的导游没有及时告知，玉兔不慎喝了当地的河水，腹痛不止，后到医院看病，

花费了医药费 2000 元。玉兔既可以根据猪八戒擅自移交旅游服务合同追究其违约责任，也可以追究其侵权责任。二者只能择一。若追究旅行社侵权责任的话，还可以追究女儿国当地旅行社由于未尽到安全保障义务而产生的连带侵权责任。

第四，地接社的过错侵害旅游者权益，虽然签订旅游服务合同的旅行社与地接社承担连带赔偿责任，但旅行社赔偿完后可以依法或依委托合同向地接社追偿。

上个案例中，如果猪八戒在高老庄的旅行社对玉兔的损失进行赔偿，则事后可以向女儿国旅行社追偿，因为是女儿国旅行社的导游存在过错。

5. 安全保障义务的举证责任分配

上述案例中，玉兔若追究安全保障义务而产生的侵权责任，其中涉及的举证责任由谁承担呢？这个问题在《侵权责任法》和最高人民法院《关于审理旅游纠纷案件适用法律若干问题的规定》中都没有明确规定，因此应适用一般的举证责任分配原则，由受害人举证，也就是玉兔自己证明所遭受的损失、女儿国旅行社的过错，以及女儿国旅行社的违法行为与损害之间的因果关系。这样的举证责任分配能够平衡旅游者与旅游经营者的责任。

6. 非因旅行社的原因造成的旅客损害，不应由旅行社承担责任

例如，飞机晚点给旅客造成的损失应当由航空公司承担。

【课后案例】

王五与凯旋旅行社签订旅游服务合同，约定旅行社为王五设计自驾游行程，安排住宿和餐饮，提供导游，王五自己开车。在凯旋旅行社导游的带领下，王五到达目的地。后导游将王五交给当地的导游（俗称"地陪"）。这在合同中未约定，所以王五不愿接受。但为了尽快成行，王五只能勉强接受。"地陪"带着王五进入游玩的林区后，天空忽然出现乌云，像要下暴雨。王五提出先折返，改天再来。"地陪"却坚持前行。很快，雷雨交加。"地陪"带领王五避雨，途中林区中一个小亭子的屋顶忽然倒下来，砸断了王五的腿。

请问：王五可以基于何种理由向哪些人主张自己的权益？

法律名称对照表

《中华人民共和国民法通则》……………………………………………………《民法通则》
最高人民法院关于贯彻执行《中华人民共和国民法通则》若干问题的意见（试行）
………………………………………………………………………………《民通意见》
《中华人民共和国合同法》………………………………………………………《合同法》
《中华人民共和国物权法》………………………………………………………《物权法》
《中华人民共和国建筑法》………………………………………………………《建筑法》
最高人民法院《关于适用〈中华人民共和国合同法〉若干问题的解释（一）》
……………………………………………………………………………《合同法解释（一）》
最高人民法院《关于适用〈中华人民共和国合同法〉若干问题的解释（二）》
……………………………………………………………………………《合同法解释（二）》

课后思考题部分答案

第一章 债权概述
1. 不成立债权债务关系。因为约定的内容是违法的。
2. 连带债务。债权人应该事先与债务人在合同中明确约定为连带之债。

第三章 合同法概述
1. 合同法是有关合同的法律规范的总称，是调整平等民事主体之间的交易关系的法律。根据我国《合同法》第2条规定："本法所称合同是平等主体的自然人、法人、其他组织之间设立、变更、终止民事权利义务关系的协议。婚姻、收养、监护等有关身份关系的协议，适用其他法律的规定。"可知，我国合同法的调整对象为：第一，合同法调整的是平等主体之间订立的民事权利义务关系的协议。第二，合同法不调整婚姻、收养、监护等有关身份关系的协议。第三，合同法调整的是当事人之间设立、变更、终止民事权利义务关系的协议。

2. 合同法的原则，是适用于合同法的特定领域或者全部领域的准则。适用于合同法的全部领域的，称为"合同法的基本原则"。合同法的基本原则有：法律地位平等原则、合同自由原则、公平原则、诚实信用原则与合同风险意识、公序良俗原则以及合同神圣与合同严守原则。各原则的具体内涵此处不详述。

3. （1）适用公平原则和诚实信用原则。公平原则包含：情势变更、显失公平、重大误解等制度。（2）赵某的请求有法律依据。依《合同法》第54条，李、赵间的买卖合同显失公平，赵某有权请求撤销合同，请求李某返还财产。（3）法院应依《合同法》第54条撤销该买卖合同。并依第58条要求李某将花瓶退还给赵某。若李某愿意支付与该花瓶价值相当的价款，赵某也同意接受，赵某可以不用撤销该合同，由李某补齐余下的价款即可。

4. （1）卖方没有违反诚信原则和公序良俗原则。房屋本身是否符合使用条件，是合同目的能否实现的根本。张先生未能证明房屋不符合居住使用的要求，而卖方未告知屋里曾死过人，不足以构成违反公序良俗。公序良俗的作用在于弥补法律强行性、禁止性规定的不足，从而起到规范社会行为的作用，但衡量公序良俗的标准不得随意扩大。（2）"凶宅"信息不属于卖方的告知义务。我国相关法律规定，二手房原房主必须要向购房人明确告知其房产产权无查封、无抵押及债务纠纷等，并提供房屋质量、设施及是否涉嫌诉讼等情况，而对于与房屋居住条件无关的信息，原房主没有义务主动告知。（3）法院应驳回张某的诉讼请求。

应注意，此类"凶宅"买卖纠纷案的处理结果并不统一，2007年成都市金牛区人民法院曾对类似案例做出过判决，认定卖方未告知所售房屋发生过凶案，违反了诚实信用原则，构成欺诈，撤销了原购房合同。

第四章 合同的订立
1. B 2. CD 3. C

第六章 合同的效力
1. ACD 2. B 3. C

第七章 合同的履行 D

第八章 合同的担保
1. ABC 2. D 3. C

第九章 合同的变更与转让
合同的变更与合同的订立一样，也需要双方要约、承诺以致达成合意。本案中，在可以证明打过变更电话的前提下，达美公司的变更要约已经送达。

第十章 合同的终止
4. ABCD

5. 王甲为王乙支付价款购买戒指，消灭了王乙与商场之间的债务关系，是一种代为清偿行为。王甲欠王乙的3000元债务已经消灭，王乙不能再撤销此前做出的债务免除行为。王甲不得主张以其为王乙支付的2000元价款抵销医疗费用，因为实施故意侵权产生的债务，是不可抵销的债务，不适用法定抵销。综上，王甲应赔付王乙医疗费2000元。

第十一章 违约责任
1. AB

2. 根据《合同法》和《民用航空法》，托运行李是机票价格的一部分，是携程网必须履行的合同义务。携程网的行为构成预期违约，且该违约直接影响到其服务质量，李小姐可以要求携程网承担违约赔偿责任，也可以直接要求解除合同，退还款项。

由于是携程网违约导致合同解除，故李小姐不需向携程网支付违约金，反而可以要求其承担违约责任。

第十二章 合同的解释
"活动最终解释权归商场"系格式条款，与《合同法》第41条争议条款应做不利于条款提供人的解释的立场相违背，即违反法律强行性规定，应认定为无效。

"每次消费只能使用一张代金券"的说法并未出现在商场告示中，不属于合同条款，对消费者无拘束力，故王先生可以同时使用4张代金券购物。

第十三章 买卖合同
1. ABD

2. 无权拒绝付款和要求退货。因为合同约定了质量检验期间，丙公司在此期间未提出异议，视为质量符合要求。

第十五章 赠与合同 D

第十六章 借款合同 ABD

第十七章 租赁合同
1. 适用"买卖不破租赁"原则，贾宝玉有权要求薛宝钗继续履行转租合同，薛宝钗不能主张将转租合同的租金变更。《合同法》第229条规定：租赁物在租赁期间发生所有权变动的，不影响租赁合同的效力。该法第224条第1款规定：承租人经出租人同意，可以将租赁物转租给第三人。承租人转租的，承租人与出租人之间的租赁合同继续有效，第三人对租赁物造成损失的，承租人应当赔偿损失。本案中，贾宝玉与林黛玉签订了为期 10 年的房屋租赁合同，后贾宝玉又将该房屋转租给了薛宝钗，这意味着本案存在两个租赁合同。租赁合同存续期间，作为次承租人的薛宝钗购得该房屋，成为房屋的所有权人。根据"买卖不破租赁"规则，这一所有权变动并不影响租赁合同的效力，贾宝玉和林黛玉之间的租赁合同对房屋新所有权人薛宝钗有约束力，也就意味着薛宝钗取代林黛玉成为该租赁合同的出租人。这一所有权的移转使得薛宝钗既是该房屋的所有权人又是该房屋的承租人。在租赁合同中，薛宝钗是出租人，贾宝玉是承租人，在 10 年内，贾宝玉每年向薛宝钗交付 1 万元房租。而在转租合同中，贾宝玉是出租人，薛宝钗是承租人，薛宝钗在未来三年每年向贾宝玉加付 1.5 万元房租。通过这两个租赁合同，贾宝玉在未来三年每年可比薛宝钗多得 0.5 万元房租。贾宝玉与林黛玉之间的租赁合同是有效的，现薛宝钗取代林黛玉成为出租人，该合同在薛宝钗和贾宝玉之间仍然有效，这样，原来贾宝玉和薛宝钗租赁合同的内容对其有约束力。原租赁合同允许贾宝玉进行转租，该约定对于薛宝钗依然有效。因此，此前贾宝玉与薛宝钗签订的为其 3 年房屋转租合同依然有效。于是，薛宝钗物权主张变更租金，而贾宝玉有权要求薛宝钗继续履行转租合同。

2. AC 3. AB

第十八章 融资租赁合同

1. 属于融资租赁合同；2. 只有在甲乙丙三方有约定的情形下，甲公司才可以向乙公司追究责任；3. 闪电击中电线导致设备损坏，属于不可抗力，设备损坏的风险由承租人甲公司承担；4. 在融资租赁合同中，设备维修费用由承租人即甲公司承担；5. 没有特别约定，设备所有权归出租人丙公司所有。

第十九章 承揽合同

《合同法》第 268 条规定，定作人可以随时解除承揽合同，造成承揽人损失的，应当赔偿损失。定作人解除合同权利的行使，不以承揽人有违约行为为要件。但因定作人变更、解除合同导致承揽人损失的，应负赔偿责任。因此，王先生可以要求铁匠铺停止制作，且只需对老铁匠加工前两块铁板支付报酬，赔偿铁匠铺为加工铁箱而做的准备的相应损失。其余损失由铁匠铺自行承担，而且，铁匠铺还应赔偿使用了剩下的三块铁板给王先生造成的损失。

第二十一章 运输合同 BC

第二十二章 技术合同

根据最高人民法院《关于审理技术合同纠纷案件若干问题的解释》第 12 条第 1 款的规定，根据《合同法》第 329 条的规定，侵害他人技术秘密的合同被确认无效后，除法律、行政法规另有规定的以外，善意取得该技术秘密的一方当事人可以在其取得的范围内继续使用该技术秘密，但应当向权利人支付合理的使用费用并承担保密义务。本题中，A 盗取 B 的技术秘密成果卖给某公司，其技术合同无效但该公司为善意受让人，依法有权在其取得的范围内继续使用该项技术秘密，但应向 B 支付合理费用。同时，B 有权请求 A 停止侵权并赔偿。

第二十五章 委托合同

2. 贾某与田某之间是委托合同关系，而不是居间合同关系。在委托合同中，受托人以委托人的名义活动，代委托人与第三人订立合同，以为他人处理事务为目的；而居间合同中，居间人只为委托人报告订立合同的机会或提供订立合同的媒介服务，并不参与委托人与第三人之间的关系，居间人不得以委托人的名义或以居间人之间的名义代为订约。本案中，田某接受贾某的委托后，以贾某的名义与司机高某签订了货物运输合同，虽然在协议上田某将自己写为中介人，但这只是田某一厢情愿的认识，田某的行为表明其是为贾某处理货运业务的受托人，因为居间人是不得以委托人的名义与第三人订立合同的，因此，贾某与田某之间是委托合同关系。

田某存在重大过失，依法应承担赔偿责任。《合同法》第406条规定："有偿的委托合同，因受托人的过错给委托人造成损失的，委托人可以要求赔偿损失。无偿的委托合同，因受托人的故意或者重大过失给委托人造成损失的，委托人可以要求赔偿损失。"一般来说，构成重大过失的标准是基于特定的职业或者身份，或者基于与受害人之间的特定关系，行为人负有较高标准的注意义务的，如果他连一般人的较低标准的注意义务都没有尽到，即构成重大过失。本案中，田某作为专业从事货物配载信息的从业人员，对于货物运输这一行业应注意的事项应有清楚的了解，并采取足够的防范措施。但田某接受贾某的委托后，既未找自己熟悉、了解的司机，也未对不熟悉的司机高某的身份及提供的信息进行核实，连最基本的注意义务也未尽到，致使高某轻易地将货装运走，存在重大过失。

3. 李某与王某之间是委托合同关系。根据委托关系，王某作为委托人应当承担受托人李某的行为后果，王某死亡后，由其继承人按照继承法的规则向李某承担债务。因此，王家应该出钱将该药买下。还有一种观点，运用代理理论来定位该案，结果并无差异。

第二十六章　行纪合同

3.（1）甲乙之间为行纪合同。（2）不能，因为合同中双方已约定酬金数额，并且还约定了电话的单价为600元，乙公司不得擅自提价销售，这属于委托人的特别指示，是严格性指示，乙公司必须依指示卖出。（3）行纪人对委托物负有妥善保管的义务，因乙公司过错导致的丢失，由乙公司对电话的损失负赔偿责任。丢失的1000部电话未能售出，未完成委托事项，乙公司不能主张报酬。（4）在委托人没有相反的意思表示的情况下，行纪人可以行使介入权。甲公司没有相反约定，乙公司自己可以作为买受人，购买剩余的电话。

第二十七章　居间合同

2. 该案是最高人民法院公布的第一批指导性案例（参见法〔2011〕354号）之一，是典型的二手房买卖活动中买方与中介公司因"跳单"引发的纠纷。该案例确认：居间合同中，为防止买方利用中介公司提供的房源信息，却"跳"过中介公司购买房屋，从而使中介公司无法得到应得的佣金，构成违约的条款有效；但是同一房源信息经多个中介公司发布，买方通过上述正当途径获取该房源信息的，有权在多个中介公司中选择报价低、服务好的中介公司促成交易，此行为不属于"跳单"违约。

第二十八章　物业服务合同

服务与被服务的关系。依据是《物权法》的规定。虽然与《物业管理条例》相冲突，但《物权法》是新法，而且其为法律；而《物业管理条例》是旧法，其性质为条例。

第二十九章　旅游服务合同

张三可以依照其与凯旋旅行社签订的旅游服务合同，向凯旋旅行社主张违约责任；也可以向凯旋旅行社主张侵权责任；以上这两种责任的义务人是同一人，因此两种主张只能二选一。

除了向凯旋旅行社主张权益以外，同时还可以向其他共同侵权人主张权益。共同侵权人包括：（1）"地陪"旅行社；（2）砸到张三的小亭子的管理者，也就是林区管理者。